Rayos y Truenos

UNA HISTORIA DE AMOR MILAGROSA

I0530051

Copyright © 2025 by Albert Lynn Clark

All rights reserved.
No part of this publication may be reproduced in any form, by photostat, microfilm, xerography, or any other means, or incorporated into any information retrieval system, electronic or mechanical, without the written permission of the copyright writer.

All inquiries should be addressed to:

Book Domain LLC.
543 E Louise Dr Phoenix, Az 85050

Ordering Information:
Amount Deals. Special rebates are accessible on the amount bought by corporations, associations, and others. For points of interest, contact the distributor at the address above.

Printed in the United States of America.

ISBN-13   Paperback   978-1-964100-88-3
           eBook   978-1-964100-87-6

Library of Congress Control Number: 2025907035

Rayos y Truenos

UNA HISTORIA DE AMOR MILAGROSA

ALBERT LYNN CLARK

BOOK DOMAIN LLC
Publish to Perfection

Contents

Dedicación

A mi esposa, Carolyn Clark, quien me complació cuando pasé horas frente a la computadora trabajando desde casa para la Fuerza Aérea de los EE. UU., escribiendo, buscando en Internet, leyendo mi correo electrónico y compartiendo su vida y su familia conmigo.

Este libro detalla nuestra vida juntos, los milagros de Dios que veíamos todos los días, nuestras aventuras y experiencias alrededor del mundo. Desafortunadamente, paso la mayor parte del tiempo describiendo lo que hice mientras ella se quedó en casa, siendo la mejor esposa, compañera, amiga y madre que alguien podría ser. Es muy inusual encontrar una mujer tan buena. Me gustaría poder escribir este libro desde su perspectiva, pero ella nunca se quejó ni se jactó de lo que hizo mientras yo estaba fuera trabajando durante la mayor parte de nuestra vida juntos. No puedo ni siquiera empezar a conocer todos sus pensamientos y deseos, pero sé que realmente me amaba y sacrificaría cualquier cosa por su familia y por mí.

Carolyn se dedicó a mí y a los niños sin tener en cuenta a sí misma. Siempre nos hizo sentir que su felicidad era directamente proporcional a la nuestra.

No creo que haya habido una pareja que haya tenido un matrimonio mejor. Estuvimos casados durante 45 años antes de que Dios se la llevara.

Expresiones De Gratitud+

Gracias por la educación que recibí. Gracias a todos los autores de ciencia ficción, misterio y suspenso que hay por ahí. Gracias por mis 33 primos hermanos que pasaron días y semanas discutiendo cosas extrañas sobre la ciencia, futuros posibles y compartiendo sus libros.

1

Todo Empezó con un Rayo

Acababa de regresar de la guerra de Vietnam. Había solicitado una fecha de separación (DOS) poco más de un año antes y había recibido órdenes para ir al sudeste asiático con fecha 4 horas antes de la fecha y hora que figuraba en mi solicitud. Déjame explicarte. Cuando un oficial ingresa en la Fuerza Aérea de los Estados Unidos, se compromete a veinte años de servicio activo y a un compromiso de regreso a la reserva hasta los sesenta años. Técnicamente, después de cuatro años de servicio activo, un oficial puede solicitar una fecha de separación para salir del servicio activo al final de los cuatro años o en cualquier año posterior. Sin embargo, también pueden ser llamados al servicio activo hasta que cumplan sesenta años. Dado que la única razón por la que me había alistado en la Fuerza Aérea era para no ser conocido como un desertor del servicio militar, nunca planeé más que el mínimo de cuatro años de servicio activo.

De hecho, tenía un trabajo en el servicio civil federal que estaba reservado para mí durante esos cuatro años. Mi intención era salir y regresar a mi trabajo en el servicio civil en Oklahoma.

Sin embargo, la Fuerza Aérea se me adelantó mágicamente con las órdenes para el sudeste asiático, que me dejaron en el servicio por otro año. Cuando volví a solicitar una fecha de separación, me dejaron en el servicio por otro año porque acababa de conseguir una asignación "cómoda" en el extranjero. Eso estaba dentro de las normas estándar. Esto también significaba que ya no me conservarían el trabajo civil más allá de los cuatro años que ya habían pasado.

De todos modos, ahora me encontraba destinado como Oficial de Suministro de Artillería Nuclear (NOSO, por sus siglas en inglés) en la Base Aérea de Blytheville, en el extremo noreste de Arkansas. No sabía nada sobre ser un Oficial de Suministro de Artillería Nuclear, salvo que había aprendido a llevar un registro manual de inventarios para municiones convencionales mientras era Oficial de Suministro Responsable de Municiones en el Sudeste Asiático. Nunca había asistido a la escuela de la Fuerza Aérea para ninguno de los dos trabajos, pero allí estaba. No conocía a nadie. Había planeado regresar a Oklahoma para trabajar en mi puesto de servicio civil con gente que ya conocía. Además, como me habían contratado para un puesto de servicio civil con ascensos automáticos a GS-11, también podía olvidarme de eso, porque solo tenía recontratación automática durante cuatro años y habían pasado cinco.

Después de haber recibido disparos, de haber salido rutinariamente con nuestro equipo de desactivación de artefactos explosivos para destruir bombas y espoletas defectuosas fuera de la base, en la jungla del sudeste asiático, de haber estado en servicio temporal en varias bases de Vietnam del Sur y de haber viajado en avión de carga a Saigón, Okinawa y otras bases de Tailandia, y de haber caminado por las calles desarmado por mi cuenta en esos lugares, no tenía miedo de nada. No, no diría que no tenía miedo, solo pretendía no tener miedo y nunca me pasó nada malo. La única vez que tuve miedo de verdad fue cuando esperaba que un día me entregaran muchos camiones llenos de municiones y no había ninguno cuando llegué al depósito de bombas. Llamé al puesto de guardia del ejército de los EE. UU. que estaba fuera de la puerta y me dijeron que había un problema grave.

Fui al puesto de guardia y vi un par de cientos de camiones extranjeros cargados con municiones y la puerta se cerró sin señales de los guardias del ejército. Conduje hasta la caseta de guardia, aparqué, caminé por la hilera de sacos de arena hasta la puerta del búnker, también cubierto con sacos de arena, y me informaron de la situación. "Capitán Clark, me alegro de que esté aquí, estamos en problemas".

"¿Cómo es eso?"

"Cuando fuimos a abrir las puertas, todos los camiones empezaron a maniobrar para entrar a la vez. Tenemos un límite de seis camiones a la vez. Tuvimos suerte de conseguir que las puertas se cerraran de nuevo. Entonces empezaron a sacar armas de sus camiones y nos refugiamos aquí en nuestro búnker. Llamamos para pedir ayuda, pero tú eres el único que apareció".

"¿Has intentado hablar con ellos?"

"No abandonaremos el búnker hasta que lleguen refuerzos".

"Déjame ver qué puedo hacer." Empecé a caminar hacia la puerta.

"Señor, no puede salir allí, hay alrededor de cien armas apuntándonos y nadie quiere ser el primero en empezar a disparar".

"Alguien tiene que hacer algo, necesitamos esas municiones para las misiones aéreas de hoy". Salí por la puerta, me detuve justo afuera de la entrada protegida con sacos de arena e hice como si apoyara mi rifle automático M-16 contra el exterior de los sacos de arena, luego me quité el cinturón de mi arma y lo coloqué sobre la pared de sacos de arena que en ese momento solo tenía unos 4 pies de alto.

Caminé hasta la puerta, hice una señal al ejército para que la abriera a distancia, caminé hasta el exterior de la valla, cerré la puerta, hice una señal para que la cerraran de nuevo y caminé hacia la pared de camiones. "¿Quién habla inglés aquí?". Silencio. Podía sentir y ver las armas que me apuntaban a mí en lugar de al búnker del ejército. "No iremos a ninguna parte hasta que alguien hable. Puedes ver que no estoy armado, ya que dejé mis armas allí en los sacos de arena. Avísame cuál es el problema".

"Hablo inglés. No tenemos a nadie a cargo, pero la gente del ejército que está en el búnker cerró la puerta y empezó a apuntarnos con armas, así que cogimos nuestras armas y les apuntamos a ellos".

"Entonces, quieres descargarte y seguir tu camino".

—Sí, abrirás las puertas y nos dejarás entrar?

Los militares estaban haciendo su trabajo. Sólo podemos dejar entrar seis camiones a la vez. Cuando están descargados, pueden irse y dejamos entrar a otros seis camiones. Dijeron que todos estaban tratando de irse a la vez".

"Todos queríamos descargarnos y todos querían ser los primeros".

"Bueno, sólo dejaremos entrar seis camiones a la vez. Elegiré a los primeros seis. Les diré a todos lo que estamos haciendo y luego elegiré quién entra primero, pero todos tienen que devolver sus armas a sus camiones".

"No va a suceder. Nadie quiere devolver sus armas".

"Dígales a todos que miren lo que llevan en sus camiones. No creo que nadie quiera disparar y tal vez alcanzar lo que llevan. Eso son bombas, mechas para bombas, municiones, granadas. El primer disparo que impacte en el lugar equivocado y toda esta zona desde el búnker hasta la carretera será un agujero humeante en el suelo. Dígales a los demás lo que dije, que guarden las armas, que formen una fila ordenada para que los primeros seis camiones puedan regresar cuando estén vacíos y yo comenzaré el proceso de descarga".

Me di cuenta de que tradujo correctamente cuando varios de los conductores armados miraron sus cargas y rápidamente levantaron sus armas y encendieron sus motores mientras algunos camiones retrocedían y otros daban la vuelta y se dirigían hacia la carretera para unirse a la fila de camiones.

Señalé al que hablaba inglés y le dije: "Usted es el primer camión porque habló conmigo. Sé que muchos de ustedes, conductores, pueden hablar inglés bastante bien, pero usted habló conmigo y me tradujo, así que usted es el primero, luego usted y usted, y usted". Seleccioné los seis camiones y comenzaron a ponerse en fila en la puerta en el orden que elegí, luego, cuando elegí los segundos seis camiones, comenzaron a competir detrás de los primeros seis. Me di la vuelta y me dirigí de nuevo a la puerta.

El jefe del equipo del ejército salió del búnker, me recibió y abrió la puerta de par en par. Cuando la puerta estuvo completamente abierta, hice un gesto para que los camiones comenzaran a llegar. Cuando los primeros seis estuvieron dentro de la puerta, levanté la mano y el resto de los camiones se detuvieron. La fila detrás de ellos ahora estaba cambiando a una fila ordenada hacia la carretera, dejando un lado de la carretera libre para los camiones que salían cuando se descargaban.

"Capitán Clark, no puedo creer que hayas conseguido controlar todo de esa manera. Cómo lo has conseguido?"

"Los convencí de que no querían que las balas alcanzaran sus cargas de municiones y mataran a todos. Luego elegí los que parecían ser los peores casos, los primeros seis y los segundos seis camiones, por lo amenazantes que parecían. Como pueden ver, una vez que se rompió ese impasse y se corrió la voz, todos se sumaron al programa. Dejaré atrás los segundos seis camiones si todo parece estar bien".

"Había que tener mucho coraje para salir allí delante de cien armas".

"Pensé que cuando vieran un uniforme distinto al tuyo, se darían cuenta de que yo era un oficial y, de todos modos, nadie quería empezar a disparar. Creo que todo está bajo control".

Caminé de regreso hacia los sacos de arena, me ajusté la pistola, me colgué el M-16 del hombro y observé cómo los primeros seis camiones entregaban su documentación a las tropas del Ejército y avanzaban hacia la puerta de la Fuerza Aérea de manera lenta y ordenada. Debido a una pequeña colina, no podíamos ver la puerta de municiones de la Fuerza Aérea, pero por radio, todo estaba en orden. Poco después, los seis camiones regresaron, se abrió la puerta del Ejército y tan pronto como esos seis camiones se dirigieron a la carretera, hice un gesto para que los siguientes seis camiones avanzaran. Podía notar que el Ejército estaba nervioso por los siguientes seis, pero cuando entró el sexto camión del segundo grupo y levanté la mano, la fila de camiones se detuvo para esperar a que se descargara ese segundo grupo de seis. Seguí a esos segundos seis de regreso a mi oficina dentro del área de municiones de la Fuerza Aérea.

Al parecer, mi acción era bien conocida entre la gente de la Fuerza Aérea. No recibí ninguna medalla ni merecía ninguna por haber hecho algo estúpido y realmente aterrador. Pero estaba soltero.

Ahora estaba de nuevo en Estados Unidos y el año pasado había quedado atrás. Mis derechos de retorno al servicio civil habían desaparecido y yo estaba sin rumbo en el mundo.

Allí estaba yo, sintiéndome muy deprimida y sola, viendo una fuerte tormenta eléctrica, agarrada a la barandilla de metal del balcón del segundo piso del edificio de apartamentos que alquilaba. Era más de medianoche y pensé que era la única que estaba afuera viendo todos los relámpagos, oliendo el ozono en el aire y sintiendo los truenos. Entonces miré a mi izquierda y el relámpago brilló muy fuerte y vi a una mujer joven y pequeña afuera de su apartamento, agarrada a la misma barandilla del balcón, mirando el relámpago. El magnetismo me hizo querer conocerla. No sé por qué, pero me sentí atraída instantáneamente hacia ella. Los pequeños milagros de Dios que suceden todos los días y que quizás no reconozcamos en el momento. Algo así como ver una pelota rebotando en la calle y pisar los frenos antes de que el niño invisible salga corriendo frente a ti. Si no hubieras reaccionado antes, podrías haber golpeado al niño. Salir de una autopista hacia la zanja para evitar un accidente y no golpear nada mientras conduces por una zanja y regresas a la carretera con nada más que el corazón acelerado. Esas y muchas cosas más me han pasado y le doy un poquito de gracias a Dios por protegerme.

Ahora bien, yo no soy tan espontánea y, en realidad, en esa época de mi vida era tímida. Nunca tuve muchas citas en la escuela secundaria ni en la universidad. En la escuela secundaria, mi objetivo era la universidad, así que tuve muy pocas citas porque en los años cincuenta y principios de los sesenta muchas chicas buscaban posibles maridos con los que casarse tan pronto como terminaban la escuela secundaria, y tenían puntos extra si se casaban antes de terminar la escuela secundaria y estaban embarazadas cuando obtenían su diploma.

Supongo que eso estaba bien para aquellos chicos que iban a convertirse en mano de obra común en la ciudad donde iban a la escuela y para las chicas que nunca querían abandonar su ciudad natal, sino seguir viviendo con su familia y amigos a su alrededor. La mayoría de mis amigos estaban destinados a ser esa mano de obra. Eran buenos amigos, pero a principios de los años sesenta, antes de la guerra de Vietnam, los chicos no pensaban mucho en ir a la universidad.

Sin embargo, en mi familia, la universidad era una extensión de la escuela secundaria. No graduarse de la universidad en mi familia era tan estigmatizado como abandonar la escuela en la secundaria. De hecho, mis treinta y tres primos hermanos y sus hijos ahora tienen más de cuarenta y cinco títulos de la Universidad de Oklahoma, diecisiete de la Universidad Estatal de Oklahoma y otra docena de la Universidad Tecnológica de Texas. Así que la universidad llegó antes que el matrimonio.

Estaba bien para aquellos hombres que iban a hacerse cargo del negocio de su padre, ya fuera una granja o una gasolinera. Una vez más, sus hijas se sentirían satisfechas siendo la esposa de un granjero o la esposa del dueño de una gasolinera y querrían quedarse en casa.

No quería tener que cargar con una mujer hogareña. No había planeado unirme al ejército cuando estaba en la escuela secundaria, pero sí planeaba obtener mi título universitario antes de tomarme en serio una relación con una chica. La píldora ya se había inventado, pero en mi época, si la chica se quedaba embarazada se esperaba que te casaras.

Había conocido a dos de las tres jóvenes solteras de mi apartamento. Ambas eran licenciadas universitarias y atractivas. Una era una rubia de pelo largo que trabajaba en el banco local y la otra era una morena delgada que era maestra de primaria. El día después de mudarme a mi apartamento estaba trabajando en mi coche deportivo de dos plazas con barra antivuelco para sacarle un mejor tono y más velocidad. Había estado guardado durante el año que estuve en el sudeste asiático. Estas dos chicas habían salido a hablar conmigo mientras trabajaba. No había visto a esta tercera mujer soltera del edificio de apartamentos. La historia de mi vida, no me acerco a las chicas o mujeres y hablo con ellas, ellas vienen a mí. Aquí iba a presentarme sin que ella viniera a mí. Diferente desde el principio, pero algo me impulsó a bajar al balcón para hablar con ella.

Pasé junto a ella y le dije: "Hola, soy tu nueva vecina, que vive un par de apartamentos más allá".

—Oh! Hola. No te vi llegar. ¿Cuánto tiempo llevas ahí parada?

"Aquí, sólo un par de segundos, pero estuve frente a mi apartamento observando la tormenta durante los últimos treinta minutos aproximadamente".

—Soy Carolyn. Cómo te llamas? "Al Clark."

"Me encanta la iluminación".

"Siempre lo he hecho, ya tenemos algo en común, casémonos". ¿Por qué dije algo tan loco? ¿Qué me hizo decir eso? Ella era muy bajita, mientras que las pocas chicas con las que había salido medían un metro sesenta y cinco o algo así. No era tan atractiva como las otras dos chicas que conocí y casi ignoré. Pensé para mí mismo: ¿y si me tomaba en serio?

"Qué dijiste?"

"Dije: 'Casémonos y podremos ver relámpagos juntos durante años'".

—Sí, claro. Ya casi se acaba el relámpago y tengo que irme a la cama porque mañana por la mañana tengo que levantarme e ir a trabajar. Así que, si me disculpan...

"Qué tipo de trabajo haces?"

"Soy trabajadora social de los servicios sociales de Arkansas".

"Y?"

"Cuando la gente pide asistencia social, les ayudo a completar el papeleo y hago una pequeña investigación de antecedentes, luego hago mi recomendación y se la paso a mi jefe para que apruebe los cupones de alimentos o lo que sea. Escuché que un solo oficial de la Fuerza Aérea acababa de mudarse, así que debes ser él".

"Supongo que sí. Acabo de llegar del sudeste asiático".

"Eso está bien, pero realmente necesito descansar un poco. Me disculpas?"

"Te estaré vigilando durante la próxima tormenta".

2

Conociéndola

Entró en su apartamento y cerró la puerta. Ese fue mi primer encuentro con el amor de mi vida. Ella estaba muy lejos de las típicas chicas guapas y llamativas con las que había salido en el pasado. No me malinterpretes, nunca había salido con tantas chicas en mi vida, pero normalmente me decantaba por las chicas guapas que todos los demás chicos buscaban.

Fui a trabajar y me pregunté por qué le había pedido a esa chica que se casara conmigo, aunque fuera en broma. Hice que me trajeran unos muebles viejos de la base aérea a mi apartamento. Eran muebles viejos y no estaban muy limpios. Eran muebles que habían quedado abandonados en las viviendas de la base cuando las familias militares habían sido reasignadas y los habían dejado ahí para que personas como yo no tuvieran muebles para usar. Tenía una mesa de cocina de cromo y fórmica y tres sillas de cromo, una de las cuales tenía que tener tornillos apretados para que se sostuviera por sí sola. Un sofá marrón muy viejo con cojines que habían sido aplastados por personas pesadas, pero al menos no tenía lágrimas. (¿Alguna vez pensaste en lo difícil que es el inglés? "Ella tenía lágrimas en los ojos. La tela tenía lágrimas". Mi sofá no estaba llorando).

La maestra morena vino a ver mis muebles y me ofreció dejarme prestada su aspiradora para limpiar el sofá. Limpié debajo de los cojines y encontré envoltorios de caramelos, monedas y mucha suciedad que aspiré con mi aspiradora prestada. Me quedé con el marco de la cama, el aparador y la mesita de noche que trajeron junto a la base, pero rechacé el colchón y el somier porque no eran saludables para dormir. Cuando volví del centro de la ciudad y compré un somier y un colchón nuevos (baratos, pero nuevos), las dos chicas atractivas estaban en mi apartamento limpiando el aparador y la mesita de noche para mí. No había cerrado la puerta con llave y ellas entraron solas. También habían lavado los platos, vasos y tazas que me habían prestado de la base aérea.

Habían terminado de limpiar, pero querían quedarse a conversar. "Lo siento, lo único que tengo es agua del grifo para ofrecerle algo de beber. ¿Cómo puedo pagarle por limpiar todo por mí?"

La rubia dijo: "Iré a buscar cerveza". No recuerdo su nombre, pero la llamaré Jane. La morena era delgada pero tenía mucho pecho y se llamaba Kelly.

Kelly preguntó: "Entonces, ¿qué hacen en la base?"

"Soy un oficial de suministros".

"Te refieres a piezas de avión y papel de oficina?"

"Sí, algo así". No quería decirles que era responsable de un par de cientos de armas nucleares y que trabajaría con ellas todos los días".

"Llevaba usted un arma en el sudeste asiático?"

Jane entró con tres botellas de Budwiser, las dejó sobre la mesa y se sentó en la silla desvencijada que yo había vuelto a armar. "Bonitos muebles. ¿Es seguro?"

"Es un préstamo de la base. Lo único que tengo es el estéreo que tenía en la universidad y mi auto. ¿Está seguro el mueble? Creo que sí, ajusté los tornillos de esa silla en la que estás sentado, así que no creo que se derrumbe, pero yo no intentaría inclinarme demasiado hacia atrás".

"Interrumpí tu respuesta a la pregunta de Kelly. Llevabas un arma allí?"

Puede que evada la verdad, pero no mentiré. "Sí, llevaba una pistola y un M-16, pero nunca tuve que usar ninguno de los dos".

Jane dijo: "He conocido a muchos militares que trabajan en el banco y la mayoría de ellos no llevaban armas allí. Por qué tú sí?"

Kelly intervino: "También eras sólo un oficial de suministros allí, o hiciste algo más?"

No quería decirles que yo controlaba todas las bombas y balas de la base aérea de allí, así que evité contarles toda la verdad. "Mi puesto de suministro estaba a diez kilómetros de la base, así que tenía que viajar a diario hasta mi oficina de suministros. Teníamos seguridad en las puertas, pero nunca sufrimos ningún ataque. Todos los que trabajaban fuera de la base tenían que llevar armas, por si acaso".

"Llevas un arma aquí?"

Yo todavía quería que el tema se mantuviera alejado de las armas nucleares, así que pasé por alto la pregunta. "Antes de ir allí recibí entrenamiento especializado en el manejo de armas, por si acaso. Tuve que hacer el examen completo de tiro con pistola de la policía de seguridad para convertirme en tirador tanto con pistola como con arma larga, pero nunca disparé a nada vivo. No creo que tenga que preocuparme de que alguien entre en mi oficina de suministros aquí, que está en la base". De nuevo, casi una mentira. Mi área de almacenamiento estaba a kilómetros de la base principal, más cerca de la plataforma de alerta B-52 que el resto de la base aérea. No les dije que compartía la caseta de entrada al área de almacenamiento con la policía de seguridad, cuyo trabajo principal era proteger el área de almacenamiento de armas nucleares y enviar patrullas itinerantes las veinticuatro horas del día alrededor de la milla cuadrada del área de almacenamiento. Cada edificio tenía una alarma que enviaba a esa oficina de seguridad. Parte de mi trabajo era decirle a la seguridad que desarmara un edificio cada vez que autorizara a alguien a entrar o salir de un edificio. No todos los edificios tenían armas nucleares. Algunos

tenían explosivos plásticos y munición convencional, incluidos unos cuantos millones de cartuchos
de munición de veinte milímetros para los cañones
de cola de los B-52 que estaban allí. Al compartir la
caseta de entrada, cualquiera que entrara o saliera
tenía que tener mi permiso para pasar por las puertas dobles. Se revisaba cada vehículo por debajo para
ver si alguien o algo intentaba entrar a escondidas.
Solo para entrar en mi oficina, la policía de seguridad tenía que desbloquear de forma remota una
puerta de personal para entrar en una zona vallada
entre esa puerta y la de seguridad, donde la gente
tenía que trabajar allí o tener mi permiso para entrar
en la seguridad o en mi oficina.

"Qué haces, Jane, además de trabajar en el banco?"

Jane dijo: "Mi trabajo es el de agente de préstamos en el banco. La gente viene a mí para pedirme
dinero prestado. Les ayudo a completar los formula-
rios de solicitud de préstamo, verifico sus credencia-
les, reviso su solicitud y las garantías que tienen para
los préstamos y luego paso la documentación a un
vicepresidente para que la apruebe o desapruebe. Los
mantengo hablando mientras esperan o les doy un
tiempo para que vuelvan a comprobar si se trata de
un préstamo más grande y luego los acompaño hasta
la puerta. Un préstamo para un automóvil nuevo
puede llevar treinta minutos, pero un préstamo para
una casa lleva días o, a veces, semanas".

—Entonces, Kelly, ¿cómo es la enseñanza a los niños pequeños?

"Amo a los niños. A veces son los padres los que causan estrés. A veces, cuando un niño no está bien, tengo que llamar a los padres para tratar de averiguar por qué o explicarles que el pequeño Johnny necesita ayuda especial en casa para seguir el ritmo. A los padres generalmente no les gusta escuchar que el pequeño Johnny no está siguiendo el ritmo y me culpan a mí. No todos los padres, algunos asumen la responsabilidad de ayudar a su hijo y yo puedo ver que ese niño cambia y se destaca".

"Eso suena estresante y gratificante. Supongo que debería decirles que mi padre ha sido maestro y superintendente escolar toda su vida. Crecí como hijo de maestros".

"¿Y cómo fue eso?"

"Cada vez que nos cambiábamos de escuela, el matón local tenía que tomarme en serio y los demás niños desconfiaban de mí porque pensaban que era un chismoso potencial. Por lo general, eso significaba una pelea. No siempre ganaba, pero me ganaba algo de respeto".

No se lo dijiste a tu padre?

No, y eso es lo que me hizo ganar el respeto de los demás estudiantes. De hecho, normalmente ese abusador terminaba siendo un buen amigo o al menos un respeto mutuo. Qué haces por aquí para divertirte?

"No mucho. No hay salas de cine, excepto en la base, y para ver una obra hay que ir a la base con un miembro del ejército o conducir hasta Memphis. No conviene entrar en ningún bar de la zona. Una vez más, hay que ir a Memphis. Tiene todo lo que se necesita. Lo único que tenemos aquí es una tienda de comestibles y una farmacia".

3

La invitación

En ese momento, Carolyn entró por la puerta abierta. "Acabo de comprarme un televisor en color, así que tenemos algo que hacer el sábado por la noche. Miss América se transmitirá en vivo en color, así que todos están invitados a venir a mi departamento a verlo. Eso es a las 7:00 p. m. Traigan bocadillos y sus propias bebidas".

Jane dijo: "Voy a hornear algunas galletas".

Kelly dijo: "Traeré algunas patatas fritas y salsa".

"Traeré algunas Coca-Colas y Seven-Up o cualquier refresco que creas que estaría bien. ¿Y el alcohol? Puedo pasar por la tienda de clase seis en la base y comprarlo barato".

Carolyn dijo: "Vodka para mí".

Jane dijo: "Traeré cerveza".

Kelly dijo: "A los profesores de la escuela no se les puede pillar bebiendo, así que sólo tomaré refrescos".

Dije: "Entonces, ron y vodka. ¿Quiénes están invitados?". "Pasen la información, solo invito a las personas solteras que viven aquí en los apartamentos. Pueden traer sus propias sillas, ya que no tengo mucho en qué sentarme".

La pequeña reunión se disolvió cuando una ambulancia llegó a uno de los apartamentos de una planta y dos habitaciones de la calle. Todos salieron al balcón. Jane dijo: "Creo que esa es la casa de los Lobowince. ¿Tal vez sea el momento de que nazca su bebé?"

"Vamos allá y veamos."

Carolyn se quedó atrás y puso una delicada mano sobre mi antebrazo. "Vendrás, verdad?"

"Absolutamente!" Su tacto era electrizante. No era atractiva como Jane y Kelly, pero tuve que luchar para no abrazarla y besarla en ese mismo momento.

Carolyn siguió a las otras dos chicas por las escaleras y atravesó el estacionamiento para ver si venía un nuevo bebé. La observé, estupefacta por mi reacción a su contacto. He salido con varias chicas, pero ninguna por la que me sintiera tan atraída. Nunca antes había habido electricidad allí.

4

Experimentado?

En la escuela secundaria, yo era la acompañante de la Reina de Mayo, la Reina del Baile de Graduación y casi todas las demás Reinas de la escuela secundaria. Recuerdo bien a una chica, Cynthia. Era la reina del baile de graduación y una de las chicas más atractivas de los dos mil chicos de mi escuela secundaria. Tenía que bailar con el rey del baile de graduación y su corte y solo pudimos bailar un par de veces. Teníamos que irnos para llevarla a casa a las 10 p. m., aunque la fiesta continuaría hasta la medianoche. Como me explicó de camino a la mansión de sus padres: "Esta es la primera vez que estoy sola con un chico. Mis padres son muy estrictos. Lamento no haber podido pasar más tiempo contigo en el baile, pero estaba obligada a hacer lo que me corresponde como Reina".

___ No te preocupes. Disfruté viéndote y también bailé con otras chicas.

"Te vi, pero no parecías muy feliz por eso".

"Quién no querría pasar la tarde con la chica más linda de la escuela?"

—Gracias. No me considero bonita. Ni siquiera estoy segura de por qué me eligieron reina. Me sorprendió que mis padres me dejaran asistir al baile. Nunca he ido a un baile y solo me dejaron ir porque tú aceptaste ser mi acompañante. Aparentemente, a mis padres les gusta mucho tu papá o no habrían aprobado que me llevaras a casa. También siento que tengamos que irnos directamente a casa. No es que sea una prisionera, es solo que tienen grandes planes para que vaya a la universidad y me haga cargo del negocio después de graduarme. No quieren que me desvíe de mi camino un tipo que solo busca dinero.

La acompañé hasta la puerta, que se abrió antes de que llegáramos. Su padre me dijo: "Gracias por acompañar a mi hija, tal vez se vean en la universidad el año que viene. Pero no se permiten citas. No se le permite hasta que haya asumido la responsabilidad de mi empresa".

—No hay problema, señor. Fue un honor para mí ser su acompañante esta noche y, sí, también me graduaré.

Conduje de regreso durante las últimas dos horas del baile para bailar con algunas de las chicas que no tenían citas para la noche. Estaba pensando que realmente no conocía a Cynthia. No tenía idea de que vivía en una mansión y nunca había tenido citas. Siempre había pensado en ella como una de las chicas que salían con todos los deportistas de la escuela. Ahora que lo pienso, nunca la había visto en ninguno de los bailes de la escuela, así que tal vez había salido con chicos universitarios, pero no, aparentemente, simplemente no se le permitía tener citas. Qué desperdicio. Tal vez la vería en la universidad el año que viene y podría invitarla a salir a cambio de que ella me pidiera que fuera su acompañante esta noche. Cómo evitarían sus padres que saliera con chicos el año que viene?

En el sudeste asiático, más concretamente en Tailandia y Vietnam, era habitual que los soldados y muchos de los oficiales se acostaran con las chicas locales por una pequeña cantidad de dinero. Cuando el hombre local medio tiene la suerte de ganar veinticinco dólares al mes, una chica joven puede ganar varios cientos al mes por alquilar su cuerpo. En su mayoría, recurrían al aborto como método anticonceptivo, a la píldora del día después o lo que fuera. Yo nunca pagaba por sexo. Era algo que solo me pasaba a mí. Además, eran comunes diversas formas de enfermedades venéreas y yo conocía a varias personas con las que trabajaba que tomaban tetraciclina para ello. No, gracias. Eso no quiere decir que no me convencieran para participar en espectáculos de striptease de vez en cuando.

Una vez, en Saigón, unos compañeros de trabajo me invitaron a cenar en el centro de la ciudad. Fuimos a un restaurante elegante y de repente, había chicas sentadas con nosotros. Fui educado y no quería avergonzar a los estadounidenses que me habían invitado, pero de repente nos hicieron registrarnos en un hotel. Pagué una habitación y luego los dejé subir al piso de arriba mientras yo me quedaba con la atractiva chica asiática que se había enganchado a mí. Le di cincuenta dólares en vales. Déjame explicarte, no se nos permitía usar dólares en el centro de la ciudad, nos daban lo que se llamaba vales que los lugareños podían cambiar en los bancos por su dinero.

Era tarde, casi las diez de la noche, pero me disculpé y me dirigí hacia donde creo que estaba la base. Estaba irremediablemente perdido, ya que mis compañeros me habían llevado de un lado a otro. Encontré una de esas cosas extrañas en las que te sientas delante y el ciclista se sienta atrás pedaleando. Me las arreglé para decirle que quería ir a la base. Dijo en su inglés vacilante que ya había pasado el toque de queda y que podría meterse en problemas por el mero hecho de llevarme de ciclista. Le di veinte dólares en vales y me llevó a unas pocas cuadras de la puerta y me advirtió que no podía ir más allá y que debería ir a un hotel que él recomendaría y podría acercarme a la puerta con seguridad por la mañana después del amanecer. Le di las gracias y caminé hacia la puerta. Llevaba mi uniforme y mis nuevas insignias de capitán. Los guardias vietnamitas me señalaron y luego apuntaron sus ametralladoras

montadas hacia mí mientras fingía caminar tranqui-
lamente hasta la puerta y esperar a que se abriera.
Tenía razón en que no matarían a tiros a un oficial
blanco en uniforme, independientemente de que
hubiera pasado el toque de queda.

5

Aprensión

Aquella noche de 1970, en Blytheville, Arkansas, fui a la base y cené solo en el Club de Oficiales. Pensé: "No volveré a hacer esto. Mañana, antes de volver a casa, pasaré por el economato y compraré algo de comida en mi apartamento para comer allí".

Cuando llegué a casa el viernes por la noche había comprado una docena de cenas congeladas, una hogaza de pan, Miracle Whip, mostaza, kétchup, algunas papas fritas congeladas, un litro de vodka, una quinta parte de ron, una quinta parte de bourbon Jim Beam, un poco de Coca Cola y 7-UP para la fiesta de observación de Miss América. Pensé: "Me pregunto cuántas personas solteras hay en este complejo de apartamentos. Ojalá fuéramos solo Carolyn y yo, pero ella invitó a todos los solteros del complejo. ¿Por qué estoy tan obsesionado con querer estar con Carolyn? Eso no tiene sentido. Ella no se compara con las otras dos chicas que he conocido en apariencia. No tiene una gran figura como Kelly. Me gusta el pelo largo y rubio de Jane. Ni siquiera he tenido la oportunidad de hablar mucho con Carolyn y no tendré mucha oportunidad mañana por la noche con todos los demás en su apartamento. Mientras que Jane y Kelly más o menos me habían dado luz verde, Carolyn me había invitado a ver un programa de televisión porque invitó a todos los demás solteros y Jane y Kelly estaban conmigo cuando lo hizo. Entonces, por qué me sentí atraído por Carolyn cuando había dos chicas guapas que eran muy amigables?

6

Sábado por La Noche

Fui al apartamento de Carolyn a las 6:00 p. m. una hora antes, supuestamente para entregar el vodka, el Run, el bourbon y los refrescos, pero con la esperanza de ver a Carolyn sola antes de que llegara la multitud. Habría una multitud. Había un solo teniente en el apartamento entre el mío y el de Carolyn al que había conocido el sábado por la mañana, Jim Eversong. Lo habían invitado e iba a ir. Dijo que Jane y Kelly definitivamente estarían allí, al igual que un segundo teniente John Filtch que no vivía allí, pero que también podría ir porque rondaba tanto por los apartamentos cuando estaba fuera de servicio que debería haberse mudado. Venía a todas las fiestas, así que aparentemente Carolyn también había invitado a John. También había otras cinco personas que no conocía que también iban a venir. Había una pareja que había estado viviendo junta durante tres años en un piso de dos habitaciones y que todavía no se habían casado.

La puerta del apartamento de Carolyn estaba abierta, así que llamé a la puerta abierta y dije: "Toc, toc, tu amable contrabandista trae alcohol para esta noche".

Carolyn había vuelto a su dormitorio, pero gritó: "Entra, Hal, y déjalo en la encimera. Saldré enseguida. He ido de compras y acabo de llegar a casa. Siéntate en mi sofá".

Eso me dio la oportunidad de ver su apartamento, que estaba impecablemente limpio. Su "sofá" era una cama plegable de metal para acampar con una gruesa pieza de espuma sobre un fino colchón de cuna. Estaba cubierto con una funda casera que llegaba hasta el suelo por los cuatro lados y tenía algunos cojines caseros para el respaldo, por supuesto sin brazos, ya que no había nada para apoyar un brazo en una cama de camping. La tela era una mezcla de rojo en su mayoría con manchas de amarillo que se convertían en naranjas. Su mesa de comedor era una mesa de juego con dos sillas plegables de metal. Tenía una caja de madera para una mesa de café cubierta con la misma tela para combinar con el "sofá". Su mesa de juego tenía una mezcla de cristalería barata que no combinaba. Había una luz en el techo más una lámpara de pie cromada con dos lámparas giratorias, una apuntando hacia arriba y otra apuntando hacia un extremo del sofá.

Pensé que Carolyn debía estar empezando. Había calculado que su edad era cercana a la mía, veintitantos, así que me pregunté por sus muebles pobres. Al menos sus muebles estaban limpios, mientras que yo casi no quería sentarme en mis viejos muebles destartalados que había tomado prestados de la base. Su televisor en color estaba contra la pared sobre una bandeja de TV plegable de metal. Había una bandeja de TV a juego a cada lado del "sofá". Cada uno de los dos tenía ceniceros. Hay que recordar que en los años sesenta y principios de los setenta la mayoría de los jóvenes fumaban cigarrillos. Mis padres no fumaban, pero tenían ceniceros para los que sí fumaban y habían nacido antes de la Primera Guerra Mundial. No había ningún tabú contra el tabaco en ese entonces. De hecho, en la universidad, había empezado a fumar porque las aulas tenían ceniceros incorporados en cada asiento. Incluso un par de iglesias tenían ceniceros en el respaldo del banco de adelante. Los cines tenían ceniceros en el respaldo de cada asiento del teatro.

Carolyn salió del dormitorio con un toque de maquillaje que no le había visto antes. Olía a jabón y champú con un toque de un perfume que luego supe que era "Wind Song", su favorito. Hacía calor y llevaba pantalones cortos morados que casi le llegaban a la rodilla y una blusa corta (que no dejaba al descubierto el abdomen) con flores moradas a juego. Se veía radiante. "Hola Hal. Esperaba que pudieras venir. ¿Puedo ofrecerte algo de beber, ya que trajiste la mayor parte?"

"No, gracias. Llegué temprano para evitar la multitud, hacer mi entrega y ver si había algo que pudiera hacer para ayudar".

"Creo que ya estamos listos para irnos, todos deberían llegar pronto. Entonces, ¿qué te parece Blytheville?"

"He conocido a gente amable, pero no hay mucho que ver".

"Eso es Arkansas. Blytheville es una de las ciudades más pobres del condado más pobre de Arkansas. Me mantengo ocupado porque el sesenta por ciento de la gente recibe algún tipo de ayuda estatal. Solía haber muchos trabajos en la agricultura, pero con el equipo agrícola, y especialmente las máquinas para cosechar algodón, muchos han perdido sus trabajos agrícolas y no hay mucho más que puedan hacer. No tienen educación ni experiencia, incluso si hubiera trabajos aquí. No tienen dinero para ir a buscar trabajo a otro lado. Un buen ejemplo es que tengo un cliente esta semana del que me hablaron. Fui a donde dijeron que estaba y estaba viviendo en unas viejas cajas de electrodomésticos de cartón que había unido con cinta adhesiva para formar una casa de una habitación. Su calefacción del invierno pasado estaba quemando un fuego en el piso de tierra de sus cajas. Trabajaba para la misma granja desde que tenía catorce años y el granjero lo había mantenido, alojado y alimentado durante años sin trabajo. Cuando cumplió ochenta y cinco años, el granjero se preocupó de que muriera en la granja y, en lugar de explicarle su muerte, le dijo que se fuera a vivir a la ciudad. Nunca pagó la seguridad social ni los impuestos, ya que el granjero no tenía trabajo para él durante los últimos veinte años y solo le daba alojamiento y comida. Ahora estaba enfermo. Lo llevé al médico en mi coche y el médico le dio recetas por valor de ciento veintitrés dólares. El mayor cheque de asistencia social que pude conseguirle era de setenta y tres dólares al mes. Me dijo: "Señorita Carolyn, realmente aprecio que intente ayudarme, pero con setenta y tres dólares al mes tengo que seguir viviendo aquí y no comprar esos medicamentos. Al menos puedo comprarme unos zapatos nuevos, estos se gastaron hace un año".

"Me da pena que haya gente mayor como ellos. Lo que me enoja es que los jóvenes se aprovechen del sistema".

"Qué te parece Carolyn? Por cierto, me gusta tu nombre. Mi segundo nombre es "Lynn" L Y N N, y el tuyo es CaroLYN". Carolyn se sonrojó. Justo en ese momento, Jane y Kelly entraron con sus ofrendas y ese fue el final de nuestra conversación. Todos llenaron rápidamente la habitación, algunos trajeron sus propias sillas plegables o de cocina y otros acamparon en el suelo. Me presentaron a todos como "Hal" y corregí a Carolyn al decir "AL" A - L. Sin "H".

"Está bien, 'AL' no 'H', ya sabes Jim, Jane y Kelly. Este es John Filtch de la base. No vive aquí por la noche, pero puedes contar con que estará aquí si no está en el trabajo o en su alojamiento en la base". Soy terrible con los nombres y no recordé ningún nombre nuevo esa noche.

Carolyn se mantuvo ocupada haciendo de anfitriona, sirviendo bebidas, rellenando bandejas de bocadillos, vaciando ceniceros, casi antes de que la gente pudiera dar vuelta la ceniza. Un cigarrillo nunca descansaba más de diez segundos antes de que el cenicero desapareciera para ser reemplazado por uno limpio. Cuando el show de Miss América terminó y todos se fueron, Carolyn casi había limpiado todo. Apenas había hablado con nadie, excepto para ofrecer más cigarrillos y limpiar todo lo que alguien dejara allí demasiado tiempo.

"¿Puedo hacer algo para ayudar?"

—No, ya casi termino. Si me disculpas, voy a un servicio religioso temprano por la mañana. Creo que conociste a todos los solteros de los apartamentos y a un par de invitados sorpresa. No es de extrañar, siempre que alguien da una fiesta, suelen aparecer algunos invitados no invitados. Muchos oficiales jóvenes saben que los apartamentos suelen tener fiestas abiertas los sábados por la noche y no hay mucho más que hacer en esta ciudad.

"¿Podemos sentarnos y hablar un rato?"

—Preferiría no hacerlo. No quiero ser grosero, pero todavía no te conozco y alguien podría pensar que pasa algo si te dejo quedarte. Te veré la semana que viene.

"Qué tal mañana?"

"Mañana, como dije, voy a la misa temprano, me quedo para la reunión de adultos y luego tengo que lavar la ropa para ir a trabajar el lunes. Además, tengo que devolver los platos que se quedaron. Nos vemos por ahí".

Dije buenas noches. Pensé que había una chispa allí, pero me acababan de dar una patada en la puerta. Carolyn parecía disfrutar de la fiesta, le encantaba ser la anfitriona, a todos les caía bien, pero en realidad no había hablado con nadie. Era un misterio para mí. Creo que yo le caía bien. Jane y Kelly parecieron reconocer que Carolyn y yo teníamos una chispa especial y se mantuvieron alejadas de mí toda la noche. Eran algo distantes y solo unas de las invitadas que se conocían entre sí. Todos habían sido amables conmigo, pero el tema era ver el programa de televisión en color de Miss América y las apuestas amistosas, sin dinero, de quiénes serían las finalistas y quién ganaría.

A la mañana siguiente, el viejo y descolorido Volkswagen fastback de Carolyn ya no estaba. Cuando dijo que iría a la iglesia temprano, supongo que lo decía en serio. Solo había tomado dos rones con Coca-Cola y luego Coca-Cola tras Coca-Cola, así que no tenía resaca, pero había dormido demasiado tarde. Qué demonios, bien podría prepararme para ir a un servicio religioso de las once. Había pasado por varias iglesias simplemente conduciendo por la pequeña ciudad de Blytheville. Había cantado en el coro de una iglesia metodista en la universidad, así que decidí probarlas. Después del servicio religioso, el ministro y varios diáconos estrecharon la mano a las personas que salían. El ministro fue amable, pero dos de los diáconos me sujetaron la mano un poco demasiado tiempo y me preguntaron: "¿Hay alguna razón por la que no puedes asistir a la capilla de la base? Realmente no alentamos a los militares solteros aquí. Ahora bien, si tienes esposa, tráela contigo la próxima vez".

No volvería a estar allí. No volví a ver a Carolyn durante toda la semana siguiente, aunque la estaba esperando. Vi a Jane y a Kelly, que me dijeron: "Vemos que te gusta mucho Carolyn. Solo queríamos advertirte que no tiene citas. Si no está de fiesta, viene a nuestras fiestas y hace exactamente lo que hizo anoche, actúa como camarera y encargada de la limpieza. A todos nos gusta mucho y nos gustaría verla tener un novio para variar, pero no creo que tengas mucha suerte".

—Lo dices en serio, ¿no? ¿Fui tan transparente?

Kelly dijo: —Sí, la observaste toda la noche. Nadie más te importó. Apuesto a que ni siquiera sabes quién ganó el concurso Miss América.

Jane le ordenó: "Si yo fuera tú, no me molestaría con ella. No sé por qué, pero la asustarás y queremos que se sienta cómoda en nuestras fiestas. Si tanto te gusta, ve despacio y deja que ella venga a ti".

Kelly dijo: "Carolyn nos ha dicho que está pensando seriamente en convertirse en monja".

"¿Es ella católica?"

—No, pero ella no sale con chicos ni los invita a su casa sin que haya un grupo de gente en una fiesta. Bromea con los otros chicos, pero anoche no bromeó con nadie. Creo que le has trastocado los planes y la has confundido. Así que no la persigas demasiado. Ve afuera y deja que te vea, pero deja que sea ella quien tome las riendas.

7

El Primer Milagro

(Fue la tormenta eléctrica la primera?)

Hice lo que me sugirieron y puse una silla en el balcón para leer mis novelas cuando llegaba a mi apartamento después de trabajar en la base. Jane y Kelly tenían razón: Carolyn conducía desde el trabajo o desde las compras, entraba directamente a su apartamento y me saludaba con la mano. Luego, el sábado de la semana siguiente, bajaba a mi puerta y me preguntaba: "¿Qué estás leyendo?".

"Oh, leo novelas de misterio, ciencia ficción, de aventuras. Todavía no tengo televisión, así que, ¿qué más puedo hacer? Cuando oscurece, escucho mis discos y leo".

—Supongo que te sientes más cómodo con tu trabajo en la base, no?

"Sí, tengo algunos soldados muy buenos que me han enseñado mi trabajo. No es muy diferente de lo que he estado haciendo durante los últimos dos años y medio. El inventario es solo un poco diferente".

"Diferente en qué sentido?"

"La mayoría de los artículos son más caros, pero los cuentas y llevas un registro de la misma manera que antes. En realidad, el ritmo es mucho más lento que antes, lo que significa que tengo más tiempo para quedarme en casa y leer".

"Alguna vez vuelas aviones?"

"No soy piloto. Fui a un curso de formación para pilotos, pero acabé como oficial de logística. Es una larga historia. Así que no, ya no vuelo más que como pasajero. Cuando estuve en el sudeste asiático viajé por distintas bases, pero en mi primer trabajo real podía conducir mi coche a los lugares a los que tenía que ir para trabajar y en este trabajo todo está aquí, en esta base".

"Dime, iba a cocinar lasaña esta noche y será demasiado para mí. Te gustaría venir a eso de las seis?"

"Me encantaría. Qué tal si nos traemos un poco de vino rosado Lancers para acompañarlo?"

"Suena bien, nos vemos a las 6."

Guau! Por fin, quizá pueda conocerla mejor. Corrí a la tienda de sexto grado de la base y compré un poco de vino. Luego me lo llevé a casa y lo metí en el congelador para que se enfriara rápidamente del calor del verano que me había causado conducir desde la base en un auto deportivo abierto sin aire acondicionado. Era septiembre, pero en Arkansas todavía hace calor.

Cuando llegué a su apartamento exactamente a las seis, abrió la puerta y me hizo sentar en una de sus sillas plegables. Tenía varias velas encendidas. Sirvió un poco de lasaña en ambos platos y me entregó un sacacorchos para el vino. Lo abrí y nos serví a cada uno un frasco de vino con mermelada de frutas (no tenía copas de vino).

Mientras comíamos, hablamos de todo lo que no tenía importancia. "Esta lasaña es buenísima. Diría que es como la que hacía mi madre, pero no es así. Era una gran repostera, pero la mayoría de nuestra comida consistía en filetes fritos, chuletas de cerdo fritas y pollo frito. También comíamos espaguetis, pero la hamburguesa estaba frita con salsa de tomate y especias sobre los fideos de espagueti".

"¿Tu madre trabajaba?"

"No cuando era más joven, pero cuando estaba en séptimo grado, mi padre regresó a la universidad para obtener un título de maestría que le ayudara con su trabajo como maestro y ella comenzó a trabajar como empleada administrativa para generar ingresos adicionales. Me convertí en la niñera de mi hermano menor".

—Entonces, ¿tu padre es maestro de escuela?

—Sí. ¿Y tu padre?

"Es un granjero jubilado. Mi madre nunca trabajó fuera de casa".

"Me siento como si te conociera de toda la vida, pero no entiendo por qué me siento así".

Carolyn se sonrojó y no dijo nada.

Se me encendió la luz: "¿Alguna vez has estado en Disneyland en California?"

"Sí, pero yo tenía solo 12 años. Mi padre siempre estaba trabajando en ese entonces, así que mi madre nos llevó a mi hermano y a mí a California sola".

"¿En serio? Yo también estuve allí cuando tenía 12 años. Mi padre tomó prestado un remolque de la Segunda Guerra Mundial que se había construido para un jeep y lo puso detrás del coche. Metimos nuestras maletas en el remolque, lo cubrimos con un colchón y, por la noche, armamos una tienda de campaña encima del remolque que compartíamos mi hermana y yo. Teníamos un coche Nash que se convertía en una cama para que mis padres durmieran en él".

"No encontrarías a mi madre en una tienda de campaña. Nos alojábamos en hoteles. ¿Por qué preguntaste por Disneylandia? Eso fue algo inesperado".

"Creo que te vi a ti y a tu hermano allí."

—Vamos, no te acordarás de eso. ¿Y por qué crees que fui yo?

"Estaba a punto de hacer cola para subir a la atracción del Sombrerero Loco y creo que te vi discutiendo con tu hermano, que se negaba a ir contigo y le dijiste: "Mamá dijo que no debía dejarte fuera de mi vista. Y el Sombrerero Loco es demasiado infantil".

"Estaba justo a unos tres metros de esa discusión. Casi me ofrecí a preguntarte si podías ir conmigo hasta que tu hermano dijo que no debía dejarte fuera de su vista. Fue un viaje bastante aburrido. No podía esperar a que terminara por miedo a que te fueras cuando terminara".

"Por qué recordarías eso después de trece años?"

"Porque pensé que eras hermoso y sentí que no quería dejarte fuera de mi vista de nuevo".

—Vamos, te subiste al coche tú solo y nunca más me viste. Yo nunca te volví a ver.

"Cuando me bajé de la atracción, te busqué. Me quedé en la atracción esperando que tú y tu hermano se bajaran de la atracción hasta que decidí que hacía tiempo que se habían ido y nunca subieron. Mientras caminaba por el parque ese día, seguí mirándote. Varias veces pensé que vi tu cabello rubio platino al lado de un chico más alto de cabello oscuro, pero siempre estabas demasiado lejos para que pudiera ver a dónde ibas. ¿Recuerdas las multitudes? Llegaba a ese lugar donde te veía, pero siempre te habías ido. Intenté seguirte durante una hora y alcancé a verte varias veces muy por delante y luego otros treinta minutos no te volví a ver. Nunca estuve seguro de que el rubio platino al que intentaba seguir fueras tú, excepto en la atracción del Sombrerero Loco".

"Y qué pasa con tus padres? ¿Te dejaron ir sola?"

Siempre confiaron en mí para reunirme con ellos en un lugar determinado a la hora indicada. Siempre tenía una idea de dónde estaba y cómo encontrar los lugares. Algo así como una paloma mensajera".

"Es una buena historia, pero no la creo".

8

Serio

Jane o Kelly, no estoy segura de quién dijo que querías ser monja. ¿Por qué?

"Odio decirte esto cuando apenas te conozco, pero desde que tenía quince años sabía que nunca podría tener hijos. No me permitían salir con alguien. Tenía que estar en casa a las diez de la noche incluso en ocasiones especiales. Cada vez que pensaba que un chico podía estar tomándoselo en serio, le decía que nunca podría tener hijos y que eso sería el fin de todo. Crecí en pueblos pequeños donde había muchos granjeros que querían tener muchos hijos, así que me quedé fuera. De hecho, hablé con la Iglesia Católica, pero no estaban interesados en que me convirtiera en monja simplemente porque no podía tener hijos".

"¿Entonces?"

"¿Qué es eso??"

"Así que cásate y adopta. Hay muchos niños que necesitan una madre que sepa cocinar".

Vas un poco rápido, no? Te he servido una comida y crees que puedo cocinarla. No quieres tener hijos propios?

"Mi trabajo no tiene nada que ver con la psicología, pero me licencié en psicología y creo que los niños son quienes son por el entorno, no por la genética. Claro que la genética puede ser algo malo, pero la personalidad es el entorno. La inteligencia también puede ser principalmente el entorno. He conocido a muchos mecánicos de coches que eran unos genios en lo que a coches se refiere, pero que apenas sabían escribir sus nombres. También conozco gente que puede resolver problemas matemáticos muy difíciles, pero que no sabe cómo entrar en casa para protegerse de la lluvia. No, no me importa adoptar niños. Sería más fácil para ti no tener que pasar por el parto".

—Está bien, Al. Ten en cuenta que te llamé Al, no Hal. Esto se está poniendo demasiado serio. Mañana tengo que ir a la iglesia temprano, así que dejemos que las cosas se calmen un poco. Haré lo que siempre hago: ir a la iglesia y lavar la ropa. Te veo la semana que viene. Por cierto, ¿vas a la iglesia?

"Canté en un coro durante toda la universidad, pero desde entonces no he tenido la oportunidad de hacerlo. He estado en tres iglesias aquí en la ciudad y todas me dejaron en claro que no querían que ningún oficial militar asistiera a su iglesia".

"Por qué no vienes conmigo a la Iglesia Episcopal mañana por la mañana?"

"En serio?"

"Sí, acogerán a cualquiera. Debo advertirte que el ritual de la Iglesia Episcopal es muy similar al de la Iglesia Católica. Nos arrodillamos para orar y tenemos un libro de oración común que leemos. Te ayudaré durante el servicio. Quieres intentarlo?

Absolutamente. La única vez que he estado en una iglesia episcopal fue cuando un amigo de la universidad me invitó a ir con él a un servicio de medianoche de Navidad. Me pareció extraño que tanta gente se persignara como los católicos. No es que tenga nada en contra de los católicos, pero simplemente no podía dejarme dirigir por el Papa".

"La Iglesia Episcopal tampoco sigue al Papa ni se toma a los santos tan en serio. Sí, estoy seguro de que cualquier iglesia nombra santos, pero nosotros rezamos a Dios y a Jesús, no a un santo. Piense en una Iglesia Episcopal como una Iglesia Metodista muy formal".

A qué hora tengo que estar afuera para encontrarme contigo y qué debo vestir?

"El servicio temprano comienza a las 7:30 y queremos llegar un poco antes, así que nos vemos junto a los autos alrededor de las 7:15. Vestimenta informal elegante, no traje ni corbata, sino pantalones de vestir y una bonita camisa de vestir. Algunos usan corbatas."

"Está bien, estaré listo."

A la mañana siguiente, la estaba esperando en el estacionamiento con pantalones de vestir negros, una camisa blanca de manga corta y una corbata estampada. Tenía puestos mis zapatos de vestir militares negros con un lindo brillo. Me quedé asombrado cuando ella salió. Estaba vestida con una falda azul claro con una blusa blanca con volados, con un maquillaje que la hacía lucir realmente bonita y tenía lo que yo llamaría un pañuelo en la cabeza. Nunca la había visto con maquillaje. Sobre la blusa, llevaba una especie de chaqueta corta azul claro que hacía juego con la falda. Como hombre, sé que la chaqueta de una mujer no se llama chaqueta sino que tiene otro nombre. Nunca se podía cerrar sobre el pecho y se cortaba más en la cintura. Estaba hecha de esa manera. ¡Se veía genial!"

"¡Guau! Te ves muy bien. Me siento mal vestida. ¿Estás segura de que encajaré?"

"No te preocupes, a las mujeres les gusta vestirse elegante para ir a la iglesia, a los hombres no tanto. Tú te ves muy bien".

Y yo que pensaba que me había enamorado de la menos atractiva de las tres chicas solteras del apartamento. Estaba equivocada, Carolyn las dejaba en ridículo cuando se vestía así. Su personalidad se notaba.

Me pareció extraño el servicio, como católico, pero todo en inglés. Carolyn me mantuvo en la página correcta del libro de oraciones para leer junto conmigo. También compartió su Biblia conmigo y fue pasando a las lecturas de hoy. No era muy diferente de la Iglesia Metodista en mi ciudad natal, pero más formal que aquella en la que canté en el coro de la universidad. Vi en el himnario que tenían las canciones con las que crecí en las Primeras Iglesias Cristianas y Metodista, pero las canciones que cantaban en esta Iglesia Episcopal eran canciones diferentes que nunca había escuchado antes. Podía leer a primera vista la mayoría de las notas graves, pero me equivoqué mucho en las palabras al tratar de mirar tanto las notas como las palabras de estos extraños himnos. Una cosa que me gustó fue un sermón corto con significado, pero las alegorías eran divertidas y fáciles de entender.

Después del servicio religioso, me llevó a la reunión de adultos en una gran sala lateral donde comieron galletas y café. Eran un grupo realmente amistoso que me dio una cálida bienvenida. Obviamente, tenían un gran aprecio por Carolyn y, si me llevaba, debía estar bien para ellos. Mantuve la boca cerrada tanto como pude para sentarme y observar, y solo respondí preguntas directas y me presenté como oficial de suministros. No les dije que era el oficial de suministros de artillería nuclear.

De regreso al apartamento, Carolyn preguntó: "¿Qué te pareció la Iglesia Episcopal?"

"Me gustó y la gente. Me recibieron de una manera diferente a las otras denominaciones de la ciudad que había probado. Me sorprendió que tuvieran ceniceros y fumar durante la reunión de adultos".

"La Iglesia Episcopal no es demasiado estricta con lo que la gente hace. Incluso están relajando sus reglas sobre las personas divorciadas. Antes consideraban el divorcio un pecado y no querían que las personas divorciadas asistieran, pero ahora sí lo permiten. No estoy segura de si permiten un segundo matrimonio en la Iglesia Episcopal, aunque no lo creo".

"¿Por qué no salimos a cenar el domingo al club de oficiales? Yo invito. Sé que organizan una cena muy agradable los domingos después de la misa, pero son apenas las 10:30. Creo que probablemente sirvan la cena al mediodía, porque es a esa hora cuando termina el servicio religioso".

"Está bien, ¿por qué no vamos a mi apartamento y tomamos un poco más de café, matamos una hora y luego vamos a la base? Fui en coche a la iglesia. Llevemos tu coche a la base porque tiene una pegatina para entrar sin tener que conseguir un pase de visitante"

"Gracias, Al, fue un almuerzo maravilloso. ¿Vienes aquí a menudo?"

"No, esta es la primera vez que como comida de domingo. Normalmente, solo como cenas congeladas en casa".

"Eso suena aburrido."

—Sí, lo es. Compro una docena a la vez, las mezclo con los ojos cerrados, las guardo en el congelador y luego, cada noche, tomo lo que está encima. Me gusta la pizza, pero es difícil comer una sola. Tengo entendido que el club tiene música en vivo los viernes. ¿Por qué no planeamos ir a una pizzería el viernes por la noche y luego ir al club para ver cómo es?

"Tengo una compañera de trabajo que está casada con el oficial de seguridad de aquí. ¿Está bien si la invito a reunirse con nosotros en el club alrededor de las 7 p. m. el viernes?"

"Cuantos más, mejor. No conozco a mucha gente aquí. Sería bueno conocer al oficial de seguridad, ya que trabajo mucho con su gente".

"Pensé que eras un oficial de suministros, ¿por qué trabajas tanto con seguridad?"

"Vigilan mis áreas de almacenamiento?"

9

Amigos

No vi a Carolyn en toda la semana. Cuando Carolyn llegó a casa, se fue directamente a su apartamento. Jane se acercó y tocó a mi puerta para quejarse de los graves fuertes que salían de mi estéreo. Luego dudó y dijo: "Aquí los graves no suenan muy fuertes. En mi apartamento suenan el doble. Ven a ver". (¿Cómo se aprende inglés cuando los graves pueden ser un pez?)

Lo hice y, sí, era el doble de fuerte. "Entiendo lo que quieres decir. El piso debe amplificarlo. Intentaré levantar el altavoz de graves del piso para ver si eso ayuda".

Lo hice y luego volví a su apartamento para ver los resultados. Seguía sonando más fuerte que en mi apartamento, pero levantar el altavoz del suelo ayudó. "Lo pondré más bajo. Si se pone demasiado fuerte, vuelve a molestarme". Cuando salí de su apartamento, Carolyn se dirigía a su coche y me miró con malos ojos. No se detuvo cuando caminé hacia ella. Se dirigió a su coche y se alejó sin mirarme.

Cuando salí del trabajo el viernes, la esperé a que volviera a casa y le pregunté: "¿Sigue en pie lo de la pizza y el club?".

—Sí, qué estabas haciendo entrando y saliendo del apartamento de Jane esta semana?

"Mi estéreo golpeaba el techo de su casa hasta el punto de que sonaba más fuerte allí que en mi apartamento, así que estábamos experimentando para ver si podíamos hacerlo más tolerable".

"Bueno, solo tengo curiosidad. ¿A qué hora vamos a comer pizza? Mi amiga y su esposo nos encontrarán en el club de oficiales a las 7".

"Le parece bien a las 5:30?". Al final, ocho oficiales y sus esposas se unieron a nosotros como la única pareja no casada. Era más bien una banda de espectáculo con una bailarina go-go, pero tocaron una canción que a Carolyn y a mí nos encantaba bailar, "Unchained Melody", que salió en 1965 de los Righteous Brothers. A partir de ese momento, bailamos esa canción dondequiera que la escucháramos. Tal vez en un estacionamiento, un club, un restaurante. Creo que la canción consolidó el creciente vínculo entre nosotros.

Durante los dos meses siguientes, comimos pizza y nos reunimos con nuestros amigos en el club todos los viernes por la noche. Carolyn fue a visitar a sus padres ese Día de Acción de Gracias y nos perdimos ese viernes por la noche. Me salté la pizza, pero fui al club. Me fui después de treinta minutos de charlar con mis nuevos amigos oficiales. Sin Carolyn, no tenía sentido que estuviera allí, así que me fui a casa y leí un libro. Reanudamos nuestro ritual de los viernes por la noche la semana después del Día de Acción de Gracias. Ahora pedíamos que sonara nuestra canción cada vez, a veces dos veces. Ya habíamos dejado de despedirnos y nos besábamos y abrazábamos mucho antes de decir buenas noches. Y yo volvía a mi apartamento todo acalorado y molesto. Ahora le pedí en serio que se casara conmigo, pero ella seguía posponiéndolo.

Me sorprendió: "Al, sé que la base estará prácticamente cerrada desde Navidad hasta Año Nuevo. En lugar de quedarte aquí sola mientras no estoy, podrías llevarme a visitar a mis padres cerca de Fort Smith, Arkansas?".

—Por supuesto. Había planeado volver a casa para ver a mis padres, pero no iba a dejar pasar unos días con Carolyn. Ella se había convertido en mi razón de ser. No pude encontrarme con ella en Disneylandia hacía tantos años, y ahora que la había reencontrado iba a aprovechar todas las oportunidades que tuviera para estar con ella.

"No te hagas ilusiones. Cometí el error de decirle a mis padres que éramos novios y ellos insistieron en conocerte. Son muy estrictos y hago lo que me dicen. Eso no significa que vaya en serio".

Conducíamos mi deportivo convertible biplaza Datsun 2000 negro de 1969 con la capota subida para el invierno. Era un coche muy cómodo, silencioso y extremadamente rápido. Con un límite de velocidad de setenta, tuve que reducir a cuarta para subir las colinas, ya que el coche tenía una marcha muy alta. Iba a casi sesenta en primera, ochenta y cinco en segunda, ciento diez en tercera, ciento cuarenta en cuarta y no tengo ni idea de la quinta. La única vez que mi Datsun no era muy silencioso era si pisaba a fondo el acelerador y los carburadores succionaban aire, lo que hacía que sonara como un escape ruidoso. Nunca hice eso durante el viaje. Lo conducía como si fuera un sedán. Nos contamos nuestra historia durante el viaje de cinco horas y trescientas millas. En un momento dado, comimos en un Stuckey's y tardamos una hora y cuarenta minutos más, ya que Carolyn tenía que mirar todos los artículos a la venta en cada estantería. Cuarenta minutos de ese tiempo los pasamos observando a las abejas entrar y salir de una colmena construida en la pared de los Stuckeys.

No aprendí mucho en el viaje, excepto que había ido a la Universidad de Lindenwood en Saint Charles, Missouri, un suburbio de Saint Louis, luego abandonó sus estudios y trabajó como empleada en una empresa de construcción en Fort Smith y luego regresó a la universidad para obtener su título en trabajo social en Arkansas Polly Technic College en Russellville, Arkansas. Supuse que abandonó la universidad en Saint Louis para estar más cerca de casa y, como Lindenwood era una escuela solo para niñas en ese entonces, tal vez ahorrar algo de dinero para volver a la universidad nuevamente. Pasamos por Polly Tech en el camino o probablemente no me lo habría dicho. Ella había querido ser maestra de escuela, pero no tenía el puntaje académico suficiente, así que se conformó con un título en Trabajo Social. Después de graduarse, consiguió un trabajo en Blytheville, Arkansas, al otro lado del estado de sus padres, pero un trabajo es un trabajo y aún podía conducir hasta su casa para visitarlos.

Conducíamos por el pequeño pueblo de Booneville, con gente que miraba este pequeño coche deportivo, cuando el vehículo de elección parecía ser una camioneta destartalada. "Solíamos ir a esa farmacia de allí y comprar refrescos, batidos y helados. El instituto está al final de esa calle. Solíamos reunirnos en ese parque con la cancha de baloncesto, poner el estéreo del coche a todo volumen y beber cerveza. No se lo digáis a mis padres. Se mortificarían si descubrieran que no iba simplemente a ver una película en nuestro pequeño cine o a comprar un batido en la farmacia".

"Gira a la derecha aquí. Mira esa gran montaña, ese es Mount Magazine, uno de los puntos más altos de Arkansas y sí, subíamos allí a fumar cigarrillos y beber cerveza también. No, en realidad no tenía

novio y siempre tenía que estar en casa antes de las
10 de la noche y no podía salir en absoluto los días
de escuela a menos que hubiera un partido de béisbol o un baile especial y aun así tenía que estar en
casa antes de las 10 de la noche. Una vez besé a un
chico fuera del porche mientras me estaba dando
las buenas noches y mi padre estaba sentado en el
porche cerrado y me gritó que entrara a la casa en
ese momento y me llamó puta por besar a un chico.
Tenía dieciséis años y nunca había besado a un chico
antes, pero él me había llevado al baile de bienvenida
y se sintió obligado a al menos agradecerle con un
beso en los escalones de entrada de la casa".

Me dirigió hacia caminos cada vez más estrechos
hasta que llegamos a un camino de tierra de dos carriles. Con esto quiero decir, dos huertos de neumáticos separados por césped en el medio. Después de
aproximadamente una milla llegamos a lo que solo
puedo describir como la cabaña de un destilador ilegal de alcohol junto a un granero de madera viejo
y grande. Ahora bien, no me malinterpreten, la
cabaña tenía un revestimiento de madera nuevo pintado de un verde claro. El granero estaba sin pintar
y era viejo, pero parecía estar en buenas condiciones.
Aparcamos y ella me acompañó hasta la puerta y la
abrió diciendo: "Llegamos".

Su padre y su madre llegaron a la puerta y
dijeron: "No te hemos oído llegar. ¿Dónde está tu

coche?". Entonces vio mi pequeño coche deportivo negro. "Es muy silencioso para un coche como ese".

"Sí, lo es."

"Parece inseguro".

"Tiene un chasis muy pesado y una barra antivuelco por si se vuelca, lo cual es muy poco probable. Por lo tanto, es más seguro de lo que parece para su tamaño. Rinde más de cincuenta kilómetros por litro, mejor que un Volkswagen".

Su madre intervino: "Tú debes ser Al Clark. Carolyn nos habló de ti. Eres capitán de la Fuerza Aérea, ¿verdad?".

"Sí, señora, lo soy."

"Llámame Ivy y este cascarrabias es Roy. Estamos encantados de conocerte. Siéntate en el sofá con Carolyn y cuéntanos dónde está tu casa, a qué escuela fuiste y por qué conduces un coche tan bonito".

Incluso Roy se encariñó conmigo cuando me preguntó sobre mis ideas políticas y lo que había leído. Él también era un lector. No aprendí mucho sobre Roy e Ivy, ya que todas las preguntas estaban dirigidas a mí. Cuando les conté mi historia, vi que esta cabaña de destiladores clandestinos era muy engañosa. La alfombra de color dorado claro era muy lujosa, de esas en las que te hundes. Los muebles eran de primera calidad y obviamente caros, aquí no había madera prensada ni contrachapado. Los cuadros de la pared eran principalmente óleos y no parecían baratos. La chimenea era de piedra de campo e inmaculada con una gran repisa de roble. Más tarde, cuando nos sentamos a cenar, la mesa y las sillas probablemente eran de Drexel, al igual que los muebles de la sala de estar. Había salido con la hija de un comerciante de muebles caros algunas veces en la escuela secundaria y aprendí algo sobre las buenas marcas estadounidenses.

Esto era muy incongruente con los muebles casi inexistentes en el apartamento de Carolyn. Me quedé perpleja, pero no dije nada al respecto. Sus padres resultaron ser muy cálidos y amigables y su padre, en particular, se puso muy hablador sobre el mercado de valores, la política mundial y la moralidad en el mundo. Incluso me elogió: "Es agradable conocer a un joven con quien puedo hablar. Viviendo aquí en estos pueblos pequeños, no tengo tantos amigos y los jóvenes aquí solo quieren beber cerveza, pelear y divertirse". Ivy me guiñó el ojo. Carolyn estaba tratando de no sonrojarse.

Me dieron el segundo dormitorio y Carolyn dormía en el porche trasero. Quise cambiarlo por ella, pero sus padres insistieron en que los invitados no debían dormir en los porches y el porche trasero tenía calefacción como el resto de la casa.

Cuando estuvimos solos unos minutos, Carolyn dijo: "Sabes que fue así porque podían escuchar el segundo dormitorio y vigilar la puerta para asegurarse de que nadie entrara a escondidas por la noche. Te dije que eran estrictos".

Al día siguiente abrimos los paquetes de Navidad. Carolyn me había dicho de pasada una vez que su padre bebía whisky escocés de vez en cuando, así que compré el quinto más caro de la tienda de sexto grado y lo envolví antes de venir. Me enteré de que su madre era observadora de aves, por lo que vivían tan lejos de la ciudad, y le compré un par de cuadros pequeños de un azulín azul y un arrendajo azul que estaban en la bolsa de la base. Para Carolyn tenía una cadena de oro con una cruz en reconocimiento a que Carolyn me llevaba a la iglesia con ella. Había visto a otras mujeres episcopalias con collares similares. Roy me dio un libro sobre la historia de Arkansas e Ivy me dio una pequeña y preciosa foto de Carolyn en un bonito marco dorado. Estaba vestida con un vestido blanco hasta la pantorrilla con una estola de piel alrededor del cuello y un sombrero redondo blanco y guantes blancos. Como un vestido de novia, pero probablemente estaba en la escuela secundaria cuando se tomó la foto. No se parecía a la pobre chica que había conocido. Me pregunté si la estola de piel era real, probablemente de conejo.

Hacía frío fuera, pero Roy me mostró el patio de la granja cerca de la casa. Me explicó que la casa convencional más grande cerca de la carretera pavi-mentada había sido suya antes, pero había demasi-ado ruido de tráfico, así que la alquiló y reformó la cabaña aquí para disfrutar de la naturaleza pacífica. "Puedes escuchar lobos por la noche en los campos, pero solo los he visto a la luz del día. Se mantienen alejados de la gente y parecen perros grises flacos. A Ivy le gustan los pájaros. Si los cuentas, hay veintitrés comederos para pájaros en la zona de césped frente a la casa. Si sales por la noche, lleva una buena linterna, mantente fuera del césped y ten cuidado con las serpientes cabeza de cobre. Sabes cómo son, no?

"Es como una serpiente de cascabel descolorida, ¿no? Fui a la escuela primaria cerca de la cacería anual de serpientes de cascabel en Okeene, Oklahoma. Así que la mayoría de lo que vi fueron serpientes de cascabel y me mantengo lejos de ellas".

"Las serpientes cabeza de cobre no son tan venenosas, pero aun así pueden hacer daño y enfermar. En esta época del año hace demasiado frío para que salgan mucho de sus guaridas, pero cuando hay una ola de calor, salen y se tumban en la carretera para calentarse, así que tenemos que tener cuidado con ellas. Por eso tenemos gallinas de Guinea. Matan a las serpientes si las encuentran. Las rodean para evitar que se vayan y luego las picotean hasta matarlas. Confunden a la serpiente con tantos objetivos a su alrededor que la serpiente no sabe a cuál morder. El único inconveniente es que las gallinas de Guinea pueden ser bastante ruidosas".

Carolyn se había quedado con Ivy para darle tiempo a Roy de evaluarme más a fondo. Yo lo sabía y me lo preguntaba. Carolyn iba a tomar en serio la idea del matrimonio? Estaba dejando que su padre me pusiera a prueba?

Cuando llegamos para almorzar, Ivy me dijo: "Al, tú y Carolyn deben salir a la carretera después de almorzar. Lamento tener que apurarlos tan rápido, pero están pronosticando una tormenta de nieve de las más grandes en la mayor parte de Arkansas hasta Tennessee. No limpian la carretera desde aquí hasta Booneville, así que estarían atrapados aquí esperando a que se derrita. Es posible que haya más nieve en Blytheville".

—Bueno, está bien. Tengo la semana libre, pero si crees que deberíamos irnos, lo haremos. —Lo hicimos. Cuando llegamos al este de Arkansas, íbamos a unas treinta millas por hora.

"Me alegro de que este coche tenga una buena calefacción, parece que hace frío ahí fuera".

"Sí. De hecho, compré este coche en Utah y allí la temperatura bajaba con frecuencia a menos de cero grados. No solo tiene una buena calefacción, sino que también se comporta bien en carreteras nevadas".

"Creo que debería decirte que no me gradué en Booneville, Arkansas. Después de que mi padre me sorprendiera besando a ese chico en la entrada de la casa, me sugirieron que fuera a la escuela secundaria All Saints Episcopal Girls High School en Vicksburg, Mississippi. No querían que me juntara con los patanes del campo, que se llamaban como él, no como yo, que vivían por aquí. A mí me parecía bien. Mis padres pueden ser un poco autoritarios. Cuando íbamos a gimnasia aquí, yo era la única chica de la escuela a la que no se le permitía usar pantalones cortos ni siquiera para la clase de gimnasia. Nací en Madison, Wisconsin, pero nos mudamos a la pequeña ciudad de Walworth, Wisconsin, cerca del lago Ginebra. Solo teníamos unos treinta chicos en mi clase y todo el pueblo era muy estricto. Los adolescentes no se escabullían bebiendo cerveza y fumando cigarrillos. No se peleaban".

10

Otra Coincidencia?

"Toqué el saxofón en la banda de música de allí y cuando fui al Lindenwood Girls College en Saint Louis, Missouri. No se volvió mixto hasta 1969, pero para entonces ya estaba de vuelta en Arkansas. Cuando volví a la universidad aquí en Arkansas Poly Tech, toqué el saxofón en la banda de música otra vez".

"Creerías que toqué el saxofón alto desde octavo grado y luego, en la universidad, me uní a la banda del Cuerpo de Entrenamiento de Oficiales de Reserva (ROTC, por sus siglas en inglés). El ROTC era obligatorio para todos los muchachos y estar en la banda significaba que podía quedarme parado en un lugar tocando mi saxo mientras todos los demás tenían que marchar en formación. La banda, natu-ralmente, ya sabía cómo marchar en formación, así que solo marchábamos hacia y desde el campo de marcha tocando nuestra música de marcha mientras todos los demás estudiantes se alineaban en la ruta del desfile diario".

"También tocabas el saxo alto. ¿Casualidad? Poly Tech era muy diferente a All Saints y Lindenwood. Era mixta. No salí con chicas allí, pero ni siquiera había potencial en las escuelas para chicas a las que asistí. Fue una gran decepción para mis padres cuando me fui sola a trabajar a Fort Smith y abandoné la universidad".

"Son dos coincidencias. A los dos nos gustan las tormentas eléctricas y los dos tocamos el saxofón alto".

"Sigue contando. No te olvides de Disneylandia. Para mí fue amor a primera vista y luego nos volvimos a encontrar cuando teníamos veinte años en el mismo edificio de apartamentos, con solo un apartamento entre nosotros. Tu licenciatura es en trabajo social y la mía en psicología, aunque nunca he utilizado nada de lo que aprendí en la universidad. Ambos conducimos pequeños y económicos coches de cuatro cilindros en lugar de los típicos coches grandes que conduce la mayoría de la gente. Los dos somos políticamente conservadores, tu padre lo es de verdad. Ahora vamos a la misma iglesia. Ninguno de los dos bebe mucho, pero bebemos. Los dos fumamos cigarrillos".

"No puedo contar Disneylandia. Esa es tu historia, sería demasiada coincidencia".

"Vi a una hermosa joven de cabello platino discutiendo con su hermano sobre la atracción del Sombrerero Loco y tú también. Me sentí atraída por ti en ese momento y debería haberme presentado, pero no lo hice. Si lo hubiera hecho, tal vez te hubieras acordado de mí y hubieras esperado en la atracción a que me bajara. O tal vez no me hubiera subido a la atracción. O tal vez tu hermano te hubiera dejado ir conmigo mientras nos esperaba. Elijo pensar que se me dio otra oportunidad de conocerte a una edad adecuada y viviendo cerca uno del otro. Habría sido imposible vernos contigo en Wisconsin y yo en Oklahoma a más de 900 millas de distancia cuando solo teníamos doce años".

"Está bien, pero ninguno de los dos recuerda la fecha exacta, solo el mes en que estuvimos en Disneylandia".

"Había asumido que eras de una familia pobre, hasta que vi los muebles bonitos y caros y el nuevo Chrysler Imperial Lebaron".

"Sigo decidida a salir adelante por mi cuenta. El único mueble que acepté de mis padres fue el juego de dormitorio que no has visto. Era de madera clara, no encajaba con la idea que tenía mi madre de lo que debían ser los muebles, pero cuando nos mudamos a Arkansas cuando yo tenía quince años, me dejó elegir el mío como consuelo por la mudanza desde Wisconsin que me molestó mucho. Iba a tirarlo a la basura si no lo aceptaba".

"Por eso nos mudamos a Booneville. Ella quería volver a Arkansas para estar cerca de su familia, pero pensó que ir a la escuela secundaria Fort Smith con mil estudiantes sería demasiado impactante, así que se fue a Booneville, pero mi padre había olvidado cómo podía ser un pequeño pueblo de Arkansas. Originalmente teníamos una de las casas más grandes de Booneville, pero mi madre quería mudarse a la granja. Tal vez la próxima vez Roy te muestre más que el corral". No tenía idea de cuánto más hasta mi segunda visita allí.

Cuando llegamos al edificio de apartamentos donde estábamos, había unos siete centímetros de nieve en el aparcamiento, que estaba casi lleno y no había huellas en la nieve. Poco después de que volvimos, Carolyn me invitó a bajar a ver la televisión con ella. Nos sentamos uno al lado del otro, como si tuviéramos que sentarnos cerca en el coche deportivo. Después de un rato, se acercó y se tumbó en el «sofá/catre» y puso la cabeza en mi regazo. «Espero que no te importe. Ha sido un día muy largo».

No me importó. No me importó cuando se quedó dormida con la cabeza en mi regazo. Puse mi mano cerca de su cintura y tenía miedo de moverme por temor a despertarla. Estaba muy feliz de tener este momento privado, incluso si ella estaba durmiendo. Eran más de las 9 p. m. cuando se despertó. "Lo siento. No quería dormirme, literalmente sobre ti. ¿Por qué no preparo algunos sándwiches?

Ha pasado mucho tiempo desde que almorcé en casa de mis padres. Debes estar muerta de hambre".

—No me importaría un sándwich. ¿Qué tienes? Y no me importaría que te quedaras dormida. Disfruté más bien de tenerte cerca y de que confiaras en mí.

"Por qué no vuelves y ves los muebles de mi dormitorio de los que te hablé?"

Saqué conclusiones precipitadas y dije: "Absolutamente".

Me llevó a su dormitorio. El cabecero también era una estantería y las mesitas de noche extendían la misma estantería otros cuarenta y cinco centímetros más allá del cabecero de la cama. Tenía un aparador a juego en la pared opuesta y una cómoda a juego en la pared cerca de la puerta. Era de madera clara, sin duda. Le quedaba bien. Muebles de buena calidad, pero nada llamativos y más bien anticuados para los estándares actuales. Obviamente no era madera barata, quizás arce? Definitivamente no pino blando. Empecé a rodearla con mis brazos.

—Mala idea, Al. No te lo puedes permitir. Estás cansado de conducir en esa nieve. Comamos nuestros sándwiches y demos por terminada la noche.

A la mañana siguiente, Carolyn llamó a mi puerta: "Vas a ir a la fiesta de Kelly en Nochevieja?"

"No me han invitado."

"Ya has estado. Nos vemos allí".

11

Fiesta

Era difícil creer que tanta gente pudiera apiñarse en un apartamento de una habitación. Esto demostraba la falta de entretenimiento en Blytheville, Arkansas. Los chicos eran en su mayoría oficiales de la fuerza aérea y no sé de dónde eran las chicas. Solo conocía a las tres que había conocido hasta ahora. El alcohol fluía libremente.

No había sitio para nadie de pie. La comida desapareció rápidamente, pero la bebida siguió fluyendo. Varios de los jóvenes oficiales se arremolinaban a mi alrededor. Carolyn estaba haciendo lo suyo: limpiar lo que todos ensuciaban tan rápido como ellos lo hacían. Si alguien dejaba su vaso de plástico vacío, lo desaparecía. Si alguien no ponía una mano sobre su cenicero, lo reemplazaba por uno limpio.

Había más chicos que chicas y me encontré entre un grupo de otros seis oficiales jóvenes. Uno de ellos me dio un puñetazo juguetón en el hombro y preguntó: "¿Te has metido con alguien? Todos conocemos a Carolyn y sé que puede ser bastante relajada".

Quise golpear al tipo. Era evidente que no conocía a Carolyn. Le dije con calma: "He estado con ella mucho estos últimos seis meses y la encuentro bastante sana y nada relajada".

—Apuesto a que sí. Quizá puedas conseguir que me quede un rato a solas con ella. Apuesto a que puedo hacer que se relaje un poco.

"Somos exclusivos. Nos casaremos cuando ella me dé el sí. Así que mantén la distancia".

"Lo sientoooo. No te enojes, sé que a estas chicas de Arkansas les gusta la fiesta".

Supongo que Carolyn vio el casi enfrentamiento y vino, se agarró de mi brazo y me llevó hacia la puerta y luego hacia el balcón. "Está bastante cargado ahí dentro. Ni siquiera he tenido la oportunidad de hablar contigo. ¿Qué te parece la fiesta?"

"Creo que nos vendría bien más espacio. ¿De dónde ha salido toda esta gente?"

"Los chicos son de la base, pero eso ya lo sabes. Hay muchas chicas que viven en Memphis y viajan hasta aquí para trabajar, y más que trabajan en Memphis, pero vienen aquí buscando ligar con un oficial de la fuerza aérea. Nuestros apartamentos son conocidos por sus buenas fiestas. Hay demasiado ruido allí para mí, ¿por qué no vamos a ver la caída de la bola por televisión en mi apartamento? Es casi medianoche, hora del este".

"Buena idea. Me gusta la fiesta, pero hay demasiado alcohol. Espero que todos puedan llegar a casa sanos y salvos".

Ella se había esfumado desde que regresamos de casa de sus padres y yo estaba preocupada por nuestra relación. Tal vez ver a sus padres había sido malo, pero esta invitación para ir a su apartamento me calentó el corazón. Lo primero que vi fue que había comprado un juego de comedor redondo de madera teñida en arce con una cubierta de fórmica y 4 sillas a juego.

"Compraste una mesa y sillas."

"Sí, lo hice. ¿Te gusta? Mis padres me dieron un cheque y me dijeron que lo comprara.

"Es agradable."

Vimos la caída de la bola en Nueva York por televisión a las 11 p. m., hora estándar del centro, medianoche, hora estándar del este.

—Entonces, Al, ¿quieres volver a la fiesta?

"Podríamos quedarnos aquí y ver la Nochevieja en Saint Louis".

"No me importa, lo vi todos los años con mis padres".

Cuando eso terminó, "Creo que la fiesta terminó, ¿no crees que es hora de volver a tu propio apartamento?"

"Podríamos quedarnos y ver la celebración de Los Ángeles".

—No lo creo. Tengo que irme a la cama y dormir un poco.

"Si insistes, ¿puedo ir mañana a ver algunos partidos de la liga?"

—No antes del mediodía. Probablemente tendremos compañía para los juegos. Buenas noches.

El 1 de enero de 1971, caminé hasta su apartamento y la ayudé a prepararse para ver el partido de fútbol. Me envió a la tienda a comprar más suministros: más patatas fritas y un par de bolsas de hielo. Ya tenía enormes cuencos de patatas fritas en la nueva mesa con platos más pequeños con diversas salsas para las patatas fritas. En la encimera de su cocina había una gran variedad de bebidas alcohólicas para los invitados esperados.

A medida que la gente iba llegando, algunos trajeron sus propias sillas de jardín para sentarse, otros simplemente se sentaron en el suelo. Al igual que la fiesta de Nochevieja de abajo, ésta también estaba llena, pero todos eran de los apartamentos, excepto algunas chicas y sus novios. La invasión desde la base aérea o desde Memphis no ocurrió y había varias parejas casadas que vivían en los apartamentos que no habían estado en la fiesta de la noche anterior. No había tanta gente, pero aun así había una multitud, y pude conocer a más de nuestros vecinos. Carolyn los conocía a todos y todos ellos, al menos, parecen saber de mí y se presentaron. En diferentes momentos, algunos me preguntaron en privado: "Te vas a casar con ella?".

Mi respuesta siempre fue: "Si ella acepta".

Los comentarios fueron algo así como: "Todos esperamos que encuentre a alguien y hemos escuchado cosas buenas sobre ti".

"Gracias, pero no es mi decisión. Le he estado preguntando y ella sigue diciendo que NO".

12

Cambiar

Todo se volvió rutinario. Los dos íbamos a trabajar de lunes a viernes. Yo iba a su apartamento regularmente y veíamos la televisión con ella, algunos de los otros solteros venían y nos visitaban por un rato. A veces comíamos fuera y a veces ella cocinaba, y a veces decía que necesitaba un tiempo a solas. Todos los viernes, íbamos al club de oficiales para encontrarnos con el mismo grupo de seis a diez amigos y tomar un par de copas. A veces salíamos a comer con alguna de las otras parejas, pero por lo general íbamos a nuestra mesa habitual en el restaurante italiano local y pedíamos nuestra pizza de masa fina mitad salchichas y mitad pepperoni. Si no habíamos bebido mucho en el club, tomábamos cervezas y a veces una cola o té helado y llegábamos a casa alrededor de las 9:00 p. m., nos besábamos y nos despedíamos hasta algún momento del sábado por la tarde con la iglesia el domingo por la mañana. Un domingo por la tarde, uno de nuestros vecinos de la fuerza aérea miró por las cortinas abiertas y luego entró.

"Qué estás haciendo aquí? En menos de una hora llegará un avión con armas nucleares y ¿no se supone que siempre tienes que estar ahí para recibir al avión y descargarlo?"

—No te preocupes, Jim, es solo yodo radiactivo para el hospital. Solo tengo que estar allí si está relacionado con armas nucleares o plutonio para ellos.

"Estas seguro?"

"Sí, me avisaron hace tres días y el hospital tiene su propia gente para recoger los medicamentos radiológicos".

—Está bien, si tú lo dices. Te dejaré en paz, pero no digas que no te avisé. —Y se fue y cerró la puerta detrás de él.

—Al, qué era eso de las armas nucleares? ¿Vamos a ir a la guerra o algo así?

"No, es bastante rutinario enviar algunos y luego llegan otros diferentes. En realidad, la mayor parte del plutonio llega en camión. Tengo que estar presente para cualquier carga o descarga de cualquier cargamento relacionado con armas nucleares. Si es convencional, es decir, no nuclear, entonces los soldados se encargan de ello por su cuenta".

"Por qué enviarían armas nucleares aquí?"

"Es una base del SAC. Por eso tenemos todos esos B-52 allí".

"Pensé que en la base sólo estaban entrenando a pilotos del B-52".

"No vuelan con armas nucleares a menos que haya una guerra, así que todos esos aviones que ves son solo vuelos de entrenamiento donde simulan que llevan armas nucleares".

"Hay algún peligro para la ciudad?"

"No. Nunca vuelan con armas nucleares a bordo y sus despegues y aterrizajes no se realizan sobre la ciudad, por lo que si un avión se estrellara, sería en el campo".

"Qué pasa con las armas nucleares en tierra? ¿Podrían explotar sin más?"

"No. Incluso si hubiera un incendio con armas nucleares en el lugar, solo habría una explosión no nuclear de bajo grado del TNT dentro de la bomba. Podría lanzar algunos trozos de plutonio a cien metros de distancia, pero ni siquiera pasarían por encima de la valla. Sería un desastre para alguien que tuviera que limpiarlo, pero las probabilidades de que eso ocurra son muy, muy escasas".

Durante las semanas siguientes, Carolyn enfrió nuestra relación. "Te estás poniendo demasiado seria y ya te dije que no me voy a casar. Creo que necesitas buscar a otra persona. Qué pasa con Jane o Kelly? Ellas siguen solteras y estaban hablando de acostarse contigo hasta que empezamos a salir juntas".

"No me interesan Jane ni Kelly. Eres a quien he estado buscando desde que tenía doce años. Te encontré y no te dejaré ir".

—Eso no depende de ti, ¿no? Podemos seguir siendo amigos, pero dejemos de salir tanto. Yo era perfectamente feliz antes de que invadieras mi espacio. Ahora comemos lo que quieras y vemos los programas de televisión que quieras. Quiero que todo vuelva a ser como antes de que nos conociéramos.

Todavía la veía de lejos, pero cuando llegaba a casa entraba en su apartamento, cerraba la puerta con llave y cerraba las cortinas. Por la mañana abría las cortinas, iba a su coche y se iba a trabajar.

Un par de semanas después, a la Fuerza Aérea se le ocurrió la brillante idea de enviarme a una escuela de la Fuerza Aérea durante seis semanas para aprender el trabajo que ya venía haciendo desde hacía más de tres años. No tuve elección. Le dije a Carolyn: "Me van a enviar a Denver, Colorado, a una escuela de seis semanas. Así que me voy la semana que viene y no estaré en casa hasta mediados de abril".

"Por qué vas a la escuela? Lo pediste tú?"

"No, no lo pedí. Alguien se dio cuenta de que no he ido a la escuela para aprender el trabajo que he estado haciendo durante más de tres años y supongo que quieren marcar esa casilla que debería haber sido marcada hace años".

—Bueno, conduce con cuidado. ¿Vamos al club el viernes?

Me sorprendí un poco. Habían pasado al menos cuatro semanas desde que habíamos ido al club. No perdía la esperanza, pero las cosas definitivamente se habían enfriado con ella. Tenía sentimientos encontrados sobre la escuela. Pensé que era una pérdida de tiempo, ya que conocía el trabajo. No estaba planeando hacer una carrera en la fuerza aérea. Un oficial de suministro de municiones o artefactos nucleares no era una carrera de todos modos, pero tal vez el estar lejos de Carolyn durante algunas semanas me daría una nueva perspectiva. Me había sentido bastante fracasado. Aquí había encontrado a esa chica de la que había estado enamorado desde que la vi en Disneylandia cuando tenía doce años y parecía que la había perdido de nuevo. "Absolutamente. Te paso a buscar a las 5 p. m. aquí, como antes?"

"Nos vemos entonces."

Esa noche y la semana siguiente todo volvió a ser como antes de que ella descubriera que la base del SAC tenía armas nucleares y que yo estaba involucrado con ellas. Luego tuve que ir a la escuela.

13

Separación

La semana siguiente, tuve que irme a la escuela en Denver. No te lo imaginabas? Nevó mucho en Blytheville, Arkansas. Había esperado hasta el viernes para irme a Denver, lo que me daba tres días para conducir hasta allí, registrarme en el alojamiento de los oficiales visitantes y registrarme para la escuela a las 07:00 horas del lunes por la mañana. Había planeado no irme hasta el sábado por la mañana, pero Carolyn me había llamado al trabajo para decirme que los habían despedido antes debido a la nieve y "creo que deberías ponerte en camino hoy para tener un día más para conducir hasta Denver. Me quedaré sola en mi apartamento, independientemente de lo que quieras hacer".

Bueno, la nieve batió récords. Mi pequeño coche deportivo Datsun 2000 no pudo con los montones de nieve de un metro que había en la carretera desde mi oficina en el depósito de bombas hasta la puerta.

Me habían dicho que la carretera estaba despejada, pero que tendría que salir por la puerta. Hice que uno de nuestros camiones volquete de dos y medio del depósito de bombas me remolcara hasta la puerta y salí. Las carreteras no estaban en mal estado. La nieve había bloqueado casi por completo la Interestatal 40 a través de Little Rock, Arkansas, pero no había nevado mucho en la mitad norte del estado una vez que llegué más al oeste que Blytheville. Tomé la ruta panorámica del norte a través de Eureka Springs, Arkansas. Las carreteras estaban secas una vez que llegué treinta millas al oeste de Blytheville. Estaba oscuro cuando conduje por Eureka Springs y recogí un Plymouth Roadrunner Superbird con el gran alerón trasero. Estaba justo sobre mi parachoques al salir de la ciudad. Aceleré y tomé la carretera de montaña llena de curvas. Al entrar en la primera curva, el "pájaro" estaba a unos cinco pies de mi parachoques. Al salir de la curva, estaba a dos coches de distancia. Al entrar en la segunda curva, lo perdí de vista, pero cuando llegué a la tercera curva, pude verlo salir de la curva número dos. No lo volví a ver hasta que llegué al pie de la pequeña montaña y me preocupé un poco por el motivo. Me detuve en medio de la carretera, salí y miré hacia la montaña. Aproximadamente a la mitad de la carretera sinuosa, pude escuchar vagamente el chirrido de los neumáticos y pude ver sus faros delanteros zigzagueando locamente en las curvas. Calculé que iba al menos quince minutos por delante, así que volví a mi coche deportivo y me dirigí hacia el oeste.

A las 10 de la noche, cuando iba de Colorado Springs a Denver, tenía la capota bajada y me sentía bien. No podía creer que hiciera tanto calor. Había estado conduciendo bastante rápido durante casi 12 horas. Me registré en el VOQ y todavía tenía la mayor parte del fin de semana para recorrer la ciudad y conocer la base.

El lunes llegué temprano al aula y, ¡cómo no!, conocía a los profesores principales y asistentes de la clase. Eran dos suboficiales superiores, oficiales no comisionados o soldados de alto rango de la fuerza aérea que habían estado en el cuartel general de la Séptima Fuerza Aérea en Saigón, Vietnam del Sur, cuando yo estaba en el sudeste asiático. Habían sido ellos los que me habían llevado de paseo por la ciudad en Saigón. Su primer comentario fue: "Capitán Clark, ¿qué está haciendo aquí?".

"Alguien se enteró de que no había ido a la escuela y recibí órdenes de venir aquí. Así que aquí estoy".

"Qué vamos a hacer contigo?"

"Enséñame todo lo que puedas y trata de mantenerme despierto, supongo".

"Está casado?"

"No."

"Alguien habla en serio?"

"Eso pensé, pero supongo que no".

"Bueno, tengo a alguien que deberías conocer".

"Es inteligente? Tiene buena figura?"

Es soltera y guapa?

"Sí, a todo lo anterior. Se mudó aquí hace poco y no ha tenido relaciones con nadie. Tal vez la llame para ver si puede darme su teléfono para que la llames. Es difícil comunicarse con alguien en el VOQ".

"Suena genial.".........

Así que durante las siguientes tres semanas la llamé y salimos a comer, al cine, a discotecas, simplemente a conducir mi coche deportivo por las montañas. La clase fue como yo esperaba. Los instructores enseñaban siguiendo el plan de la lección. Cuando el plan de la lección no coincidía con el trabajo de la vida real, yo mantenía la cabeza sobre la mesa, pero levantaba la mano y recibía la respuesta habitual: "Capitán Clark, vuelva a dormir y les contaré cómo funciona realmente".

Entonces, Darlene sugirió que pasáramos la noche en su apartamento. Fue un error. Nos divertimos un poco juntos, pero en cuanto llegué allí, tuve la impresión de que ella iba a querer que pasara la noche allí. Me derrumbé y le conté que había conocido a Carolyn después de años de tener la esperanza de encontrarla y que ahora ella se había vuelto fría conmigo.

Ese fue el final de todo. Darlene me disculpó y me envió de vuelta al VOQ y no contestó el teléfono después de eso. La segunda mitad de la clase fue similar a la primera mitad, pero tuve que estudiar un poco. La clase ahora estaba hablando sobre la gestión de municiones en la computadora de suministro de la base. Todavía no había sucedido, pero lo habían intentado. De hecho, las primeras 4 bases piloto habían fallado y estaban estudiando por qué no pudieron administrar con éxito las municiones como cualquier otro suministro en el sistema. Pasé 4 noches estudiando los libros antes del examen final. Fui el graduado con honores tanto en la primera como en la segunda mitad de la clase.

Tenía pensado ir a casa de mis padres en Enid, Oklahoma, esa tarde, pero no me dieron permiso para salir de la base hasta casi las 4 de la tarde y había 965 kilómetros hasta Enid. Llamé a casa y les dije a mis padres, y me dijeron que no importaba cuándo llegara, pero que pasara la noche en un motel si me daba sueño mientras conducía.

Durante las dos primeras horas, la carretera estaba en obras y el tráfico era intermitente. Nunca superé los 72 km/h, lo que significaba que nunca salía de la tercera marcha y normalmente iba en segunda, con frecuentes cambios descendentes a 1ª para evitar quemar el embrague y arrastrar el motor. Finalmente llegué a la carretera abierta y vi un cartel que decía que había obras en la carretera a 48 km. Había una salida que decía el nombre de un pueblo de Oklahoma y salí de la interestatal y me dirigí hacia el sur. A eso de las 7 de la tarde, los caminos rurales estaban desiertos, así que aceleré.

Estaba deprimido por haber perdido a Carolyn y no sentir nada por Darlene que fuera realmente inteligente y atractiva, pero después de 3 semanas de salir con regularidad, nunca nos besamos y luego hice el ridículo hablando de Carolyn cuando Darlene me invitó a su casa para una noche de sexo. No tuve más opción que regresar a la Base Aérea de Blytheville y tenía tres días de tiempo de viaje. Quería pasar un día con mis padres el próximo fin de semana, así que dije al diablo con el radar de la policía, voy a ver si puedo llegar a casa a una hora decente. Aumenté mi velocidad a 130-138 mph. Mi velocímetro solo llegaba a 140 y no quería torcer el cable, así que lo mantuve justo debajo del estribo. Cada vez que me acercaba a un pueblo, comenzaba a cambiar a una marcha más baja desde la 5.ª marcha, atravesaba el pueblo al límite de velocidad en 1.ª marcha y cuando llegaba a los límites del pueblo, había reunido una fila de los autos más calientes del pueblo detrás de mí. Cuando llegué a los límites del pueblo, pisé el acelerador y pasé a través de las marchas: 50 en 1.ª, 85 en segunda, 100 en tercera, normalmente cuando llegaba a la 4.ª marcha a 100-115, había perdido todos los coches del pueblo, para cuando llegaba a la 5.ª marcha a alrededor de 130 mph, tenía la carretera para mí hasta que llegaba al siguiente pueblo pequeño donde se repetía el desfile.

Tenía luces de aterrizaje de avión en mi parachoques delantero. No podía usarlas por debajo de 50 mph porque, aunque estaba usando el cableado de la casa directamente a la batería, el cable se derretía a menos que hubiera aire a 50 mph soplando sobre las conexiones. En cualquier caso, cuando oscureció creo que podría haber visto un conejo a 100 yardas de la carretera a una milla frente a mí. Cuando pasé por las "montañas de cristal", apenas pude ver algunos faros que se desviaban de la carretera principal hacia la mía. Sus luces comenzaron a parpadear. Me dije a mí mismo, seguramente no, pero apagué las luces de aterrizaje y sus luces dejaron de parpadear. Las volví a encender y él comenzó a parpadear sus luces nuevamente. Pasaron casi 10 minutos antes de que nos cruzáramos y había reducido la velocidad a 70, por si acaso era la policía. El límite de velocidad nocturno era 55 y había estado conduciendo durante horas a 130 o más. De todos modos, llegué a la entrada de casa de mis padres justo después de las 10 de la noche, lo que significó que había viajado 602 millas en 6 horas, con las primeras dos horas muy por debajo del límite de velocidad.

No les conté a mis padres sobre mi pelea con Carolyn, pero mi madre supo al día siguiente que algo me preocupaba. Les mostré que no era la clase, ya que tenía mi certificado de graduación con honores, pero cuando me preguntó sobre mi vida amorosa, les dije que finalmente había conocido a la chica que vi en Disneyland cuando tenía 12 años, pero las cosas no iban bien.

"No te rindas con ella, tu padre salió conmigo durante más de un año y yo lo conocía de toda la vida. Apenas conociste a esta chica. ¿Cuándo la conoceremos?"

"Tal vez nunca a este ritmo, pero tienes razón. No voy a renunciar a ella. Fue un shock para ella que yo trabajara con armas nucleares. Ella no es una persona políticamente pacifista. De hecho, es muy conservadora, pero nunca se le ocurrió que alguien trabajara con armas nucleares".

—Bueno, ahí lo tienes. Sé tú mismo, ella se acostumbrará.

14

Regreso

Al día siguiente conduje hasta Blytheville, llegué de noche y me fui a la cama a dormir los últimos dos días. Me levanté y fui a trabajar a la base al día siguiente, un lunes. Estaba cansado, pero había estado fuera de la oficina durante 6 semanas y quería ver cómo se controlaban los daños. Naturalmente, mi primera parada fue en el cuartel general del escuadrón de municiones para avisar al comandante del escuadrón, el teniente coronel White, al supervisor de mantenimiento, el mayor Russell, y al empleado administrativo, el sargento Wills, que había vuelto de la escuela y que iba a trabajar. El supervisor de mantenimiento era responsable del equipo y los equipos de carga de los aviones, así que básicamente todos trabajaban para él, excepto en el almacén de municiones, que trabajaba para mí. Yo tenía 30 personas, él tenía 140. Su trabajo era mantener todos los remolques de transporte de municiones para transportar municiones hacia y desde los aviones y supervisar a todas las personas alistadas que hacían ese trabajo y cargaban los B-52 con municiones. El trabajo rutinario más grande era cargar los cañones de 20 mm para las misiones de entrenamiento y descargar toda la munición no utilizada y llevarla de regreso al área de almacenamiento.

Mi trabajo consistía en supervisar a las personas del Área de Almacenamiento de Municiones, que se aseguraban de que tuviéramos suficiente munición para las misiones de entrenamiento con cañones de 20 mm, de que las armas nucleares estuvieran siempre listas para su uso y de que otras municiones convencionales, como munición de armas pequeñas, estuvieran disponibles para el entrenamiento de armas pequeñas de la base, el escuadrón de policía de seguridad y explosivos plásticos para la unidad de eliminación de artefactos explosivos (EOD), granadas de humo para espectáculos aéreos locales, etc. Yo estaba a cargo de toda la seguridad del almacén y de la policía de seguridad que, de hecho, controlaba las alarmas electrónicas y proporcionaba seguridad armada para el Área de Almacenamiento de Municiones que se me reportaba mientras estaba de servicio, aunque estaban supervisadas por el Escuadrón de Policía de Seguridad. Para asegurarnos de que se cumplieran todos estos requisitos, teníamos que hacer inventarios con regularidad para asegurarnos de que el personal de mantenimiento de la línea de vuelo no hubiera falsificado lo que llevaban a la línea de vuelo y de que hubieran inventariado y almacenado adecuadamente los municiones de 20 mm que sobraban de las misiones de entrenamiento.

El empleado administrativo mecanografió y archivó todas las órdenes, incluyendo mi viaje a la escuela, las vacaciones anuales y mecanografiar y archivar todas las cartas para el escuadrón, excepto lo que produje en el Almacenamiento de Municiones a 6 millas de distancia, al otro lado de la línea de vuelo y cerca de la plataforma de alerta donde se encontraban los aviones cargados con armas nucleares y los aviones cisterna cargados con combustible en caso de que alguna vez fuéramos a una guerra total que todos esperaban que nunca sucediera.

Cuando finalmente llegué al área de almacenamiento de municiones, mi suboficial a cargo, el sargento mayor Stanton, había hecho que todo funcionara sin problemas. No había habido alertas ni ejercicios mientras estuve fuera, así que todo había sido muy rutinario. Me entregó la pila de papeles que debía firmar el oficial de suministro de municiones nucleares (NOSO), que era yo. Todo era rutinario y no tuve dudas sobre firmarlo. A las 2:00 p. m. terminé y salí a visitar el edificio de mantenimiento de municiones nucleares. El sargento mayor Wilson estaba a cargo de todo el mantenimiento nuclear y las cosas también habían sido rutinarias para él. Me preguntó sobre la escuela y le dije que dormí durante la mayor parte, pero las montañas alrededor de Denver eran realmente hermosas. "Tuvimos una nevada mientras estuve allí, pero se había derretido y la nieve en las montañas también se estaba derritiendo".

Salí unos minutos antes para pasar por la tienda de comestibles y comprar algunas comidas preparadas, refrescos y otros artículos, ya que había estado fuera por la escuela y había dejado el refrigerador casi vacío. Mientras llevaba mis compras, Carolyn llegó a casa y se acercó para ayudarme a llevarlas. "No vas a venir a comer conmigo?"

"Seguro."

Tan pronto como guardé mis cosas y me di la vuelta, Carolyn me abrazó: "Te extrañé, AL. No me di cuenta de cuánto hasta que no estuviste. Ya conoces el viejo dicho: "La ausencia fortalece el corazón", pues es verdad".

Esa noche, después de cenar con Carolyn, nos sentamos a ver un poco de televisión hasta después de las noticias de las 10 de la noche. Carolyn se había acurrucado cerca de mí y me puso el brazo sobre sus hombros. Me levanté después de las noticias y dije: "Bueno, creo que será mejor que me vaya. Es una noche de trabajo". Esperaba que me echara.

"¿Por qué no te quedas aquí esta noche? Te he echado de menos y quiero que estés cerca".

No tenía pijama, así que terminé durmiendo en calzoncillos. Ella se acercó a mí, puso mi brazo sobre ella y dijo: "Ya es suficiente por ahora, simplemente siéntate y duerme".

Es más fácil decirlo que hacerlo, pero lo hice. Me costó mucho dormir al lado de la chica que había amado por siempre sin hacer nada más, pero estaba cansado de conducir por todo el país y de tener que ir a trabajar de nuevo tan pronto, y finalmente lo hice. Demasiado pronto, Carolyn me despertó y me dijo: "Será mejor que te vayas antes de que los vecinos se den cuenta de que pasaste la noche aquí y yo tengo que prepararme para ir a trabajar y me imagino que tú también tienes que prepararte para ir a trabajar".

Para el fin de semana, habíamos pasado 4 noches platónicas juntos en su habitación. Yo me levantaba y me escabullía a mi apartamento mientras ambos nos preparábamos para ir a trabajar. El viernes, volvimos a nuestra rutina de ir a la hora feliz en el club de oficiales con nuestros viejos amigos de la hora feliz y luego a comer pizza. Cuando regresamos a su apartamento, Carolyn quería hablar.

"Al, antes de que nuestra relación avance más, necesitamos hablar".

"Qué tal? Sigo queriendo que te cases conmigo, tal como te lo he repetido durante meses. No te preocupa que yo sea un oficial de municiones nucleares, verdad?"

"No, ese es tu trabajo. Alguien tiene que hacerlo. Esto es mucho más personal".

"Bueno, ¿qué tal?"

"Algo que necesites saber sobre mí?"

—No estás casado con otra persona, ¿verdad?

—Es una tontería, claro que no. Debo decirte que no puedo tener hijos. Si quieres una familia, no puedo dártela.

"Por qué no?"

"Cuando yo era niña, todas las demás niñas empezaron a tener la regla, pero yo no. Nunca tuve una cintura pequeña como algunas niñas, pero me desarrollé como ellas, pero nunca tuve la regla. Mis padres me llevaron a Rochester y a la Clínica Mayo, donde me hicieron una serie de pruebas y determinaron que tengo un defecto genético que no permite que mis ovarios se desarrollen, por lo que nunca tendré la regla ni podré tener hijos. Me gustaría tener hijos, pero no lo haré, nunca. Incluso consideré convertirme en monja católica, pero no me aceptaron debido a la anomalía. Intenté alistarme en el ejército, el mismo resultado. Así que fui a la universidad, obtuve mi título y me establecí como solterona".

"Por eso me fui a una escuela episcopal para niñas, All Saints, en Vicksburg, Mississippi. Después de eso asistí al colegio femenino Lindenwood en

Saint Louis, Missouri. No había hombres de los que preocuparse (ahora es mixto), pero no me gustaba estar en una escuela solo para niñas. Me cansé de lo que pasaba y quería más libertad, así que me cambié al Arkansas Poly Cow College, que también estaba más cerca de mis padres. Nunca me llevé muy bien con mis padres. Eran muy estrictos y luego querían que me casara aunque sabían que no podía tener hijos. Nunca les gustó ningún novio que conocieron. Por supuesto, nunca me involucré tanto con nadie más que contigo".

"Entonces…adoptaremos niños".

"Ellos no serían tuyos genéticamente".

"Entonces… ¿cuántos hombres están divorciados y se comportan como padres para los hijos de sus esposas? No es que los hombres se queden embarazados y lleven a sus hijos durante nueve meses. Los hombres están obligados a iniciar el proceso, pero no veo por qué me sentiría diferente con los niños adoptados".

"Quiero que estés segura. No quería seguir adelante si querías tener hijos propios".

"No me importa eso. Simplemente no quiero estar sin ti nunca, nunca. Tú eres lo que cuenta. Como estoy en el ejército y hay una guerra en curso en Vietnam, este no es un buen momento para arriesgarme a tener hijos y luego irme a la guerra otra vez".

"Ya estuviste allí una vez. No tendrías que volver a ir, verdad?"

"No es probable, pero puedo contar con que me transfieran de nuevo. De todos modos, deberíamos esperar hasta que salga de la fuerza aérea y consiga un trabajo civil antes de adoptar niños. Es bueno que no puedas quedar embarazada. No me gustaría tener que irme, que me pase algo y dejarte con niños".

—Bueno, todavía no voy a decir que sí. Tienes que esperar un tiempo para asegurarte de que te tomas en serio lo de no tener hijos. ¿Qué dirían tus padres?

"Ellos aprobarían todo lo que yo hiciera. Mi hermana y mi hermano ya les han dado nietos a mis padres, así que si no lo hago, no importará para continuar con la genética. Además, si adoptamos, ellos serán igual de felices".

"Ni siquiera he conocido a tus padres."

"Conocí a tus padres y me agradaron".

—No todo el mundo lo hace. Mi padre es muy serio y nunca le gustó ningún chico que conocieron, hasta que llegaste tú. Mi madre es una maniática del orden y se lleva los platos para lavarlos antes de que los invitados terminen. No soporta que nada esté fuera de lugar, pero contigo allí no se comportaba de esa manera. Mis padres están encantados de que haya conocido a alguien como tú.

"De todos modos, me alegro de ello. Creo que serían buenos suegros".

—No te desanimó que vivieran en la cabaña de un destilador ilegal de alcohol?

"No. Era simplemente el estilo de la casa. Tenía revestimientos nuevos, techo nuevo y el interior era lujoso. Una vez que la mirabas con atención, ya no parecía una cabaña de destilería ilegal".

"La semana que viene es Pascua, creo que deberíamos ir a verlos este fin de semana. ¿Me llevarías en coche, solo por el fin de semana? Se supone que el tiempo será cálido y soleado, tal vez papá te lleve y te muestre más del lugar".

"¿Hay más? Era una cabaña bonita y al granero le hubiera venido bien un poco de pintura, pero era resistente y no necesitaba reparaciones. La cerca estaba en buenas condiciones. ¿Qué más hay para ver? Por supuesto, te llevaré. No quiero que lo hagas tú sola y me dejes aquí preocupándome por ti".

15

Sorpresa de Pascua

Fuimos en coche a Booneville el viernes. A los dos nos dieron el alta temprano porque era Viernes Santo, así que llegamos allí a las 16:00 horas. Carolyn me hizo dar una vuelta por Booneville un rato antes de ir a la cabaña de sus padres en la granja donde se destilaba licor ilegalmente. Me hizo pasar por la casa en la que habían vivido cuando se mudaron de Walworth, Wisconsin. Era una casa señorial, grande, antigua y bien cuidada, con un gran jardín. Una de las mejores de la ciudad. Me pregunté en privado por qué habían vivido en una casa tan grandiosa y luego se habían mudado a la cabaña de la granja donde se destilaba licor ilegalmente. No dije nada. Supuse (erróneamente) que vender esa casa les había dado el dinero para arreglar la cabaña. Había visto rastros de dinero, pero no tenía idea de cuánto. No llegamos a casa de sus padres hasta casi las 18:00 horas. Su madre tenía la cena preparada para nosotros cuando llegamos.

Su padre salió de la casa para saludarnos: "Hola, Al, es muy bueno volver a verte. Carolyn nos contó que te fuiste a estudiar a Denver durante seis semanas. De hecho, se le disparó la factura de su teléfono de larga distancia llamándonos casi todos los días mientras tú no estabas. Me alegra ver que todavía están juntos. ¿Ya fijaste una fecha?"

Me sorprendió un poco la implicación del matrimonio. "Todavía no me ha dicho que sí. Le sigo preguntando, pero no se compromete".

"Bueno, tienes nuestra bendición. No queremos que esté sola para siempre".

Su madre salió al porche y anunció: "Entra, la cena está lista".

Durante la cena, Ivy (la madre de Carolyn) me dijo que Roy me llevaría a ver la granja mientras ella y Carolyn preparaban la cena de Pascua. Esa noche, insistí en dormir en el porche y Carolyn en el segundo dormitorio. Sus padres se fueron a la cama a las 10 p. m. después de horas de visitar y hablar con Roy mientras Carolyn y su madre se quedaron en la cocina hablando. A las 11 p. m., Carolyn salió al porche e insistió en que yo entrara silenciosamente al dormitorio de invitados y me acostara con ella allí. Me despertó a las 4 a. m. y me dijo en voz baja que debería regresar al porche trasero porque sus padres se levantaban temprano. No se molestarían si yo estuviera en su cama, pero ella no quería que la atraparan.

A la mañana siguiente, su madre preparó un desayuno de granjero con tocino espeso, montones de huevos revueltos, tostadas, mermelada y café. Después del desayuno, Roy me llevó a su vieja camioneta para hacer un recorrido por la granja.

"El camino hacia la casa era en parte de grava con pasto creciendo en el medio del camino, pero más allá del granero solo había un camino para carros. Conducíamos por la ladera de la montaña. Roy señaló una cresta al otro lado del valle. "La granja se extiende hasta el río Petit Jean en el norte y comienza en la carretera pavimentada por la que te desviaste. Ya no la cultivo, pero se la alquilo a la gente de la granja más grande junto a la carretera. Plantan heno y crían ganado en la tierra del valle. Esa casa cerca de la carretera está alquilada. Vivíamos allí mientras arreglábamos nuestra cabaña. Ivy quería estar lejos del tráfico de la carretera y en la cabaña porque ama a sus pájaros. Tenemos ciervos que bajan por la casa en busca de comida cuando hace frío. Tenemos lobos que se pueden escuchar por la noche cazando conejos en este valle".

Habíamos recorrido unas 3 millas por este camino de carretas cuando llegamos a una cabaña destartalada, un pequeño granero en ruinas con paredes inclinadas y un par de gallineros.

"El verano pasado vivió aquí un artista que pintó la cabaña y el granero para una especie de exposición de arte rústico. Tengo entendido que vendió el cuadro por un dineral. Supongo que alquilé la cabaña a un precio demasiado bajo. Al menos era amable y no causaba ningún problema. Venía una vez a la semana cuando iba al pueblo a comprar comida. Tenía un apartado de correos en el pueblo, ya que no hacían entregas hasta aquí. Mira esa valla que hay a unos 200 metros. Ese es el final de mi granja en esta dirección, pero espera, vamos a subir a la montaña por aquí".

Era un camino empinado con rocas en el camino que subía a la montaña. Cuando llegamos a la cima, el camino era liso, pero estaba casi cubierto de hierba. El camino serpenteaba hasta un estanque con agua azul clara.

"Te gusta pescar?"

"He pescado, pero no muy a menudo. Normalmente, solo lanzo la caña y nunca pesco nada. Si pescábamos algo, mi madre lo limpiaba y lo cocinaba".

"Ivy mantiene este estanque lleno de lubinas de boca grande. Hay algunas grandes. Carolyn e Ivy solían pasar horas aquí pescando cuando hacía buen tiempo. Solo se quedaban con las que eran lo suficientemente grandes para comer y devolvían las más grandes y las más pequeñas. Carolyn las limpiaba e Ivy cocinaba lubinas dos o tres veces por semana. Necesitamos que alguien esté aquí más tiempo para atrapar algunas de las tortugas que están invadiendo el estanque desde que Carolyn se mudó a Blytheville".

Después de casi una milla y pasando otro estanque, llegaron a una casa de piedra y un granero. "Esta casa y este granero venían con las 600 hectáreas que hay aquí en la cima de la montaña. Estoy pensando en hacer que una excavadora de carretera baje hasta la carretera del otro lado de la montaña y alquilar esta cima de la montaña y la granja a alguien que quiera una granja privada. Me gusta esta casa y este granero hechos de piedra sólida y mortero, pero está demasiado lejos de una carretera e Ivy nunca querría salir de nuestra cabaña. La casa está en bastante buen estado, pero llevaría algo de trabajo limpiarla por dentro, ya que ha estado vacía durante más de 10 años. Mientras estamos aquí, ¿te importa si la inspecciono? Me gusta asegurarme de que no hayan entrado alimañas ni vagabundos".

"Me gustaría verlo. Sería un lugar fantástico para desconectarse de todo. Me encanta la vista de las montañas y los valles desde aquí arriba".

—Sí, lo haría, pero no hasta que consiga otro camino hasta aquí. Realmente no me gusta el tráfico en el pequeño camino que pasa por nuestra cabaña. Por supuesto, si tú y Carolyn alguna vez necesitan un lugar…

"He trabajado en granjas, pero no soy agricultor".

"Sería un lugar fantástico para criar caballos. A Carolyn le encantan los caballos y los conoce. ¿Eres jinete?"

"He montado a caballo, pero no me considero un jinete. Un verano tuve la yegua Palomino de un vecino, pero tendría mucho que aprender y necesitaría algo de dinero para empezar a montar y comprar caballos y equipo".

—Tienes razón, Al, lo sería.

La casa era preciosa por dentro. Los suelos eran de madera noble pulida con una pátina de polvo, pero por lo demás eran preciosos. Las habitaciones eran pequeñas, la cocina estaba anticuada desde hacía unos 30 años, pero probablemente funcionaría si pudieran traer propano aquí. Solo tenía dos dormitorios y un baño. El comedor estaba en la cocina rústica. La sala de estar tenía una gran ventana que daba al patio con el granero al lado izquierdo del cuadro. "Me sorprende que ese pintor no haya pintado este lugar".

"No creo que lo haya visto nunca. Estaba enamorado de la vieja cabaña y el granero en ruinas. Dormía en una tienda de campaña, excepto cuando hacía peor tiempo. Pasó enero en otro lugar. La cabaña solo tiene un calentador de leña y una estufa de leña. El baño es un retrete en peores condiciones que la casa. Será mejor que nos vayamos, Ivy tendrá lista la cena de Pascua alrededor de las 2:00 p. m., así que tenemos que irnos ahora para volver a la una en punto.

Cuando regresamos a la cabaña principal era casi la una de la tarde. Habíamos estado viendo la "granja" durante más de cinco horas. Tenía una nueva perspectiva. Había asumido que Carolyn era de un granjero pobre de Arkansas. Su "granja" tenía más de seis mil acres. No estaba mejorada y la mayor parte estaba cubierta de madera, pero debía valer mucho dinero. Me pregunté cómo había llegado a poseer tanta tierra.

Durante la cena, Ivy y Roy me preguntaron amablemente sobre mi experiencia en la Fuerza Aérea. Les dije que había ido a varias escuelas pequeñas en las que mi padre era superintendente. Jugaba béisbol, baloncesto y fútbol americano. Era un buen estudiante y cantaba en un coro mixto muy grande y bueno, tocaba en la banda en parte de mi escuela secundaria y en la banda del ROTC en la universidad. Después de la universidad, me incorporé a la Fuerza Aérea, estuve destinado en Oklahoma en el entrenamiento de pilotos, luego en el Depósito del Ejército de Tooele en Utah. Luego me enviaron al sudeste de Asia y luego a Blytheville, donde conocí a Carolyn.

Parecían contentos de que nuestros caminos se hubieran cruzado. No les dije que la había estado buscando durante 14 años antes de que nos conociéramos oficialmente. Teníamos que volver al trabajo el lunes por la mañana, así que nos fuimos a última hora de la tarde y regresamos a Blytheville alrededor de las 9 p. m. Carolyn dijo que estaba cansada y me envió de regreso a mi propio apartamento. Nuestra relación era genial, pero me enviaba de regreso a mi apartamento todas las noches. No estaba enfriando la relación, sino más bien preocupada por los chismes. Continuamos con nuestra rutina de ir a comer pizza y al happy hour en el Officers' Club con un viaje a Memphis y al Rivermont Club aproximadamente cada dos meses.

16

Esquivando el milagro de la bala

En 1970, durante la guerra de Vietnam, en el sudeste asiático, empecé a tener fiebre por las noches, que me superaba regularmente los 102 grados y, a veces, los 104 grados. Me duraba una hora más o menos y luego empezaba a sudar y a sentirme pegajoso. Después, la fiebre bajaba y estaba bien el resto de la noche y el día siguiente. Temía que fuera malaria porque la base se había quedado temporalmente sin quinina, que estaba disponible en frascos en todos los lugares donde comían. Simplemente tenías que coger un puñado para llevarte a casa. Pasaron unas semanas sin tomar quinina cuando empecé a tener fiebre. Tomarla no me ayudó, pero cuando perdí mucho peso y la fiebre era muy fuerte, uno de mis suboficiales me había dicho que fuera al hospital de la base porque un día estaba sudando en el trabajo, simplemente sentado en mi escritorio.

Cuando fui a ver a un médico en el hospital de la base, tenía 106 de temperatura y quería internarme. El médico dijo que lo que fuera que tenía no era contagioso y que si podía seguir trabajando, debería seguir yendo a hacerme análisis de sangre mientras intentaban averiguar qué era. No me dieron nada para ello. Hice eso durante dos semanas y dejé de ir. Había mejorado, pero en lugar de tener una temperatura de 106, normalmente bajaba a 101-102 y eso no me pasaba en el trabajo.

Después de regresar de la escuela en 1971 y después de Pascua, me llamaron al hospital de la Base Aérea de Blytheville para un examen físico de rutina. Había pasado más de un año desde que había visto a un médico de la fuerza aérea y, como trabajaba con armas nucleares, era un requisito anual, al igual que para los pilotos, así que fui.

Al día siguiente me llamaron del hospital para que volviera y me hicieran más análisis de sangre. Había algo mal en el análisis de sangre del día anterior. Bueno, tal vez estuviera relacionado con las fiebres vespertinas que seguía teniendo. En realidad, no quería casarme con Carolyn si tenía algo grave. No sería justo para ella ni para la relación que había estado cultivando durante meses y que se estaba volviendo más seria desde mi regreso de la escuela. ¿Podría ser contagioso o podría significar alguna enfermedad grave? Nunca me prostituí, como la mayoría de los militares allí, pero muchos de ellos tomaron tetraciclina para diversas enfermedades que contrajeron.

Esa tarde recibí otra llamada del hospital. Cuando entré, el médico me dijo que quería que fuera al hospital cada 4 horas, las 24 horas del día, hasta que se les ocurriera algo. "Qué pasa con mis análisis de sangre?"

"Todavía no lo hemos aislado, pero hay algo extraño. Veo que has estado en varios países del sudeste asiático, Vietnam, Tailandia, Filipinas y podría ser algo inusual. Por eso debo insistir en que sigas haciéndote los análisis de sangre hasta que podamos determinar de qué se trata. Podría ser contagioso, pero como las fiebres son intermitentes, realmente no lo creemos, pero necesitamos saberlo".

Esto interfería con mi trabajo y mi sueño. Las citas con Carolyn tuvieron que acortarse para poder ir al hospital a hacerme un análisis de sangre. No pasé la noche con ella para que no se diera cuenta de lo que estaba pasando con los análisis de sangre en mitad de la noche y yo no quería transmitirle alguna enfermedad misteriosa. Cualquiera que fuera la causa de mis sudores nocturnos, habían disminuido en intensidad.

Finalmente, después de 10 días o 60 muestras de sangre, insistí en volver a ver al médico. No pude entrar de inmediato, así que pasé por el laboratorio del hospital y hablé con el técnico jefe de sangre, que era un sargento técnico. "El médico no me ha dicho nada, pero quiero saber por qué estoy donando tanta sangre. ¿Es algo grave?"

"Sí, capitán, es muy grave. Es potencialmente mortal, pero no puedo decirle qué hemos encontrado y no hemos descubierto cómo tratarlo. Incluso hemos enviado algunas de sus muestras de sangre al Centro Médico Brooke en San Antonio (uno de los principales centros médicos militares primarios) y tampoco han podido averiguarlo. Le haré ver al médico. Creo que debería saber lo que hemos encontrado. ¿De acuerdo?"

Unos 30 minutos después estaba en el consultorio del médico. "Capitán Clark, es muy importante que siga viniendo a hacerse los análisis de sangre. Es algo muy serio. Hemos estado usando esas muestras para averiguar exactamente cuál es el problema y ahora estamos tratando de encontrar la cura adecuada".

"Y quiero que me digas lo que has encontrado o me negaré a venir a hacer más análisis de sangre".

"Debes continuar. Puedo ordenarte que lo hagas… Está bien, te diré lo que estamos haciendo".

"Cuando vino por primera vez para el examen físico, no creímos lo que encontramos en su análisis de sangre, así que le pedimos que volviera para hacerse más análisis. En el segundo análisis de sangre encontramos exactamente los mismos resultados. Desde entonces, nosotros y el Centro Médico Brooke hemos estado experimentando para encontrar una cura".

"Encontramos cuatro cepas diferentes de malaria en su sangre. Si tuviera solo una, podríamos tratarla. Pero si usáramos el tratamiento estándar para el tipo uno y usted también tiene el tipo dos, la sangre se coagula en su cuerpo y usted muere a causa del tratamiento. Si tratamos primero el tipo dos, el tipo uno no causaría el problema, pero usted tiene los tipos tres y cuatro. No hemos encontrado una manera de tratar a alguien que tiene cuatro tipos. No lo aburriré con los nombres científicos de estos tipos, pero le aseguro que son potencialmente mortales y, a menos que podamos encontrar una manera de tratar al menos uno a la vez, es posible que no le quede mucho tiempo de vida. Lo habríamos hospitalizado, pero como parece que ha tenido estos síntomas durante un año y todavía se recupera, solo queremos que siga viniendo cada cuatro horas para que podamos continuar con nuestra investigación".

"Dos semanas después, el médico me llamó nuevamente. Capitán Clark, aún tiene esos sudores nocturnos?"

—No, no desde hace unos diez días aproximadamente.

"Bueno, tengo buenas noticias y malas noticias".

"Bien?"

"La buena noticia es que la malaria desapareció de su torrente sanguíneo hace diez días y no ha vuelto. Hemos comprobado que seguimos realizando las mismas pruebas, pero parece que ha desaparecido. Puede dejar de acudir a hacerse análisis de sangre a menos que vuelvan los sudores nocturnos".

"Entonces, cuáles son las malas noticias?"

"Aunque parezca que su cuerpo ha combatido la malaria, es posible que simplemente se esté escondiendo. A veces, cuando tratamos químicamente una de esas cepas, se retira a una articulación de su cuerpo hasta que abandonamos el tratamiento y luego comienza a multiplicarse de nuevo. Parecería que sus defensas naturales del cuerpo la han eliminado y es posible que nunca vuelva a aparecer. Podría volver en cualquier momento en los próximos 17 años y, si la fiebre comienza de nuevo, vaya inmediatamente a un médico. Tal vez hayan desarrollado una cura. Mientras tanto, parece que está totalmente libre de malaria. Debo advertirle que no done sangre nunca. Los anticuerpos que su cuerpo puso en su sangre para combatir la malaria son desconocidos para nosotros, pero podrían matar a alguien que recibiera su sangre, solo dije que nuestros tratamientos podrían matarlo. Como no entendemos qué causó que la malaria se curara por sí sola, ni siquiera querría obtener plasma sanguíneo de usted por miedo a matar a alguien que solo lo obtenga de usted".

"De todos modos, a menos que las fiebres regresen, eres libre de seguir viviendo el resto de tu vida y puedes agradecer a Dios por las defensas de tu cuerpo".

17

ORI

En agosto de 1971, sus padres le compraron un auto nuevo y se deshicieron de su viejo Volkswagen fastback, un Chevrolet Malibu con el pequeño V-8. Era marrón con un techo cubierto de vinilo marrón más oscuro y un auto muy lindo. Su hijo necesitaba un auto nuevo, así que le compraron un Pontiac y, para ser justos, compraron una camioneta Ford Country Squire para la hermana de Carolyn, su Malibu y un nuevo Chrysler Imperial LeBaron para ellos (es bueno tener dinero). Lo hicieron ahora porque pensaron que nos íbamos a casar y sabían que no aceptaría un auto nuevo de ellos. No me lo pidieron.

Una semana después, la base aérea tuvo una Inspección de Preparación Operativa (ORI). Eso significó que pasé las primeras 48 horas de servicio, dormitando cuando podía en mi escritorio o en un escritorio en el edificio de mantenimiento de municiones nucleares. La inspección no salió bien. El viernes de esa semana se pidió a todos los oficiales del escuadrón de municiones que fueran a nuestra sala de conferencias para reunirse con el equipo de inspección para recibir nuestros resultados. Había sido como un simulacro de incendio de Keystone Cops, no fue bueno. Entonces el —Me interesa lo que tienes que decir y, si se trata de mí, tengo derecho a saberlo.

—Capitán Clark, ¡le dije que podía irse!

Me levanté y me fui preguntándome qué estaba pasando. Bueno, al menos, pensé, la reunión informativa de la base era en el teatro de operaciones de la base el sábado y yo iría al escuadrón temprano por la mañana para ver qué me había perdido con el equipo de inspección que me había hecho abandonar la reunión. Era tarde cuando llegué a casa y fui directo a mi apartamento sin ver a Carolyn.

Cuando llegué a trabajar ese sábado, entré al escuadrón y el empleado del escuadrón estaba ocupado escribiendo a máquina y, en lugar de su saludo amistoso habitual, levantó la vista y luego me ignoró. Bien, entonces volví al escritorio del comandante del escuadrón y no solo no estaba allí, sino que su escritorio estaba completamente limpio. Luego fui a la oficina del supervisor de mantenimiento y encontré lo mismo. Bien, entonces volví al área de mantenimiento y no había nadie allí. Volví al empleado administrativo y le pregunté: "¿Dónde están todos?

La reunión informativa del ORI del ala es en 30 minutos. ¿Cambiaron la hora?".

El empleado administrativo dejó de escribir y reconoció mi presencia por primera vez: "Bueno, el comandante del escuadrón se jubiló anoche, el supervisor de mantenimiento se ausentó anticipadamente de la fuerza aérea sin derecho a jubilación. Sargento mayor…"

Parece que yo era el único oficial del escuadrón que no fue despedido y los únicos soldados que ocupaban puestos superiores a sargentos técnicos fueron transferidos a destinos inadecuados, se jubilaron o se separaron de la Fuerza Aérea sin derecho a jubilación. Las familias que vivían en la base fueron transferidas a moteles fuera de la base y los miembros militares que todavía estaban en la Fuerza Aérea se dirigían a sus siguientes destinos, no tan agradables, Vietnam, Corea, Groenlandia, etc. Esto dejó a sus familias sin hogar y tuvieron que buscar un lugar donde vivir por su cuenta hasta que sus cónyuges regresaran de sus destinos.

Yo era la única persona del escuadrón que asistía a la reunión informativa del equipo ORI. La esencia de la reunión informativa era que toda la base había fallado en la inspección en gran medida debido al fracaso total de mi escuadrón de municiones. La base entera estaría cerrada durante una semana para determinar si se cerraría o se volvería a poner en servicio activo.

Cuando terminó la sesión informativa, el mayor general David Jones, comandante de la 2.a Fuerza Aérea, se acercó al micrófono y le dijo a la multitud: "Capitán Clark, usted se queda, todos los demás pueden irse a casa o regresar a sus oficinas".

Eso no presagiaba nada bueno para mí. Terminé con el comandante del escuadrón (el oficial de mayor rango en la base) conduciendo un auto del personal con David Jones de segundo grado en el asiento del pasajero y yo en el asiento trasero. "Capitán Clark, la única razón por la que está aquí es que ciertas áreas de armas nucleares no están disponibles a menos que esté acompañado por usted. No quiero saber nada de usted a menos que me haga una pregunta directa".

"Sí, señor"

Pasamos por la zona de alerta y luego fuimos al área de almacenamiento de armas nucleares. Las únicas palabras que dije fueron para decirle a la policía de seguridad que estaba escoltando al comandante y al general mientras pasábamos por el control de seguridad.

Entonces el general Jones me hizo una pregunta directa: "Capitán Clark, ¿puede darme una buena razón por la que usted y sus suboficiales no fueron despedidos para que pudiéramos empezar de cero?".

"Sí, señor. Los únicos problemas que tuvo el escuadrón fueron no seguir el procedimiento escrito y permitir que el equipo de inspección se extralimitara en su autoridad, y algunos planes deficientes para una ORI que no guardaban relación con la guerra".

Eso hizo que el general se diera la vuelta en su asiento delantero y me mirara con malicia, al que estaba en el asiento trasero. "¿Me estás diciendo que mis equipos de la 2.ª IG de la Fuerza Aérea rompieron las reglas y causaron los problemas en este escuadrón?"

—Sí, señor. Excepto por el plan para la ORI, eso es lo que estoy diciendo. Le había escrito cartas al comandante del escuadrón sobre los problemas que tuvimos con el plan. El resto fue permitir que el equipo del IG intimidara al escuadrón para que hiciera cosas que deberían haberse negado a hacer.

"Está bien, capitán Clark. Te propongo un trato. Te daré una semana para que te prepares y luego enviaré al equipo IG de la 15.ª Fuerza Aérea para que te dé otra inspección de inspección. Si pasas la prueba, la base permanecerá abierta y cubriremos los puestos vacantes para reemplazar a las personas que despedimos. También despediré a los miembros de mi equipo IG de la 2.ª Fuerza Aérea que inspeccionaron tu escuadrón. Si no pasas la prueba, despediré a todos los miembros de tu escuadrón, incluido tú. Tenemos un trato?"

"Sí, señor."

Al coronel: "Está bien, coronel, lléveme de regreso a mi avión y prepárese para otra ORI en una semana".

Después de que el coronel dejó caer al general en su avión, se volvió hacia mí y me dijo: "Capitán Clark, no sé en qué clase de líos ha metido a la base, pero si fracasa, lo perseguiré por insubordinación. Ha intentado verme varias veces y literalmente me ha obligado a firmar papeles por usted, pero ahora sé por qué no permito que los capitanes entren en mi oficina".

"Pero señor, ciertos documentos sobre armas nucleares deben ser firmados por el comandante del escuadrón. Simplemente le estaba trayendo los papeles para que los firme y dice específicamente que tengo que presenciar la firma para que ningún miembro del personal firme por usted".

"Capitán Clark, creo que será mejor que mantenga la boca cerrada y espere pasar la próxima inspección".

—Sí, señor. —Y dicho esto, se bajó del coche y me dejó para que caminara hasta donde había aparcado. Estaba más cerca del edificio del escuadrón que de mi coche, cerca del teatro, así que entré y me encontré con el sargento de personal administrativo que seguía escribiendo a máquina.

—Bueno, veo que desafiaste al general a darnos otra oportunidad.

Qué haces todavía aquí y cómo lo supiste?

"Con todas las jubilaciones, salidas anticipadas y transferencias, tengo mucho papeleo que hacer. Todos en la base saben lo que hiciste porque el comandante del ala entró a su oficina insultándote frente a todo su personal que lo había estado esperando. Los chismes viajan rápido. ¿Realmente lo desafiaste?"

—En realidad no. Dijo que quería despedir a todos y yo simplemente me ofendí. ¿Hay algo que pueda hacer para ayudarte?

—No, señor. Preferiría que nadie tocara mis montones de papeles, porque podría perder algo. Ya casi termino con lo que puedo hacer hasta el lunes, cuando comience el personal de la base.

"¿Podrías iniciar el llamado del escuadrón y pedirle a todos los nuevos jefes de sección que se reúnan conmigo en la sala de descanso del escuadrón a las 0800 de la mañana?"

—Esa es una de las razones por las que me quedé aquí. Ni siquiera sabes quiénes son los jefes de sección a día de hoy, ya que todos los jefes de sección fueron despedidos, excepto los que trabajaban para ti. Pensé que querrías reunirlos mañana.

"Bien pensado. Tú eres el que ha estado trabajando, pero yo estoy emocionalmente agotada y me voy a casa por la tarde. No tienes que estar aquí por la mañana, tu sección está solo tú y has estado trabajando duro. No necesito darte nuevas órdenes, ya estás haciendo más de lo que se te pide".

"Oh, estaré aquí. Quiero escuchar lo que tienes que decir".

18

Ella dijo SI

Cuando regresé a los apartamentos de la ciudad, todos los oficiales que vivían en los apartamentos y Carolyn vinieron corriendo cuando estacioné mi auto deportivo. La pregunta era: "¿Y bien?" (¿Por qué me mantuvieron después de que todos fueron despedidos?)

Me recliné sobre mi coche y les conté lo que había sucedido. También les conté sobre los despidos masivos en mi escuadrón, donde casi el 50% de la dotación había desaparecido.

"Qué va a pasar con la base si fracasas? No es posible aprobar una ORI con el 50% de tu personal".

"Cuando vuelvan a trabajar el lunes, díganle a sus respectivas oficinas que por favor cooperen con nosotros y nos respalden. Creo que están buscando una excusa para cerrar la base de forma permanente, pero creo que podemos pasar si todos están de acuerdo".

Carolyn simplemente dijo: "Ven cuando te cambies de ropa y dime qué significa esto realmente".

Cuando llegué, me recibió en la puerta con una cerveza y me dijo que me sentara en su mesa, donde había dejado unas patatas fritas, salsa de frijoles y salsa picante. "Entonces, ¿qué significa esto?"

"Eso significa que tenemos la semana que viene para prepararnos y luego otra semana más de inspección. Soy el único oficial que queda en el escuadrón de municiones, así que asumo toda la culpa. Eso significa que el viernes, en menos de dos semanas, tendré la semana siguiente libre o me enviarán a una mala asignación de inmediato, o me echarán y me quedarán sin trabajo en menos de dos semanas. ¿Quieres casarte dentro de dos semanas?"

"Déjame pensarlo, SÍ."

"¿Acabas de decir SÍ?"

"SÍ"

"Pero qué pasa si fracasamos y me envían a algún lugar donde no puedo llevar a mi familia?"

"Luego, en un año, estarás de regreso en Estados Unidos y entonces podremos estar juntos".

"Podrían echarme y quedarme sin trabajo".

"Tengo un trabajo y eso significa que no tienes que irte y estoy segura de que encontrarás un trabajo en Memphis o en algún lugar donde podamos estar juntos. Tendremos una luna de miel si pasas la inspección?"

"Tradicionalmente, la base tiene una semana libre para recuperarse de la ORI, así que supongo que tendré una semana libre y luego, como soy el único oficial, tendré que estar aquí sin días libres hasta que asignen más oficiales. Eso podría llevar meses".

"Está bien, tengo dos semanas para planificar la boda para ese viernes por la noche después de la ORI".

"Podría ser ese sábado como muy pronto, y sólo después de la reunión informativa de ORI.

Bueno, ¿puedes tomarte unas horas libres la semana que viene para que podamos ir a conseguir una licencia de matrimonio?

"No quiero una boda elegante, ¿qué te parecería ir a un juez de paz?"

—Me parece bien. ¿Qué tal si Jim y Linda son los padrinos de boda, las damas de honor y los testigos?

—Por supuesto. Yo me encargaré de todo, tú concéntrate en pasar la inspección.

(sin presión jaja)

19

Preparándose para el próximo ORI

Me reuní con el 47% del escuadrón que no había sido atacado y establecí algunas reglas radicales. Cuando comenzara la ORI, enviaríamos inmediatamente a todos los manipuladores de armas nucleares a casa para que la tripulación descansara al menos ocho horas. El equipo de la ORI se enojaría, pero no hubo manipulación de armas nucleares durante las primeras diez horas de la ORI.

El equipo de ORI tuvo que informar al comando, instalarse en el Cuartel de los Oficiales Visitantes (VOQ) y obtener los vehículos de personal asignados para conducir durante la inspección.

Luego, el avión de alerta se retiraría para indicar que estaba listo para despegar y luego regresaría a la plataforma de alerta. Luego, el equipo ORI informaría a las tripulaciones restantes sobre cuál sería su misión de entrenamiento.

Las tripulaciones de armas nucleares no harían nada durante las primeras diez horas, como mínimo. Informé a todos de que, si bien el equipo de inspección de la ORI no necesitaba escolta, no infringiríamos ninguna regla. Cuando llegase el momento de cargar un avión con armas nucleares, hay reglas que establecen que no puede haber más de diez personas en la zona de exclusión. Eso significaba cinco manipuladores de armas nucleares y no más de cinco inspectores. No se repetiría ninguna acción para los inspectores de ese avión a menos que alguien viera que se hacía algo mal y entonces se repetiría esa acción. Si más inspectores querían ver alguna acción, tendrían que pasar a la siguiente carga de aviones.

Sabía que esto iba a molestar a los inspectores, pero les dije a todos que siguieran todas las reglas al pie de la letra y que les dijeran a los inspectores que vinieran a verme si tenían alguna objeción. Señalé que los inspectores no estaban en su cadena de mando, sino yo.

Los inspectores se quejaron ante el comandante del ala, pero como él había estado allí cuando el mayor general Jones me asignó como comandante del escuadrón de municiones, tuvo que respaldarme.

El viernes de la inspección me dijeron que habíamos pasado la inspección sin ninguna discrepancia, algo inaudito en un escuadrón de municiones. El equipo del Segundo Inspector General de la Fuerza Aérea había sido asignado a otros trabajos en la fuerza aérea y yo podía saltarme la reunión informativa del sábado para casarme el viernes por la noche e irme de luna de miel la semana siguiente.

Después de una semana de descanso, iban a cerrar la parte de vuelo de la base, enviar todos los aviones y las armas nucleares a otra base para que pudieran reacondicionar la pista principal. Después de mi semana de descanso, no iba a poder tomarme vacaciones durante al menos tres meses.

LIBRO DOS

20

Casamiento

Finalmente, le pedí que se casara conmigo hace más de un año y hoy es el día. Fuimos a ver a un viejo juez de paz y a su esposa. Él afirmó que había sellado muchos matrimonios a lo largo de los años y que nunca habían terminado en divorcio. Jim y Linda, nuestros mejores amigos, nos acompañaron a la ceremonia, que duró muy poco tiempo. Nuestro fotógrafo fue Jim, que utilizó una pequeña cámara desechable para nuestras fotos de boda. Nos pilló mirándonos el uno al otro con la misma mirada que en las fotografías tomadas 45 años después, con algunas arrugas más, pero con la misma mirada amorosa.

Llegamos a Cape Girardeau, Missouri, esa noche, a las 10 p. m. No habíamos hecho reservas porque esperaba tener que ir a trabajar el sábado para la reunión informativa del Inspector General en la base. Compartimos una botella de champán.

Nos levantamos tarde el sábado 22 de agosto de 1971 y continuamos hasta Saint Louis, donde teníamos reservaciones para el sábado por la noche. Como llegamos temprano, fuimos a hacer turismo subiendo a la cima del Arco de Saint Louis y viendo el museo que hay debajo. Esa noche cenamos en un barco de vapor en el río Mississippi. Nos olvidamos de tomar fotografías.

No habíamos hecho planes para la luna de miel porque tenía miedo de quedarme sin trabajo o de tener que ir a trabajar el lunes por la mañana, pero como tenía la semana libre, fuimos en coche a la casa de su hermana en Elgin, Illinois. Carolyn me había llevado varias veces a visitar a Shirley, así que la conocía bien y nos dio la bienvenida. Antes de irnos de la zona de Chicago, nos encontré un motel y cenamos en un restaurante giratorio con una banda en directo. Después volvimos a casa, a Blytheville, Arkansas, y a nuestros trabajos. Carolyn a su trabajo como trabajadora de servicios sociales del estado, rellenando solicitudes de asistencia social y haciendo investigaciones, y yo a mi trabajo como comandante del escuadrón de municiones.

Poco después de casarnos, quedó disponible un apartamento de dos habitaciones junto a la piscina. Todos los apartamentos de dos habitaciones estaban en edificios de una sola planta, mientras que los de una habitación estaban en edificios de dos plantas construidos al estilo de un motel con una única pasarela exterior cubierta de un extremo al otro del edificio con escaleras en los extremos y en el medio. El piso inferior era una acera debajo de la pasarela del segundo piso de un extremo al otro. Nuestros apartamentos originales estaban en el segundo nivel. El de dos habitaciones nos dio un lugar para todos nuestros muebles. Gran parte de los míos los tomamos prestados de la base aérea y los devolvimos. Mi cama estilo Hollywood fue a la habitación de invitados y el juego de dormitorio de ella fue al dormitorio principal.

Pasé muchas horas enviando las armas nucleares y la mayor parte del equipo a la Base Aérea de Loring en Maine mientras se repavimentaba nuestra pista. Tuve que supervisar la carga de cada avión de carga C141 que transportaba armas y las áreas de carga del KC-135 con el equipo de manipulación. Gran parte del personal del escuadrón fue enviado a Loring junto con las armas. Gradualmente, el escuadrón recibió nuevo personal para reemplazar a los que habían sido enviados después de ese primer ORI. Hay una regla escrita que dice que el oficial de suministro de municiones no puede ser comandante de escuadrón en funciones de un escuadrón de municiones durante más de 90 días, por lo que el día 89 llegó un teniente coronel para reemplazar a este nuevo capitán. Mientras se instalaba, todas las armas nucleares y el equipo fueron enviados de regreso a la Base Aérea de Blytheville porque el trabajo de la pista estaba terminado.

21

Conociendo a mis Padres

Esa Navidad pude tomarme una semana libre del trabajo porque teníamos un nuevo comandante de escuadrón y mi trabajo estaba al día. Condujimos hasta Enid, Oklahoma, para encontrarnos con mis padres. Cuando entramos, nos enfrentamos a los reflectores de la cámara de cine de 8 mm de mi madre. En aquellos días, se necesitaban luces muy brillantes para exponer la película de 8 mm que usaban las personas. No debe haber sido agradable para Carolyn encontrarse con esa luz brillante por primera vez y no poder ver realmente nada más que las luces. Mi madre finalmente apagó los reflectores y mis padres conocieron a mi novia por primera vez. Mis padres eran personas que no juzgaban y no habría importado si Carolyn tenía dos cabezas y era violeta, si me casaba con ella, era un miembro de la familia. Luego todavía era la hora de las fotos con los flashes encendidos. Mi hermano estaba allí de la universidad y era tímido. La casa de mis padres era bonita, pero solo tenía dos dormitorios, un baño y una cocina comedor. El garaje para un automóvil se había convertido en una sala de televisión y mi habitación cuando estaba en la universidad. La puerta del garaje había sido reemplazada por una chimenea de ladrillo.

A Bruce, mi hermano, lo echaron de su dormitorio y se quedó con el televisor y el dormitorio mientras nosotros nos quedábamos en su dormitorio, que ya había sido limpiado y con sábanas limpias. La calefacción de la casa se hacía con un calefactor de suelo que ya no se ve nunca. Básicamente, hay una rejilla de metal en el suelo en una ubicación central, que estaba en la unión de la sala de estar, el baño y los dos dormitorios… no era lo suficientemente grande como para llamarse pasillo. Si las puertas de los dormitorios estaban cerradas, no había calefacción. La cocina eléctrica calentaba la cocina, que tenía una entrada, pero no una puerta que diera acceso a la sala de estar. Del mismo modo, el televisor y el dormitorio tampoco tenían puerta. La casa de mi madre siempre estaba ordenada, pero abarrotada de chucherías en los estantes, muebles, etc.

Menos mal que Carolyn no era arrogante. Había crecido en una familia adinerada con solo lo mejor, pero no le importaban esas cosas. Juzgaba por la personalidad y la sofisticación de la gente. Pasamos allí la Nochebuena y la mañana de Navidad y luego partimos en el Chevy Malibu de Carolyn hacia Fort

Smith, Arkansas, para ver a sus padres más tarde el día de Navidad.

Yo ya conocía a sus padres, pero ésta era la primera vez después de nuestro matrimonio. No habíamos invitado a nadie desde que nos casamos con poca antelación por orden del juez de paz. Sus padres sabían que nos íbamos a casar y ya me habían dado el visto bueno. Después de pasar la tarde de Navidad y el día siguiente con sus padres, volvimos en coche a Blytheville.

Éste fue el comienzo de 45 años de felicidad conyugal llena de milagros. El matrimonio de Cenicienta más perfecto que se pueda imaginar. Nunca fuimos ricos y nunca lo seríamos en términos económicos, pero no podríamos haber sido más felices. Yo cuidaba de Carolyn y nunca nos faltó nada, pero Carolyn habría sido feliz en cualquier lugar y bajo cualquier circunstancia mientras estuviéramos juntos, y lo mismo me pasaba a mí. Nada en el mundo me importaba más que ella. La había visto cuando tenía 12 años y me enamoré a distancia. En realidad, no la conocí hasta que tuve 26. Su número de calzado era 5,5, lo que también la convirtió en mi Cenicienta. Ella había decidido que sería solterona antes de que nos casáramos porque no podía tener hijos y ahora lo seríamos hasta que la muerte nos separe. Pero sigamos con la historia.

Poco después de Navidad, el coronel Billings me ordenó que me mudara a una vivienda en la base.

En lugar de la vivienda del capitán, nos asignaron una vivienda de campaña para mayores y superiores. Como capitán subalterno teníamos una casa de tres habitaciones en la base con todos los servicios pagados, excepto el teléfono, que tenía que tener para trabajar. El coronel no había querido hablar con un capitán de bajo rango antes de la ORI, pero ahora quería que estuviera cerca para poder responder rápidamente a las misiones y responder a cualquier pregunta que pudiera tener.

Carolyn no había podido tener mascotas en casa porque su madre siempre estaba limpiando y no quería una mascota en la casa, así que encontró algunos caniches miniatura a la venta y lo llamamos Snoopy. Tenía papeles, pero lo llamamos Snoopy. Era completamente negro. Se acostumbró a hacer sus necesidades en casa casi de inmediato. Nunca ladró hasta que, durante una tormenta particularmente violenta con lluvia a cántaros, un amigo irrumpió por la puerta lateral de la cocina y sorprendió a Snoopy. No nos importó que no llamara a la puerta mientras llovía a cántaros o, de hecho, no nos habría importado si fuera un lindo día soleado. Era un amigo y nuestra casa siempre estaba abierta para los amigos. En todos nuestros años de matrimonio, nunca cerramos las puertas con llave a menos que estuviéramos fuera de la ciudad o cuando nos íbamos a dormir por la noche.

22

Cambio de planes

Habíamos vuelto a nuestra rutina, salvo que ahora vivíamos juntos como marido y mujer. Yo había vuelto a la rutina de ser un oficial de suministro responsable de municiones nucleares. Responsable porque yo era el que firmaba la "propiedad" de todas las armas nucleares en la base del Comando Aéreo Estratégico (SAC). Mis dos trabajos anteriores fueron como MASO (oficial de suministro responsable de municiones), donde era responsable de todas las municiones convencionales en la base. De hecho, mi primer trabajo real como teniente había sido como comandante del destacamento de la Fuerza Aérea en el depósito del ejército de Tooele. Tenía más de 900 iglúes de explosivos y 40 almacenes de cosas inertes como aletas de bombas. Se trataba de un almacenamiento temporal de municiones convencionales en ruta hacia el sudeste asiático y la guerra de Vietnam. Mi siguiente trabajo había sido el mismo en una base allí. Luego en el SAC, donde conocí a mi amor.

Carolyn había vuelto a su trabajo como trabajadora de servicios sociales para el estado de Arkansas. Nuestros amigos eran iguales y todavía íbamos a comer pizza los viernes por la noche y a la hora feliz en el Club de Oficiales de la base. Seguíamos asistiendo a las fiestas en los apartamentos de un solo dormitorio.

Solicité mi baja de la Fuerza Aérea por segunda vez para no tener que preocuparme por conseguir una misión remota a la que Carolyn no pudiera ir. Todavía existía la posibilidad de volver a Vietnam o a otro lugar sin ella. A modo de explicación, un oficial se inscribe para 4 años de servicio activo más 2 años por cada año de educación pagado por la Fuerza Aérea. No me pagaron nada de mi educación, así que me inscribí por 4 años para que nadie pudiera acusarme de evadir el reclutamiento. Técnicamente, todos los oficiales se inscriben para el llamado a filas hasta que tienen 60 años. Aunque la jubilación llega después de 20 años, lo que me haría tener 42 si me quedara hasta la jubilación, seguiría siendo elegible para el llamado a filas al servicio activo hasta que tuviera 60 años. Para salir de la Fuerza Aérea antes de la jubilación, uno debe solicitar una fecha de separación después de su compromiso inicial. La mía fue de 4 años. La última vez que había solicitado una fecha de separación, recibí órdenes para ir al sudeste de Asia con una marca de tiempo 4 horas antes de la marca de tiempo en mi solicitud de separación. Serví un año más y cuando me asignaron a SAC no me permitieron solicitar la separación hasta que estuve de regreso en los Estados Unidos durante un año. Me casé durante ese año, pero como se acercaba el siguiente año, solicité una nueva fecha de separación.

Esta vez recibí órdenes para un período de servicio remoto acompañado con la Luftwaffe alemana en la base aérea alemana de Buchel en las montañas Eifel de Alemania. Las órdenes fueron selladas con una hora de anticipación de cuatro horas a la hora que figuraba en mi solicitud de separación. Por lo tanto, estaba obligado a cumplir otros tres años de servicio activo. Al menos era un período acompañado en el que Carolyn podía ir conmigo. Solo tenía unas pocas semanas antes de tener que presentarme. Decidimos vender nuestros autos aquí en los Estados Unidos y comprar un auto alemán que sería más fácil de mantener en la economía alemana, ya que ni siquiera iba a ir a una base aérea estadounidense. Solo se nos permitía llevar 2000 libras más nuestras maletas que llevaríamos hasta el avión.

Su Malibu de un año que estaba como nuevo se vendió por precio de libro. Yo tenía un Mercury Capri de menos de un año que era de fabricación alemana, pero con especificaciones estadounidenses. No se manejaba bien, así que lo vendí por lo que aún debía. Vendí mi Datsun 2000 negro convertible de 2 asientos con barra antivuelco, un auto de carreras barato. El comprador no creyó lo rápido que era hasta que estaba en la interestatal cerca de la base y un Mustang se le acercó mostrándole su trofeo de primer lugar en la pista de carreras y aceleró el motor, disminuyó la velocidad, aceleró el motor y cuando el nuevo dueño del Datsun decidió ver lo rápido que era, cambió a tercera marcha (debería haber usado segunda), alcanzó al Mustang, cambió a cuarta al lado del Mustang, dejó algo de goma al lado del Mustang que estaba cerca de su extremo superior y luego cambió casualmente a quinta marcha solo para mostrarles que todavía tenía otra marcha. Si lo presionaban, el Datsun corría a 140 en cuarta en la línea roja de 7000 rpm y dejaba la goma golpeando la quinta. Sólo lo hice una vez. Tener las ruedas delanteras despegadas del suelo mientras las traseras giran no es divertido.

Sus muebles de dormitorio, su mesa y sus sillas, junto con mis muebles de dormitorio baratos, fueron a parar a un depósito pagado por la Fuerza Aérea hasta nuestro regreso a Estados Unidos en tres años.

23

El viaje a Alemania

Nos embarcamos en nuestra primera gran aventura. Vendimos nuestros coches y elegimos la ropa que nos llevaríamos. Naturalmente, gran parte de la mía eran prendas de uniforme que teníamos que llevar en las maletas para el avión, porque nuestros 900 kilos de equipaje facturado podrían tardar semanas en llegar en barco a Bremerhaven (Alemania), el principal puerto marítimo de artículos estadounidenses, y luego en camión a la base aérea alemana de Buchel (Luftwaffe). Carolyn metió en la maleta un mínimo de su ropa para que yo tuviera espacio para mis uniformes. Otro ejemplo de los sacrificios que hizo por mí a lo largo de su vida. Habíamos guardado nuestros muebles y muchos recuerdos de toda la vida para los tres años que estuvimos en Alemania.

Tuvimos que alquilar una caja de transporte para nuestro caniche miniatura, Snoopy. Primero, tuvimos que volar a Filadelfia para dejar a Snoopy en el transporte de mascotas, que la fuerza aérea no organizó ni pagó. Afortunadamente, Alemania no tiene período de aislamiento siempre que el perro tenga sus vacunas. Alquilamos un coche en el aeropuerto, recogimos nuestras maletas y a Snoopy de la cinta transportadora de equipaje en su caja. Luego tuvimos que dirigirnos a la empresa de transporte de mascotas que habíamos seleccionado. En aquellos días, en 1972, no había GPS ni teléfonos móviles, así que había mapas y paramos en gasolineras para pedir indicaciones. Pudimos verlo un rato y entregar la caja de transporte aéreo en Estados Unidos y entregar un perro que lloraba a los transportistas extranjeros. Luego condujimos hasta la base aérea McGuire para nuestro vuelo militar a Alemania. Llegamos cuatro horas antes por diseño y ya estábamos cansados de nuestro largo día.

Carolyn nunca había hecho un vuelo largo en un avión grande. Era un avión comercial contratado por el ejército para el vuelo. Nos alimentaron bien durante el largo vuelo. Yo había volado más tiempo sobre el Océano Pacífico cuatro veces y pude dormir en esos vuelos. Carolyn no quería dormir, así que yo tampoco. Llegamos a la Base Aérea de Wiesbaden, que se compartía entre vuelos militares y civiles. Tras nuestra llegada a las 12 de la noche, recogimos nuestras maletas. Luego tomamos un autobús escolar azul de la fuerza aérea hasta el Cuartel de Oficiales Visitantes (VOQ) para pasar el resto de la noche hasta que llegara nuestro transporte a la Base Aérea de Buchel por la mañana. Finalmente, nos registramos a las 3 de la madrugada. Carolyn fue al baño y salió riendo histéricamente. "¿Qué te hace tanta gracia?"

"Ven aquí y mira el baño, Al, y lo verás".

Lo que vi también me hizo reír. Era la primera vez que veíamos un inodoro alemán con el que viviríamos durante los siguientes tres años. Si haces el "número dos", cae en una pequeña depresión casi sin agua y se queda ahí hasta que tiras de una cadena que permite que salga el agua de la cisterna montada en la parte superior de la pared. El agua entonces se filtra por la pequeña depresión hacia un agujero más grande en la parte delantera del inodoro. ¡Qué gracioso!

"Me pregunto si todos los baños son así".

—Espero que no, AL, no sé si podré acostumbrarme a estar ahí sentada hasta que tires de la cadena. Estábamos exhaustas y nos metimos en la cama y estuvimos dando vueltas hasta la mañana.

El capitán Dave Hill llegó a las 10 de la mañana siguiente en su propio coche (POV, vehículo de su propiedad). Nos llevó a una terminal de equipajes civiles en otra zona para recoger a Snoopy, que había volado en la bodega de carga de otro avión. Le habíamos advertido que teníamos un perro. Hablaba alemán con fluidez, lo que facilitó las cosas y ya había averiguado dónde recoger a los perros que habían sido enviados. Iba a ser mi patrocinador militar en la nueva misión en el extranjero y se convirtió en un amigo especialmente bueno.

Era un mormón que había pasado un tiempo en Alemania como misionero juvenil y luego pasó otros cinco años allí en una misión militar, y ahora estaba en su tercer año en otra misión militar en Alemania. Nos indicó qué ver en el viaje por carretera a Ulmen, Alemania, cerca de Buchel GAB, y nos consiguió alojamiento en el Hotel Burgerstube.

Era un pintoresco hotel alemán típico, encalado, en el pequeño pueblo de Ulmen, a unos 16 kilómetros de Buchel GAB. El interior era antiguo, pero se conservaba como nuevo, con madera oscura pulida o molduras blancas. Tenía un pequeño comedor donde se servían las tres comidas.

El conserje hablaba un poco de inglés y nos atendió de maravilla. Como nos habíamos registrado un sábado, teníamos el fin de semana para pasear por la pequeña ciudad. El hotel tenía muy buena comida alemana, que superaba todo lo que habíamos encontrado en cuanto a comida alemana aquí en los Estados Unidos. Nuestra habitación no era grande y tenía principalmente paredes blancas y, gracias a Dios, un baño privado. Una de las mejores habitaciones del hotel. La cama tenía un edredón grueso de algodón blanco. Lo necesitábamos porque habíamos llegado en abril y la calefacción en el hotel había sido apagada por el verano, pero nuestra habitación estaba a unos 50 grados. No habíamos empacado ropa de abrigo porque habíamos venido de Arkansas en abril, cuando hacía calor allí. Tuvimos que usar chaquetas en todo momento para mantenernos calientes y acurrucarnos bajo ese edredón grueso en la habitación.

El comedor estaba más cálido y, por suerte, los días eran soleados y más cálidos afuera que adentro. Al principio, ambos nos sentimos muy incómodos, pero el hotel era muy acogedor. Para cuando llegué a trabajar el lunes, Carolyn ya no tenía miedo de quedarse sola. Dijo que pasaba gran parte del tiempo en el comedor, que estaba más cálido que nuestra habitación. De hecho, salió a pie para ir a comprar comestibles. El Capitán Hill me recogió para presentarme oficialmente en el escuadrón. No pude ir a trabajar porque mi autorización de Alto Secreto aún no había llegado y podrían pasar meses, aunque ya tenía una autorización de Datos Secretos Restringidos para armas nucleares de mi asignación del Comando Aéreo Especial en Arkansas.

El capitán Dave Hill me llevó a recorrer la base de la Luftwaffe alemana para hacer turismo y me llevó por el área de recreación que era una cabaña doble con una bolera de dos carriles en un lado y una sala de cine en el otro lado. El club para todos los rangos era un viejo edificio de madera con pisos de madera que crujían y era oscuro. Tenía una pequeña zona de bar, una pequeña sala lateral con mesas de futbolín, un par de máquinas tragamonedas y algunas mesas de póquer. El salón de baile tenía una pequeña zona elevada para una banda, tal vez lo suficientemente grande para una banda de cuatro integrantes llena. Éramos los únicos allí, pero Dave tenía una llave. Era muy diferente del Club de Oficiales en la Base de la Fuerza Aérea de Blytheville, Arkansas. Este era un club para todos los rangos porque solo había 8 oficiales y alrededor de 100 miembros alistados en el destacamento. Contando esposas e hijos, tal vez 200 personas en total.

Carolyn me preguntó cuando regresé al hotel: "¿Dónde se supone que debemos comprar? Fui a la tienda de comestibles del pueblo y lo único que tenían era pan de masa dura como el pan francés, muy poca comida enlatada, muy poca carne en el mostrador de carnes, ni hamburguesas ni perritos calientes ni fiambres. Sus verduras son todas frescas".

"Tendremos que hacer un viaje al comisariato de una base aérea estadounidense".

"Dónde?"

Hay una base en la Base Aérea Hahn, al otro lado del río Mosul, que es la más cercana y está a unos 72 kilómetros, y la Base Aérea Bitburg, a unos 96 kilómetros en dirección contraria. Hahn es nuestra base de apoyo, donde el destacamento recoge el correo a diario y donde realizamos todos los trámites oficiales.

"El camión del correo entrega comestibles?"

"No, tendremos que conducir. Todavía no tenemos coche, pero Dave nos llevará mañana a la base aérea de Bitburg, donde podremos ver algunos coches. No querías que me llevara el Jaguar XK12, pero tienen un concesionario en la base para el BMW 2002, que creo que es un coche bastante bueno, y Dave ha encontrado un Porsche 911 usado en un concesionario alemán que solo tiene 15.000 kilómetros".

"Cuánto son 15.000 kilómetros en millas?"

"Lo multiplicas por 62, por lo que serían 9.300 millas, casi nuevo".

"Cuál es la diferencia de precio?"

"El BMW 2002 cuesta 4.300 dólares y el Porsche 911 5.000 dólares".

24

El destino — la primera vez en Europa

Entonces, después de ver el BMW 2002 con especificaciones estadounidenses, aire acondicionado e interior de cuero por $4000, Carolyn vio el Porsche 911E rojo Porsche 1970 con ruedas de magnesio 911S, asientos de cuero Recaro con solo 9300 millas por $5000 y eso fue todo. Fue una buena elección. Déjame explicarte, el 911S era el Porsche más potente en ese entonces, pero en Europa el 911E tenía más potencia con inyección mecánica de combustible y encendido capacitivo de doble punto en comparación con los carburadores del 911S. Sin embargo, el E normalmente venía sin las otras características del S. Nuestro E tenía las ruedas de magnesio, los asientos Recaro y el paquete completo de indicadores S. Dave nos había conseguido un precio especial del concesionario debido a su alemán fluido.

El dueño anterior había recibido un DUI (conducir bajo los efectos del alcohol), que en ese entonces era una multa de $3000 y la pérdida de la licencia por un año. Es por eso que estaba a la venta barato. El precio nuevo de uno habría sido de $9400, lo cual estaba fuera de mi presupuesto. A modo de comparación, un Oldsmobile 442 nuevo costaba $4200, así que $5000 por un Porsche usado estaba bien, pero uno nuevo estaba fuera de mi alcance.

Podíamos permitírnoslo porque el apartamento del gobierno alemán que nos asignaron se consideraba deficiente. Por lo tanto, aunque no pagábamos alquiler ni servicios, salvo el teléfono, conseguí conservar toda mi asignación de vivienda fuera de la base, además de una asignación especial alemana para el coste de la vida fuera de la base. Nuestros únicos gastos serían la cuota del coche a mi banco estadounidense en Estados Unidos, la compra y la ropa, y la gasolina, que usábamos cupones para pagar, así que no teníamos que pagar el exorbitante impuesto europeo a la gasolina, de unos 3 dólares por galón. Los cupones significaban que pagábamos 23 centavos por galón de gasolina premium, siempre que usáramos cupones en lugar de efectivo.

No sabíamos que Porsche era el coche adecuado para nosotros. Nos otorgaba un estatus inequívoco en toda Europa. Nos daba prioridad de paso sobre todo lo demás. A medida que nos acercábamos a las fronteras, los guardias nos hacían señas para que pasáramos mientras yo cambiaba a una marcha más baja para cruzar. Si los coches se movían, los atascos de tráfico desaparecían ante nosotros. El mejor ejemplo fue una vez que acabábamos de salir de Suiza rumbo al sur de Alemania y dos camiones circulaban uno al lado del otro bloqueando la autopista a 50 km/h (kilómetros por hora o unas 30 millas por hora). Los coches estaban atascados al menos una milla detrás de ellos. Cuando me acerqué al atasco en el carril izquierdo, los coches se fundieron en el carril derecho para dejarnos pasar y luego volvieron al carril izquierdo detrás de nosotros. No hice señas con las luces al estilo europeo, solo vieron un Porsche 911 y se hicieron a un lado. Al final estábamos justo detrás del camión de la izquierda que seguía rugiendo cuesta arriba. Me detuve en el arcén, hice señas con las luces una vez y el camión redujo la velocidad, se movió al carril derecho para dejarnos pasar y luego volvió al carril izquierdo y siguió bloqueando a los coches más pequeños Conducía despacio en comparación con la mayoría de los Porsche 911. Carolyn me hizo mantenerme por debajo de los 160 km/h (unas 100 mph) y, por lo general, alrededor de los 140 km/h (87 mph). Con frecuencia teníamos que meternos en el carril derecho para apartarnos del camino de todos los demás Porsche 911 que viajaban a 140 mph. Una vez, cuando estábamos entrando en la autopista, un gran BMW Bavaria y un Mercedes nos adelantaron rápidamente. Carolyn quería ver qué tan rápido iban, así que me puse aproximadamente media milla detrás y aceleré a 200 km/h (120 mph) y, cuando me vieron, el auto en el carril izquierdo redujo la velocidad para dejarme pasar. Realmente no quería conducir tan rápido, pero ahora estaba obligado a pasarlos, así que lo hice. Lo mantuve a unos 240 km/h (150 mph) hasta que ya no pude verlos y luego salí en la siguiente salida y conduje por el paso subterráneo de la autopista hasta perderme de vista. Esperé hasta que los oí pasar rugiendo y luego un poco más antes de volver a entrar a la autopista y conducir a mi velocidad habitual de 140 km/h.

Algo gracioso que nos hizo reír fueron las señales de entrada y salida de la autopista. La de entrada decía Einfahrt y la de salida Ausfahrt. Al llegar a Europa, no había límites de velocidad ni siquiera en las carreteras de dos carriles. Por suerte, frenar el 911 era como chocar contra un banco de arena. Ibas a 128 km/h y, al subir una colina, te encontrabas con dos agricultores parados en direcciones opuestas, con sus tractores bloqueando la carretera y hablando.

A veces, subía por una carretera de montaña con curvas detrás de un camión semirremolque que iba a una velocidad menor a la que podía mantener en primera. Intentaba fijarme en dos o tres curvas para ver si venía tráfico en dirección contraria y luego aceleraba a fondo. Estaba junto a los duelos traseros cuando tenía que meter segunda a 7300 rpm y luego tercera a 7300 rpm antes de llegar a la cabina del camión.

Algunas calles de la ciudad eran lo suficientemente anchas para mi Porsche 911. Una vez, uno de mis hombres alistados intentó seguirme. No sabía que me seguía, pero se quedó atascado en una calle con las dos manijas de las puertas atrapadas entre las paredes. Tuvo que pedirle a un granjero con un tractor que lo sacara para encontrar una calle más ancha.

25

Nuestro primer viaje por carretera en Europa

Como no podía ir a trabajar sin una autorización de alto secreto, decidí usar parte de mis vacaciones para conducir hasta París la segunda semana completa en Alemania. Conseguimos nuestros cupones de gasolina franceses para el ejército de los EE. UU. por 23 centavos por galón de alta presión. El precio europeo con impuestos era de casi 3 dólares por galón. Tenía el máximo de 60 días de vacaciones que había acumulado con la intención de tener el pago por esos días cuando saliera de la fuerza aérea. Como fuimos a Europa, me quedaban la mayoría de los 60 días y tendría que tomar 30 días durante el próximo año. Había usado algunos días de licencia para visitar a mis padres y a ella antes de que nos fuéramos de los Estados Unidos. La fuerza aérea me dio varios días de licencia para viajar a Europa que no usamos todos.

Recuerden, no hablábamos los idiomas y el GPS no se había inventado, así que lo mejor que pudimos hacer fueron mapas turísticos AAA de Europa (todavía tengo algunos). No podíamos dormir, así que tomamos nuestras maletas y a Snoopy y salimos temprano en la mañana hacia París, Francia. Cuando condujimos a través de Luxemburgo, los puestos de guardia fronterizos no estaban atendidos a pesar de que las señales en inglés decían que tendríamos que parar para una inspección. Seguimos conduciendo. Estaba amaneciendo cuando entramos en Francia por una bonita pero desierta autopista de dos carriles. Poco después vimos un coche de policía francés en el arcén y un policía con una señal de stop en la mano salió para detenernos. Había estudiado francés en la universidad, pero lo dejé después de 4 semanas con una nota reprobatoria. Pude entender más o menos lo que decía el policía porque "pasaporte" es pasaporte. Cuando Carolyn le entregó su pasaporte y yo mi tarjeta de identificación militar estadounidense, Snoopy prácticamente saltó a los brazos del policía. Hablamos un poco de que acababa de llegar a Alemania y que íbamos a ver París, y "Sí, teníamos reserva de hotel". No recuerdo el resto de la conversación, pero me sorprendió saber y entender más francés que cuando dejé la clase años antes. El policía no miró ni mi identificación ni el pasaporte de Carolyn, y nos devolvió a Snoopy y nos deseó un buen viaje (en francés).

26

*París Múltiples milagros
y aventuras*

Los milagros ocurren de nuevo. Carolyn no sabía leer mapas. No quería conducir entre el tráfico de París, sino que nos obligara a parar en un aparcamiento para viajeros y tomar el transporte público hasta el hotel. Nunca vimos el aparcamiento y pronto nos vimos atrapados en el tráfico. La calle estaba marcada como de 4 carriles, pero había 3 carriles de tráfico en cada dirección. Al llegar a un semáforo, las manijas de las puertas de los coches estaban a dos centímetros de las nuestras. No veíamos ninguna señal de tráfico, así que no teníamos ni idea de dónde estábamos. Al parar en los semáforos, intentaba buscar nuestra ubicación en el mapa, pero seguía sin encontrar las señales de tráfico en las calles transversales. Cuando las veía, estaban demasiado lejos o en el retrovisor.

Finalmente decidí que, antes de adentrarnos más en París, necesitaba averiguar dónde estábamos, porque presentía que nos estábamos acercando al hotel. Encontré una calle de un solo sentido a la derecha y giré. Una manzana después, vi una P de aparcamiento que daba la vuelta, pero a una manzana de la calle principal. Entré en el aparcamiento subterráneo de pago, a mitad de la calle de tres manzanas (sin calles transversales). Cerramos el coche y subimos a la planta baja para ir a la esquina y encontrar una señal que pude identificar en nuestro mapa turístico. Habíamos aparcado enfrente del hotel. Será suerte o milagro?

Bajamos, recogimos nuestras maletas y desactivé el coche robándole el rotor de 75 dólares al distribuidor. Nos registramos y comimos en un bistró en la calle. Luego decidimos ir a buscar a Snoopy y caminar por la calle para encontrar un poco de césped para que hiciera sus necesidades. A una milla del hotel llegamos al Louvre, que estaba cerrado por la noche. Frente al Louvre había un gran parque urbano con amplios paseos pavimentados y bancos. El parque va desde el Louvre hasta el inicio de los Campos Elíseos, la famosa calle que lleva al Arco del Triunfo, la principal calle comercial de lujo.

Debido a la cantidad de gente que había en el camino principal, encontramos una acera pavimentada más privada junto a la cerca exterior. Aproximadamente a la mitad del parque, escuchamos silbatos de policía, gritos y gente corriendo, así que nos quedamos donde estábamos y seguimos caminando. Cuando llegamos al otro extremo del parque, las puertas de hierro forjado de treinta pies de alto estaban cerradas y, a lo lejos, el Arco del Triunfo estaba iluminado. Habíamos pasado por algunas puertas laterales, así que regresamos por donde habíamos venido y encontramos que las puertas laterales de hierro forjado de quince pies de alto también estaban cerradas. Ahora estábamos un poco asustados porque el parque estaba cerrado con nosotros dentro y la mayoría de las luces de la calle estaban apagadas.

Cuando volvimos al Louvre, la valla medía solo un metro y medio de altura, con bancos a ambos lados. Los bancos y las escaleras del Louvre estaban llenos de adolescentes franceses besuqueándose. Cruzamos la valla, pasando de banco en banco del Louvre. Alguien preguntó: "¿Americanos?", y respondí: "Sí". Entonces se oyó el grito de que éramos estadounidenses que nos habíamos escondido en el parque después del toque de queda para tener un rato a solas. Todos los adolescentes nos aplaudieron. Carolyn se sintió avergonzada. No negué que nos hubiéramos estado besuqueando en el parque después del toque de queda. Varios de los cumplidos fueron en inglés con acento. Regresamos al hotel sobre las 22:00. ¿Fue un milagro o una de nuestras muchas aventuras?

A la mañana siguiente, acompañamos a Snoopy de vuelta al parque, luego al hotel y luego al Louvre para entrar a ver las famosas obras de arte. Recorrimos casi todo el Louvre y estábamos sentados estudiando La ronda de noche de Rembrandt cuando nos dimos cuenta de que éramos los únicos allí. Decidimos salir al pasillo y no vimos a nadie. Miré la hora y vi que eran aproximadamente las 5:10 p. m. ¿Cerraba el museo a las 5?

Decidimos que sería mejor dirigirnos hacia la puerta principal. Mientras caminábamos, las luces del pasillo que había detrás de nosotros se apagaron. Cuando llegamos al vestíbulo principal, el último guardia, con las llaves en la mano, estaba saliendo por la puerta cuando le grité que ya íbamos. Me preguntó por qué no nos habíamos ido cuando hicieron el anuncio y le dije que no lo entendíamos. Le dije: "Sí, somos estadounidenses". No sé qué dijo, pero estuvimos a punto de pasar "Una noche en el museo".

¿Fue otro milagro que no nos encerraran ni nos arrestaran o simplemente otra aventura?

27

Caminar por la calle en París

A la mañana siguiente, cogimos al perro y caminamos un kilómetro hasta el Louvre, media milla a
través del parque y luego caminamos toda la distancia de los Campos Elíseos hasta el Arco del Triunfo.
En el camino, un par de turistas estadounidenses
mayores hicieron el siguiente comentario sobre
Snoopy: "Miren cómo matan de hambre a sus perros. No deberían tenerlos".

No les dijimos que éramos estadounidenses
y, desde que Snoopy había volado desde Estados
Unidos, le había estado obligando a tragarse comida
enlatada para perros porque se negaba a comer.
Empecé a decírselo, pero Carolyn me agarró del
brazo y nos alejó antes de que pudiera contarles.

Después de subir al Arco del Triunfo, Carolyn
no tenía fuerzas para subir las escaleras y no podíamos llevar al perro, así que subí las escaleras yo
solo, de dos en dos, mientras ella esperaba abajo. Al

bajar, caminamos hasta la Torre Eiffel. De nuevo, me dijo que subiera mientras esperaba en un banco del parque con Snoopy. Debido a la multitud, solo llegué al primer piso y luego, preocupado por que Carolyn tuviera que esperar sola allí abajo, volví a bajar. Habíamos caminado muchos kilómetros los últimos días, así que decidimos tomar el metro hasta la Catedral de Notre Dame. Al bajar, no supimos qué metro tomar porque todo estaba en francés y mi francés, que hasta entonces me había funcionado, fallaba. Un hombre de negocios francés nos vio perdidos y nos preguntó en un inglés perfecto si podía ayudarnos. Nos indicó qué metro tomar, en qué parada bajar y también qué parada estaría cerca de nuestro hotel después de Notre Dame.

Una vez en Notre Dame, encontramos un grupo de turistas que subía por una escalera estrecha, así que nos unimos a ellos y una vez que empezamos a subir las escaleras no podíamos darnos la vuelta porque la escalera en espiral rodeada de rocas solo era lo suficientemente ancha para uno a la vez. Finalmente llegamos al balcón con las gárgolas. La visita era en francés, así que nos fuimos a un lado y tomamos fotografías junto a las gárgolas. Desafortunadamente, la película no se cargó correctamente y todo tenía doble exposición y no era bueno.

El grupo de turistas salió por otra puerta para marcharse y esperamos unos minutos y luego fuimos a la puerta que estaba cerrada. Fuimos a la otra puerta por donde habíamos entrado al balcón y también estaba cerrada. Estaba empezando a oscurecer, podíamos ver venir una fuerte lluvia, ya lloviznaba ligeramente, y estábamos buscando el mejor lugar para pasar la noche encerrados en el balcón hasta la mañana bajo la lluvia y haciendo frío. Unos minutos más tarde, un conserje subió a vaciar el cubo de basura y escapamos. Otro milagro, o simplemente otra aventura. Esta fue la tercera noche consecutiva en la que casi nos quedamos encerrados en un monumento de París. La primera noche en el parque, la única valla baja había sido la del Louvre y había bancos de parque a ambos lados que hacían posible la salida. Luego, el Louvre y Norte Dame fueron los últimos en salir después de la hora de cierre.

Un viaje a París no estaría completo sin una visita a la vida nocturna. Habíamos reservado una visita guiada a los locales nocturnos para esa noche. Gracias a Dios, el autobús nos recogió justo en el hotel. Primero fuimos a Follies Bergère para cenar y ver el espectáculo. Nos sentaron justo en frente del escenario. A mitad del espectáculo, unas bailarinas se nos acercaron, nos sacaron una foto Polaroid y nos llamaron "El árabe y una de sus esposas". Yo estaba moreno por el sol de Arkansas y la mayoría de los europeos de aquella época eran muy pálidos en comparación. Fue genial ser los únicos en la enorme multitud que se destacaron. Un milagro, o simplemente otra aventura.

Desde allí fuimos al Moulin Rouge para otro espectáculo.

28

Después de París

A la mañana siguiente, salimos temprano para evitar el tráfico de París. Por temprano, me refiero a que salimos del hotel a las 5 a. m. Condujimos alrededor del Arco de Triunfo cuando había poco tráfico, solo para decir que lo hicimos, y luego salimos de París hacia la autopista (en lugar de la autobahn en Alemania). Llené el tanque de gasolina justo antes de entrar en la autopista abierta en dirección al sur. Creo que Carolyn se durmió antes de que yo alcanzara la velocidad porque realmente manejaba a entre 160 y 200 km/h (100-120 mph). Se despertó cuando entré a cargar combustible con la luz roja del indicador de combustible parpadeando bajo. Nuestro consumo de combustible había bajado a 16 mpg a esas velocidades. No nos pasó nada.

Pasamos la tarde en Grenoble, Francia, pasamos la noche en un motel y a la mañana siguiente condujimos hasta Marsella y luego a Mónaco por la costa.

Pasamos por Niza de camino. Siempre habíamos oído hablar de sus playas, pero todas eran de grava, excepto la de enfrente de algunos hoteles caros, donde habían traído arena. En la frontera entre Francia y Mónaco descubrimos que podíamos cambiar francos franceses por una tasa, cruzar la frontera y cambiar francos monegascos por francos, obteniendo una ganancia de más del 12 %. Había muchos turistas que iban y venían, obteniendo esa ganancia cada vez. Lo hice una vez solo para comprobarlo. Luego fuimos a nuestro hotel en Montecarlo, Mónaco.

El hotel estaba en la línea de salida y meta del Gran Premio la semana anterior. A la mañana siguiente nos levantamos temprano, subimos al palacio, hicimos fotos de todos los yates del puerto y luego volvimos al hotel y cogimos el coche para dar una vuelta por la ruta del Gran Premio. Obviamente, no podíamos ir tan rápido, pero igualmente fue divertido.

Esa noche fuimos al famoso Casino de Montecarlo. Nos vestimos con nuestras mejores ropas y simplemente paseamos. No podíamos entrar en gran parte del casino sin un pase donde verificaran nuestro crédito, pero incluso en la sala principal vimos apuestas de más de 100.000 dólares en la ruleta y en las mesas de Baccarat. Al tener el Porsche 911 rojo de los guardias, los porteros y los encargados del estacionamiento nos trataron como si fuéramos alguien y no solo un par de turistas relativamente pobres. De hecho, uno de los porteros nos dijo que había un torneo al que podíamos asistir si depositábamos 100.000 dólares en crédito. Yo fingí que teníamos el dinero, pero solo quería ver qué tipo de acción se estaba llevando a cabo esa noche. Otra ventaja de conducir un Porsche 911 en Europa. Pasamos un par de horas allí, luego caminamos hasta uno de los viejos grandes hoteles que tenían habitaciones a 3500 dólares la noche solo para ver el vestíbulo. Luego volvimos al casino, explicamos que acabábamos de llegar en coche desde Grenoble, Francia, y que nos íbamos a ir a dormir.

A la mañana siguiente, madrugamos y condujimos de vuelta a Ulmen, Alemania. Es increíble cómo se puede recorrer Europa rápidamente sin límites de velocidad conduciendo un Porsche 911. De camino al norte, atravesamos el túnel de 11 kilómetros que atraviesa el Mont Blanc hasta Suiza. Pasamos la noche en un hotel Holliday Inn en Lucerna, Suiza, y esa noche cenamos en un barco de vapor en el lago. Era mucho más elegante que el barco de vapor que habíamos tomado en el Mississippi en San Luis, Misuri, durante nuestra luna de miel.

A la mañana siguiente, nos dirigimos a casa, a Ulmen, Alemania, y a nuestro hotel allí. Había sido una semana agotadora, pero muy divertida, viajando por Europa mientras esperaba que me concedieran la autorización de alto secreto. A la mañana siguiente, al entrar en Alemania, nos encontramos con esos dos camiones que ralentizaban el tráfico en la autopista, pero dejaron pasar a mi Porsche 911E.

Llegamos a casa, a Ulmen, y al hotel antes del anochecer, y teníamos el domingo libre. El lunes, descubrí que mi autorización de alto secreto se había tramitado apresuradamente. Mientras que normalmente tardaba dos o tres meses, la mía había tardado dos o tres semanas, o poco más de una semana en Alemania. Había reemplazado a un oficial cuyo padre era comandante de la Escuela de Guerra Aérea, que había obtenido una exención anticipada de su asignación para ir a una facultad de derecho financiada por la fuerza aérea. Mientras que normalmente se avisaba con seis meses de antelación a ese tipo de asignación, yo solo tenía unas semanas, así que me habían adelantado en mi autorización de seguridad. Como ya tenía una autorización de alto secreto superior a la normal, la mejora fue rápida.

29

La vida diaria en Alemania

También nos asignaron un apartamento del gobierno alemán. Volví al hotel, hicimos las maletas y nos mudamos al apartamento. Tenía muebles nuevos de Ikea, incluida una cama tamaño king (con dos colchones individuales). Alguien nos había encontrado un frigorífico-congelador de estilo americano con un transformador para reducir la corriente de 220 a 120 voltios para que funcionara. También nos habían instalado una lavadora y una secadora en una habitación del sótano debajo del edificio de apartamentos. El edificio tenía varias puertas exteriores que daban a dos apartamentos en la planta baja y dos en la planta alta. La cocina era alemana y muy pequeña, con un horno de aproximadamente 1 pie cúbico y tres hornillas en la parte superior.

Allí teníamos algo único en comparación con otros estadounidenses. Tenían un calentador de agua para la cocina que calentaba el agua solo cuando se

presionaba el botón y tenía capacidad para aproximadamente un galón. Su baño tenía un calentador
de agua más grande, pero nuevamente, tenías que
presionar el botón y esperar horas para que se calen-
tara antes de poder bañarte. Teníamos un calentador
de agua eléctrico de 20 galones, con un termostato
automático para mantener la temperatura, suspen-
dido sobre la bañera del baño que también suminis-
traba agua a los lavabos de la cocina y el baño, por lo
que siempre teníamos agua caliente.

Todos los apartamentos se calentaban con una
estufa de carbón ubicada centralmente en la pared
que calentaba el dormitorio principal y la sala de
estar, sin calefacción en el segundo dormitorio, el
baño o la cocina. Teníamos que bajar al sótano todos
los días y recoger carbón en nuestros baldes de carbón y llevarlos hasta el calentador de carbón. Esta
estufa de carbón en la pared entre la sala de estar y el
dormitorio principal estaba destinada solo a calentar
esas dos habitaciones sin calefacción en el segundo
dormitorio, la cocina, el pasillo o el baño. Quité las
puertas de la sala, la cocina y el segundo dormitorio,
y dejamos la puerta del baño abierta cuando no se
usaba para calentar todo el apartamento. Eso impli-
caba usar más carbón, que no pagamos, pero tuvimos que subir desde la carbonera del sótano.

Aprendimos rápidamente a mantenerlo apagado y encendido continuamente. Si dejábamos
que el fuego se apagara y el apartamento se enfri-

aba, tendíamos a quemarlo demasiado rápido para calentarlo. Al quemar el carbón demasiado rápido, la impureza de hierro creaba un trozo de escoria, llamado clínker, como una roca demasiado grande para sacar la ceniza por la parte inferior, y solo era posible hacerlo con el fuego apagado. Esto requería usar un cincel y un martillo para romper el trozo y sacarlo.

La mayoría de los estadounidenses no mantenían el apartamento caliente todo el tiempo y acababan con clinkers casi a diario. Al mantenerlo a fuego lento todo el tiempo, solo tenía que limpiar la ceniza una o dos veces por semana y rara vez tenía clinkers que no salieran de la limpieza de cenizas. En cuanto lo limpiaba, volvíamos a encenderlo a fuego lento para mantener la calefacción baja, pero sin que se formaran clinkers grandes.

Fue curioso que los alemanes quemaran toda su basura en la estufa. Al salir, se veía humo negro, amarillo, azul y verde saliendo de las chimeneas de nuestros vecinos, pero la nuestra no tenía mucho humo.

El último año que estuvimos allí, el gobierno alemán instaló calefacción central. En lugar de que cada apartamento del edificio tuviera cuatro escaleras, cada uno con su propia carbonera, tendríamos una habitación en cada edificio con una caldera de gasóleo que proporcionaría agua caliente para calentar los radiadores de pared de cada habitación, incluido el segundo dormitorio.

Al principio, los alemanes se quejaron porque no tendrían control sobre el combustible consumido. Utilizando carboneras individuales, las llenarían por X marcos y las harían durar todo el invierno. Ahora, el coste de funcionamiento de la caldera se añadiría a su alquiler.

Cuando escuché calefacción central, pensé en aire forzado en lugar de los antiguos radiadores con el ruido de los estallidos y crujidos de la calefacción y la refrigeración y las burbujas en las líneas.

Fue divertido observar a los trabajadores alemanes. Empezaban a trabajar a las 8 de la mañana todos los días y trabajaban duro y con precisión, pero a las 10 de la mañana se tomaban un descanso para tomar una cerveza. Luego, mientras instalaban las tuberías para el calor del vapor, con frecuencia perforaban mal los agujeros y tenían que perforar otro a unos centímetros de distancia y luego reparar el agujero en el lugar equivocado. Después del almuerzo, la situación empeoraba y luego dejaban el trabajo a las 2 de la tarde. Vi lo mismo con los trabajadores civiles de la base aérea alemana. El personal alemán, ya fuera militar o civil, siempre era profesional. Eran solo los trabajadores civiles los que estaban borrachos al mediodía todos los días.

Por otro lado, teníamos enormes cantidades de basura que los alemanes no tenían. No quemábamos nada más que carbón y algún periódico de vez en cuando para encender una hoguera. Comprábamos muchos productos envasados, como latas de comida, cajas de cereales, etc. Los alemanes no solo quemaban la basura, sino que no compraban comida envasada. Compraban casi a diario lo que iban a comer ese día. Compraban verduras frescas y pan, así que tenían poca basura.

Esto significaba que sus diminutos contenedores de basura, de aproximadamente 30 cm de diámetro y 90 cm de alto, solo se llenaban el día de la basura. Los estadounidenses tenían al menos tres de esos contenedores al aire libre y, la noche de la basura, usaban la parte vacía de los contenedores de sus vecinos alemanes. El año pasado, los alemanes instalaron varios contenedores en lugar de vaciar todos esos contenedores individualmente. Esto solucionó nuestro problema de basura.

Descubrimos inmediatamente que éramos los únicos estadounidenses en ese lado de la carretera, en la colina. Todos los demás estadounidenses que vivían en las viviendas de la base alemana estaban en un lugar bajo al otro lado de la carretera, en viejas casas adosadas de dos pisos que no habían tenido muebles nuevos, pintura ni papel tapiz en 20 años. Se llamaba el gueto estadounidense y estábamos "en la colina". Muchos estadounidenses optaron por utilizar su asignación de vivienda y el subsidio por costo de vida (COLA) para vivir en viviendas privadas fuera de la base. Por lo general, se trataba de alquilar el piso de arriba o de abajo de una casa de dos pisos, mientras que los propietarios vivían en la otra mitad. Yo era el único oficial en una vivienda del gobierno en ese momento.

———

Carolyn era una esposa perfecta de un miembro de la fuerza aérea. Nunca se quejó de estar aislada de otros estadounidenses. Nunca se quejó de tener que pedirme que la llevara a una base estadounidense a comprar alimentos porque no quería conducir 45 millas por las carreteras de montaña alemanas. No teníamos estaciones de radio ni televisión en inglés. Por la noche, leíamos libros por turnos. Leímos todos los libros de James Harriot sobre el veterinario rural británico, como "All Creatures Great and Small". No sé cómo sobrevivió a la soledad durante esos primeros meses. Aproximadamente un mes después de que nos mudáramos, sacó al perro a pasear y se olvidó de llevar su llave. La puerta del apartamento se cerró rápidamente y se bloqueó automáticamente. Ella se quedó afuera con el perro. Nuestros vecinos alemanes del apartamento de abajo salieron a la escalera y la ayudaron a quitar la manija de la puerta para que pudiera abrir la cerradura y volver a entrar. Nuestro vecino no había hablado con nosotros porque la esposa estaba estudiando el inglés que le habían exigido que estudiara en una escuela pública en Alemania. Carolyn y ella se hicieron buenas amigas. Tan buenas amigas que, cuando ella tuvo que ir al hospital para recibir tratamientos contra el cáncer y su marido iba a una escuela de larga duración, confió en nosotros para que cuidáramos a su hijo de dos años, Karsten, durante seis meses. Su marido nos visitaba aproximadamente una vez al mes para ponernos al día sobre sus tratamientos y ver a su hijo.

Unos meses después, me asignaron un nuevo suboficial al mando del comedor, que dirigí como oficial de logística. Lo asignaron a uno de los dos apartamentos de arriba, en el hueco de la escalera, ya que nos llevábamos bien con nuestros vecinos alemanes. Marge y Joe se hicieron amigos rápidamente. De hecho, 35 años después, Marge y Joe nos buscaron y pasaron por nuestra casa en Florida. Intercambiábamos tarjetas de Navidad todos los años desde Alemania. Por las noches, jugábamos a las cartas con frecuencia, ya sea con Marge y Joe Hills o con nuestros vecinos alemanes, que ahora hablaban inglés.

Algo interesante. Los alemanes tienen que pagar una cuota mensual a su gobierno para escuchar la radio o ver la televisión en directo. De hecho, nuestro costoso Porsche 911, con todas las opciones, no tenía radio, así que el anterior propietario, un alemán, no tenía que pagarla. Como militares estadounidenses, no teníamos que pagarla, pero estábamos demasiado lejos de la emisora de radio militar para recibirla y, por supuesto, la televisión alemana estaba en alemán.

Aun así, compramos un televisor alemán. Era interesante ver viejos programas policiales estadounidenses en alemán. Sus emisiones no empezaban hasta el mediodía y terminaban a las 9 p. m., pero teníamos un televisor.

Tocamos muchos discos de 32 rpm en aquellos años sin radio ni televisión de habla inglesa.

Vimos los Juegos Olímpicos de Alemania en esa televisión alemana, especialmente cuando tomaron como rehenes al equipo olímpico de Israel y el tiroteo que siguió en directo. La mayoría de nuestras noticias provenían del Air Force Times, un periódico publicado por la Fuerza Aérea para traer noticias de casa. También estábamos suscritos a varias revistas.

Como oficial de logística, una de mis muchas tareas adicionales era estar a cargo de la escuela estadounidense para niños dependientes en nuestro destacamento. Eso significaba que teníamos maestros de escuela primaria estadounidenses que trabajaban para mí (técnicamente). El gobierno alemán transportaba en autobús a nuestros hijos mayores a la base aérea de Bitburg para la escuela secundaria y preparatoria todos los días escolares. En la base aérea de Hahn, los niños de secundaria eran enviados a un internado estadounidense en Wiesbaden, Alemania, de lunes a viernes, por lo que nos fue mejor porque nuestros hijos regresaban a casa cada noche. Si había un partido de fútbol o un concierto de música después de que el autobús escolar se fuera a casa, los padres tenían que conducir 50 millas para recogerlos. Negocié y los alemanes aceptaron retrasar el autobús para permitir que nuestros estudiantes asistieran a estos eventos extraescolares.

Después de varios meses allí, Carolyn se dio cuenta de que las niñas estadounidenses no tenían nada que hacer por las tardes ni los fines de semana. Yo hice el papeleo y Carolyn se encargó de establecer oficialmente una tropa estadounidense de Girl Scouts en Ulmen, Alemania, nuestro hogar durante los siguientes tres años. Cada apartamento de nuestro edificio tenía habitaciones asignadas en el sótano. Limpié una de las habitaciones, pinté las paredes y el techo, recogí algunos muebles usados y allí se reunía la tropa scout. Carolyn se encargó de todo el trabajo habitual de conseguir suministros scouts y de organizar las reuniones, a las que asistieron todas las niñas. Consiguió que otra esposa estadounidense la ayudara con las reuniones y la búsqueda de suministros. Yo ayudé en todo lo que pude.

Las esposas de los oficiales (las ocho) tenían cenas y fiestas mensuales en los apartamentos de cada una de ellas, y la organización rotaba cada mes. Tuvimos muchos meses en los que íbamos a un apartamento para tomar unos tragos y aperitivos antes de la cena, nos mudábamos a otro apartamento (o dos) para cenar y luego a otra casa para el postre. Las esposas de militares, especialmente en el extranjero, tienen que ser mujeres especiales. El hecho de que no estuviéramos en una instalación estadounidense hizo que todo fuera mucho más difícil para ellas.

Muchas veces coincidimos en un restaurante alemán en Cochem, Alemania. El Ulmen no era lo suficientemente grande. Tenía un pequeño local donde se podía pedir bratwurst y pom frites o papas fritas con mayonesa, sin mostaza ni kétchup. La otra alternativa era comer en el hotel donde nos habíamos alojado cuando llegamos. Echo de menos las comidas que servían allí y recuerdo especialmente el Spiessbraten de este restaurante apartado a las afueras de Cochem. La primera vez que un militar estadounidense cenaba allí, el dueño sacaba su álbum de fotos de personajes famosos que habían comido allí, incluyendo a Hitler y varios generales alemanes y estadounidenses a lo largo de los años. Su Spiessbraten era un filete de cerdo relleno de cebolla cocida y especias, ¡fabuloso!

En una ocasión Carolyn y yo habíamos ido allí solas y cuando llegamos a nuestros apartamentos, las esposas estadounidenses nos recibieron antes de llegar al apartamento para decirnos que había una alerta real y que todos los militares debían presentarse en sus puestos de servicio. Cogí un uniforme y conduje hasta la base en el Porsche, yendo a más de 100 mph en la carretera de dos carriles. Reduje la velocidad a quizás 80 mph mientras me saltaba la señal de stop y cruzaba la autopista fuera de la puerta. Los guardias alemanes habían oído mi Porsche cuando reduje la marcha y me dirigí hacia ellos y estaban sosteniendo la puerta abierta y haciéndome señas para que pasara. Cuando pasé volando por el edificio de pases para visitantes, vi muchos vehículos personales estadounidenses estacionados allí. Iba demasiado rápido para detenerme y, con los guardias haciéndome señas para que pasara, seguí reduciendo la marcha y di la vuelta de 90 grados justo dentro de la puerta a alrededor de 40 mph antes de acelerar en las calles de la base hacia la plataforma de alerta donde los aviones alemanes estaban en alerta. Una vez más, los guardias oyeron mi Porsche y tenían abiertas las puertas internas y externas y me estaban haciendo señas para que pasara. Pensé que no debía conducir mi vehículo personal hacia la plataforma de alerta, así que me detuve en el césped frente a la puerta y corrí hacia la sala de alerta. Cuando entré a la sala de alerta, no había nadie más que el oficial y el soldado de guardia. No sabían por qué no había aparecido nadie más.

Llamé al edificio de visitantes, donde había visto muchos coches estadounidenses, y descubrí que la Luftwaffe alemana los había detenido en el edificio de visitantes y no les permitía entrar por la puerta. Hablé con el jefe alemán que estaba allí por la línea directa desde la sala de alerta hasta el centro de visitantes y dejaron que los estadounidenses entraran en la base y en sus puestos de servicio. Supongo que esa es otra ventaja de conducir un Porsche 911. Yo tenía el único en la base de la Luftwaffe y todo el mundo lo sabía, así que los guardias estaban dispuestos a romper las reglas por mí.

Solo un par de oficiales tenían la edad adecuada para tener hijos allí. Eran jóvenes y esperaban para tener hijos, o mayores, y sus hijos estaban en la universidad. Una pareja se embarazó allí y acudió a un médico alemán, creyendo que eran mejores que los médicos de la Fuerza Aérea y mucho más cercanos, estando destinados en una base de la Luftwaffe alemana, para que les recetaran talidomida para las náuseas matutinas. Unos meses después de regresar a Estados Unidos, su hijo nació sin manos ni pies. Talidomida. Se hizo miembro de Shriners después de que su hijo recibiera ayuda de los Shriners. Perdimos contacto con ellos.

Teníamos otro buen amigo que estaba en su segunda misión en Alemania y decidió que quería visitar Yugoslavia de vacaciones. No necesitábamos decirle a nadie a dónde íbamos, así que fueron en coche. Les dejaron pasar en la frontera al entrar y salir de Yugoslavia, pero cuando regresó a la base descubrió que todas sus cosas habían sido enviadas de vuelta a su casa registrada en Estados Unidos y que él y su mujer tenían billetes de avión para hacer lo mismo. Se convirtió en un civil al instante después de 9 o 10 años de servicio. Nuestras autorizaciones de seguridad nos prohibían ir a ningún país comunista e incluso para ir a Berlín Occidental tardamos unos 6 meses en obtener el permiso para tomar el tren de tropas militares de EE. UU. para ir a Berlín Occidental. Esto hizo evidente que nos vigilaban de cerca cuando pensábamos que éramos anónimos mientras conducíamos de vacaciones. O eso o que le hicieron señas para que cruzara la frontera aunque no parecía que hubiera estadounidenses en la frontera y no lo detuvieron. Lo mismo le pasó a otro oficial allí cuando él y su mujer obtuvieron permiso para viajar en tren a Berlín Occidental, pero tomaron un autobús turístico comercial hasta Berlín Oriental. Al autobús turístico no se le permitió detenerse en el lado este. Ambos oficiales sabían que no era así, pero pensaron que no había peligro porque eran estadounidenses leales y nadie los estaba mirando, o eso creían.

30

Aventuras en Camping

Había traído una tienda de campaña para dos personas con las 2000 libras permitidas porque había oído que acampar en Europa era bueno. No nos interesaba nada de Europa del Este, ya que no habíamos visto Europa Occidental. Después de nuestra primera experiencia de acampada en Europa, la mayoría de nuestros viajes fueron con esa tienda de campaña para dos personas, una pequeña barbacoa de butano y una linterna de butano. En cambio, los hoteles nos parecieron o bien inferiores a lo que buscábamos, con solo unas pocas habitaciones en un pequeño hotel con baño compartido al final del pasillo, o en la habitación de invitados de alguien. El otro extremo era un bonito hotel de estilo americano donde la gente era fría, no se hablaba y los trabajadores eran casi antipáticos. Había algunos Holiday Inns que ofrecían un 50% de descuento militar y eran similares a los hoteles estadounidenses, pero

rara vez eran donde queríamos alojarnos. Los camp-
ings eran muy diferentes. Todos eran amables, incluso si no hablaban inglés, lo intentaban.

A veces, alguien hacía una fogata con personas
de 3 a 5 nacionalidades sentadas alrededor tratando
de conversar entre sí. Alguien llevaba una botella de
alcohol y pasaba de fogata en fogata ofreciendo una
bebida y luego iba a la siguiente. Acampar era conveniente y barato. Nos quedamos varias noches en un
camping en Roma en los terrenos del Palacio Savoy.
Costaba 25 centavos por el auto, 25 centavos por
el campamento y 25 centavos por persona, por lo
que podíamos quedarnos por $1 por día, mientras
que en un Holiday Inn costaría $50 por día incluso
con el descuento militar del 50%. Quedarse en la
habitación libre de alguien (Zimmerfree) costaría
$20 por noche.

El primer día completo en el camping de Roma,
tomamos un autobús turístico que llegó al camping
y luego recogió a gente en varios hoteles. Mientras
recorríamos el lugar, el guía nos contaba en inglés
lo que veíamos. Anoté los números de los autobuses
urbanos que veía parar en los lugares turísticos.

Al día siguiente, tomamos el autobús del camping
hasta la última parada de autobús de la ciudad cerca
del camping y tomamos un autobús urbano hasta
la terminal principal, donde tomamos el número de
autobús adecuado para ir al Coliseo, a la Ciudad del
Vaticano o a cualquier otro lugar. También camina-

mos mucho cuando los lugares estaban a poca distancia unos de otros. Hicimos eso durante varios días. Por la noche, nos uníamos a la camaradería de nuestros compañeros de campamento. Conocimos a muchos turistas de habla inglesa de nuestra edad de los Países Bajos, Australia y Gran Bretaña. También hicimos amistad rápidamente con otros europeos que hablaban inglés.

Una noche, cuando fui a darme una ducha caliente, llevé un montón de monedas para pagar la ducha. Había una larga cola y cuando llegué al principio de la cola, el tipo que salía de la ducha me explicó que alguien tenía una navaja de bolsillo que habían introducido en la ranura para monedas para que todos pudieran ducharse gratis, pero que yo tenía que pasarle a la siguiente persona el número de camping del tipo que tenía la navaja para que la devolviera. Probablemente, 30 personas después de mí se ducharon gratis con su navaja de bolsillo. A la mañana siguiente, después del café, fui al camping y, efectivamente, le devolvieron su navaja de bolsillo.

Un día nos cayó un chaparrón mientras explorábamos Roma y sus alrededores. Al volver, una pareja se acercó a explicarnos que habíamos dejado nuestros utensilios de cocina bajo la lluvia, así que los guardaron en nuestra tienda. También habían subido las ventanillas del Porsche, que no estaban del todo cerradas. Se disculparon por haber tocado nuestras cosas y les agradecimos enormemente su desvío.

Una vez a la semana pasábamos una noche en un bonito hotel sólo para poder dormir en una cama normal y tomar una ducha larga sin tener que hacer cola fuera de la ducha.

¿Cuántas chicas estadounidenses de veintitantos años que se habían criado en una familia adinerada disfrutarían de acampar en una tienda de campaña para dos personas por toda Europa? Carolyn era única. Al acampar a bajo precio, podíamos viajar más y comprar más recuerdos sin salirnos de nuestras posibilidades.

Hicimos numerosos viajes a otros lugares de Alemania, Francia, Bélgica y los Países Bajos los fines de semana. Llegamos temprano el sábado por la mañana y volvimos a casa tarde el domingo por la noche. En nuestro viaje a España, el plan era conducir hasta Gibraltar pasando por Madrid. Cuando llegamos a la frontera española, estaban construyendo una carretera de cuatro carriles y la de dos carriles era increíblemente lenta. Cuando llegamos a la ciudad de Figueres, España, en Cataluña, a lo largo de la Costa del Sol (costa del sol) con hermosas playas de arena en el Mediterráneo, vimos un cartel de camping y era demasiado tarde en la noche para llegar a Barcelona, que había sido nuestro plan. Cuando salimos de la autopista, vimos el problema en la carretera principal. Había un carro de dos ruedas cargado alto tirado por un solo burro que bloqueaba el tráfico. Había demasiado tráfico para que alguien pasara y habíamos estado siguiendo ese carro tirado por burros durante kilómetros sin acercarnos lo suficiente para ver el problema del tráfico.

En fin, encontramos el camping justo en la playa. Habíamos montado la tienda cuando descubrimos un gran hormiguero cerca. Entonces, los campistas del otro lado de la calle empezaron a recoger la tienda para irse. Había un Land Rover aparcado allí con el aire acondicionado encendido. En cuanto se fueron los demás campistas, trasladé todo a su sitio de acampada, ahora vacío. Los del Land Rover llegaron, bajaron la ventanilla y dijeron: «Les cronometramos 2 minutos y 38 segundos para irse. ¿De dónde sacaron esa tienda?».

Dormimos hasta tarde a la mañana siguiente y salimos a disfrutar de la playa y el agua. En 45 minutos, nuestra pobre excusa para el bronceado alemán se convirtió en una leve quemadura y tuvimos que dejarlo. Decidimos volver a Figueras en coche y ver qué había allí. Condujimos hasta el centro de la ciudad, que era una plaza adoquinada totalmente vacía. No vimos otros coches ni gente y nos preguntamos si entrar en la plaza, pero seguimos adelante y aparcamos cerca de una catedral española que parecía interesante. Antes de que pudiéramos subir, un sacerdote salió a darnos la bienvenida en español y nos dejó claro que estaba bien dejar nuestro coche allí.

Mi español es casi como mi francés, no mucho. El sacerdote explicó que el órgano de tubos de madera sobre la entrada principal era el órgano de tubos de madera más grande del mundo. Luego nos condujo de vuelta detrás del altar para mostrarnos su colección de objetos. Una cosa que sobresalía de todas las demás era una Biblia en una caja de cristal abierta por una página donde podía leer la fecha de 1491 y la firma de Colón. El sacerdote dejó claro que era la Biblia personal de Colón que dejó en la iglesia antes de su viaje a América. ¡Guau!, ¿fue otro milagro? ¿Cuántos otros estadounidenses se han parado a verla o al órgano de madera? ¿Fue nuestra visita un milagro? ¿Cuántos estadounidenses han visto esa Biblia firmada por Cristóbal Colón? De hecho, Google no pudo encontrar el órgano de tubos de madera en 2017. Intenté buscar más información sobre la catedral de Figueres, pero no encontré nada. El órgano era mucho más grande que el que aparece en Wikipedia, ni siquiera era comparable.

Más tarde, vimos un cartel anunciando una corrida de toros en el pueblo, así que fuimos. Fue sangrienta y éramos los únicos estadounidenses allí. Unos que estaban sentados cerca hicieron que otros se movieran para poder sentarse con nosotros y explicarnos la corrida en inglés y traducir al locutor. Otra experiencia especial que pocos tienen. Ni Carolyn ni yo éramos remilgadas, pero después decidimos que no necesitábamos ver otra corrida de toros, aunque nos preguntábamos si una corrida para turistas sería tan sangrienta. Una cosa es descuartizar animales para comer, y otra muy distinta es ver cómo los torturan y cómo arriesgan su vida y la de sus caballos por diversión.

Fuimos a Barcelona al día siguiente. El tráfico estaba mejor. Dos cosas que destacan de Barcelona. La primera fue nuestra excursión a pie para ver el Museo Picasso. Condujimos cerca de donde se suponía que estaba y luego aparcamos en el aparcamiento del Museo Español, pedimos indicaciones y empezamos a caminar. Habría una señal a nuestra derecha unas manzanas más adelante en esta calle. Después de al menos 3 kilómetros, llegamos al Zoológico de Barcelona, donde terminaba la calle. Caminamos por la siguiente calle hasta donde estaba aparcado el coche, pedimos indicaciones a alguien y empezamos a caminar por la calle original. Llegamos a la mitad del camino al zoológico de nuevo y decidimos que el Museo Picasso cerraba a las 5 y que mejor nos dábamos por vencidos y volvíamos al coche. A mitad de camino, caminando en esa dirección, había un pequeño cartel de unos 10 centímetros de alto con una flecha que apuntaba por este callejón hacia el Museo Picasso. Ese era el único cartel y no se podía ver a menos que camináramos de vuelta hacia el coche y miráramos hacia arriba, a unos 3 metros de altura, en el lateral del edificio de la entrada del callejón.

El callejón era estrecho, así que tuvimos que caminar en fila india junto a un par de coches españoles pequeños aparcados. Si alguien quería pasar, todos los coches tendrían que moverse. Llegamos a una zona más amplia donde había un mercado de agricultores y volvimos a pedir indicaciones. Unas dos manzanas más adelante, llegamos al Museo Picasso, que estaba a punto de cerrar. Dimos un paseo rápido y nos fuimos. Habían mantenido el museo abierto solo para nosotros y ya habían cerrado con llave, así que no queríamos retrasar más su salida. Me habría encantado pasar horas allí.

Al día siguiente, mientras conducíamos, vimos estos antiguos veleros de estilo español. Buscamos un sitio para aparcar y nos acercamos. Un futuro miembro de la tripulación nos hizo una visita guiada, quien nos explicó que estaban construyendo los barcos para recrear el viaje de Colón y que planeaban estar en Estados Unidos para el 500 aniversario del descubrimiento de América en 1992.

Años después, en 1992, fuimos en coche a Corpus Christi, Texas, para pasar unas vacaciones de invierno y vimos esos mismos tres barcos entrar en la bahía texana, donde se exhibirían permanentemente. Mentalmente, conectamos con esos tres barcos que habíamos visto en Barcelona, España, y nos asombró el milagro de estar allí en Corpus Christi, donde terminaban su viaje casi 20 años después de haberlos visto por primera vez. Al día siguiente fuimos en coche a verlos en el muelle de Texas. Recibieron más de 100.000 visitas en los 10 días siguientes, pero recibimos nuestra propia visita semiprivada, realizada por el mismo tripulante que conocimos en Barcelona, quien recordó a Carolyn e invitó a nuestros dos hijos a ver los barcos y a nosotros a verlos de nuevo, una vez terminados.

Otro pequeño milagro. Me alegro de no tener que hacer cola cuando empezaron las visitas oficiales al día siguiente. En 1993, un año después de verlos, una barcaza los embistió, dañando a dos de ellos y los trasladaron a tierra. Los barcos, desintegrados, fueron destruidos en 2014.

Habíamos pasado 5 días en España y nunca habíamos llegado más allá de Barcelona, donde íbamos a pasar la primera noche, y en lugar de enfrentarnos al tráfico lento para continuar hacia Madrid, decidimos regresar y ver más de Francia.

Tomamos una carretera diferente a la que estaba en obras, así que al llegar a la frontera francesa, estábamos en una carretera de montaña de dos carriles. El tráfico estaba congestionado al menos kilómetro y medio. Había un cañón y podíamos mirar al otro lado y ver el puesto fronterizo español. Paraban todos los coches, sacaban todo el equipaje y lo revisaban. De vez en cuando, llevaban un coche a un taller para hacer cosas como quitarle las ruedas y buscar algo. Nuestro Porsche estaba lleno de recuerdos; yo había dejado un pequeño agujero en el asiento trasero de unos 30 cm de ancho y 15 cm de profundidad para poder ver por el retrovisor.

Carolyn tenía los pies apoyados en otros recuerdos en el asiento delantero derecho. Comentamos que si teníamos que sacarlo todo, probablemente no lo volveríamos a meter nunca.

El Porsche 911 con especificaciones europeas no soportaba el ralentí y acumulaba muchísimo carbón si lo intentaba. La carretera de montaña era demasiado estrecha para dar la vuelta, sin arcén junto al cañón y con una pared de roca a la derecha. Dejaba que los coches de delante avanzaran un poco y luego arrancaba el coche, lo conducía para alcanzarlos, aceleraba el motor y lo apagaba. Cuando nos ajustábamos a los guardias fronterizos al otro lado del cañón, uno me señaló e hizo un gesto para sortear el tráfico y llegar a la frontera. Saqué la mano por la ventanilla y señalé el techo del coche con lenguaje de señas para preguntarle si se refería a mí. Hizo una reverencia exagerada con un «SÍ» y me indicó que me acercara. Pasé junto al centenar de coches que había carretera arriba, doblé la curva cerrada y volví al puesto de guardia, donde me indicó que pasara sin detenerme. Otra ventaja de conducir un Porsche 911 en Europa.

No vi a nadie en el lado francés de la frontera. Unos kilómetros más adelante vimos esta enorme ciudad amurallada. Miramos el mapa y vimos que nos estábamos acercando a Carcassonne, así que hicimos un desvío hacia allí y caminamos por la ciudad siguiendo a un grupo de turistas que nos explicaban en inglés la historia y las cosas particulares que ver.

Habíamos planeado quedarnos en un hotel esa noche, pero cuando llegamos a una ciudad más grande después de caminar por Carcassonne, se estaba haciendo tarde. Había marcado un hotel en el mapa, pero, como de costumbre, estábamos medio perdidos en la ciudad. Vi un cartel de camping y acampamos.

El camping parecía una urbanización con bonitas calles pavimentadas con bordillos y farolas frecuentes como las antiguas farolas de gas de principios de siglo, pero sólo unas cuantas tiendas de campaña aquí y allá donde la gente había subido en coche por encima de los bordillos para montar sus tiendas. Mi Porsche no estaba tan bajo, pero tuve mucho cuidado al subir por encima del bordillo. Instalé la tienda en un espacio abierto bajo un arbolito bastante nuevo. Instalamos nuestra pequeña estufa de camping de butano y calentamos una lata de estofado Dinty Moore y después me dirigí al baño.

Cuando me puse bajo las luces del baño, vi que todo el edificio estaba adornado con telarañas y arañas que se arrastraban. Lo mismo ocurría en el interior, con telarañas y arañas por toda la parte superior de las paredes. Carolyn tenía un miedo terrible a las arañas y esperaba no verlas, ya que yo estaba muerto de cansancio por conducir durante 14 horas y no tenía otro lugar al que ir que tratar de encontrar un hotel en un pueblo donde ya estábamos perdidos en la oscuridad.

Gracias a Dios, Carolyn fue al baño a lavar los platos sucios con agua caliente en el área del fregadero y no levantó la vista. Vio una araña cerca del fregadero y salió: "Al, hay una araña junto al fregadero. Entra y termina de lavar los platos y sácalos. No me voy a quedar ahí con un pincho".

No se imaginaba que había miles y miles de arañas por todas partes en la parte superior del edificio. Terminé de fregar los platos y ambos nos metimos en la tienda y dormimos profundamente después de nuestro largo día.

A la mañana siguiente, ella se levantó y fue a la pequeña tienda del camping y compró unos panecillos. Yo me quedé en la tienda y calenté un poco de agua para el café instantáneo y guardé nuestro equipo de acampada en el Porsche.

Carolyn regresó y comimos los panecillos y bebimos el café. Carolyn miró hacia arriba y vio las telarañas y las arañas en el árbol bajo el que acampamos. "Al, ese árbol está lleno de arañas. Tenemos que salir de aquí. Voy al baño antes de irnos y quiero que me esperes cuando salga".

Salió corriendo. El lugar está lleno de arañas. ¿No las viste?

"Mira hacia los aleros."

—Dios mío, Al, el lugar está lleno de ellos. Quiero que entres y te quejes. Será mejor que no se hayan metido en nuestras cosas de camping. Tal vez deberíamos dejarlo todo aquí.

Fui a la oficina y pregunté por las arañas. Me respondieron: «Estamos junto al río y no tenemos mosquitos. Las arañas son inofensivas y las queremos».

Traté de decirle esto a Carolyn mientras conducíamos hacia el norte a través de Francia.

Otro recuerdo de ese viaje fue que había reservado en el Monte Saint-Michael para comer en el famoso restaurante y alojarme en el hotel contiguo. Condujimos nuestro Porsche por la calzada, nos registramos en nuestra diminuta y sencilla habitación, recorrimos el Monte Saint-Michael y luego fuimos al restaurante a cenar. Ninguno de los dos sabía leer la carta y, como en muchos otros lugares europeos, nos negamos a hablar inglés. Se suponía que este era uno de los mejores restaurantes del mundo, así que Carolyn pidió la comida más cara para dos. Yo no quería pedirla porque no sabía leer francés, pero sí podía leer algunas opciones más económicas. No me preocupaba el precio, ya que con todo el camping que hicimos no nos faltaba dinero, solo me preocupaba el precio.

No me gusta el marisco y lo rechazaría si me dieran a elegir, pero Carolyn lo odiaba. Lo primero que trajeron fue una bandeja grande y elegante de ostras. Carolyn las vio y me hizo rechazarlas. Luego trajeron una langosta enorme y Carolyn se encogió. Se levantó y salió del restaurante, dejándome a mí intentando explicarle en francés que no, que la comida no nos parecía mala, pero que mi mujer había decidido no comer allí. Pagué la cuenta y, cuando encontré a Carolyn fuera del restaurante, me hizo recoger nuestro equipaje de la habitación del hotel y volvimos a tierra firme, donde encontramos un hotel destartalado para pasar la noche.

En otro viaje, acampamos junto a otra ciudad amurallada en el este de Francia y entramos caminando al día siguiente. No se podía entrar en coche, ya que las calles no estaban hechas para coches. Fue interesante, pero nunca he podido encontrarla en un mapa ni he sabido cómo se llamaba.

Podría seguir contando muchas páginas sobre nuestras experiencias en Europa. Condujimos por muchos lugares y volvimos a casa en viajes de fin de semana, y usé 120 días de vacaciones ahorradas y acumuladas mientras estuvimos allí. Tuvimos experiencias maravillosas, nos encantó todo excepto esa comida en el Mont Saint-Michaels, que fue vergonzosa, pero nos dejó otro recuerdo. En este punto, solo añadiré un par de cosas más que sucedieron en Europa y luego contaré esta historia de nuestro amor y milagros de vuelta a Estados Unidos.

31

Alemania cuando no estás haciendo turismo

ué hacíamos en Alemania cuando no hacíamos turismo o salíamos de fiesta con nuestros amigos? La base aérea alemana de Buchel tenía un campo de tiro improvisado. Te estacionabas en la cima de la colina, donde había un pequeño refugio para la lluvia. Salías con tu escopeta y te parabas sobre un viejo fortín alemán (donde durante la guerra tenían ametralladoras para defender la base) y alguien en el fortín usaba un lanzador de platos de arcilla para disparar platos de arcilla para que la persona que estaba arriba intentara dispararles. Yo había comprado la escopeta más barata en el club de tiro de la base aérea estadounidense de Hahn, que era una escopeta semiautomática Winchester de tres tiros del calibre 12. Los estadounidenses y los alemanes se reunían allí una vez al mes cuando hacía buen tiempo para competir entre ellos. No se trataba de alemanes contra estadounidenses, era cada uno por sí mismo y de la camaradería entre los militares alemanes y estadounidenses. Vaciábamos nuestras armas y luego la siguiente persona traía su arma y hacía su turno. También nos turnábamos para bajar al fortín a disparar a los platos de arcilla. Cada persona tuvo la oportunidad de intentar disparar a 25 platos de arcilla ese día, dos o tres tiros por turno de tiro dependiendo de si su arma tenía capacidad para 1, 2 o 3 tiros. Los chicos que disparaban a los platos de arcilla desde el interior del búnker/fortín intentaron hacerme fallar disparando no uno, ni dos, sino tres platos de arcilla a los que tuve que intentar acertar antes de que cayeran al suelo. Uno de los pocos platos de arcilla que fallé por completo fue cuando dispararon 4 platos de arcilla y mi arma solo tenía capacidad para tres tiros. Por lo general, quedé en primer lugar con 25 de 25 tiros. Carolyn, usando la misma escopeta calibre 12, solía acertar 17 o más de 25 intentos y con frecuencia quedaba en segundo lugar. Era la única mujer presente porque yo no quería ir sin ella, así que, para que yo saliera a divertirme con los chicos, ella también iba. Llevaba disparando al plato con escopeta desde que tenía unos 10 años. Una mujer corpulenta, menuda, pero más hábil que la mayoría de los hombres. Se rieron de ella la primera vez, pero después de dos o tres veces, superando a la mayoría de los 20 o 30 hombres cada vez, la aceptaron como una más, a pesar de su solo 1,50 m y su peso ligero, disparando un arma casi tan larga como ella.

Otra aventura en casa fue cuando otros estadounidenses hicieron un trato con un establo de equitación alemán para enseñarles a los estadounidenses a montar al estilo militar alemán. Carolyn había crecido montando a caballo para exhibiciones, así que naturalmente fuimos juntos. Yo soy un jinete mediocre, pero al igual que Carolyn, hacía cosas que no necesariamente le gustaban para que yo hiciera cosas, así que fui a las clases de equitación con ella porque quería. Los alemanes tenían todos el equipo completo de equitación con uniformes especiales como los que se les ve usar en los Juegos Olímpicos, mientras que los estadounidenses normalmente tenían solo jeans azules, el sombrero oficial de equitación y botas de equitación oficiales como los alemanes, pero no el uniforme completo. No soy tan grande, mido 1,77 m y peso 84 kg, pero mis pantorrillas eran demasiado grandes para las botas altas de equitación. Tuve que cortar el interior de ambas botas para que se ajustaran sobre mis pantorrillas y usar bandas elásticas para que pareciera que me quedaban bien.

No pasó mucho tiempo antes de que el maestro de equitación alemán, dueño del establo y de todos los caballos, pusiera a Carolyn a montar el caballo monstruoso. La única otra persona que podía montar el caballo era su hija, que usaba la fusta sin piedad para obligarlo a comportarse. El caballo daba vueltas en círculos para evitar que ella subiera y luego intentaba tirarla hasta que ella lo sometía con la fusta. Cada pocos minutos, ella tenía otra pelea con el caballo y tenía que golpearlo de nuevo. Los demás jinetes ni siquiera podían subirse al caballo. Digo caballo monstruoso, no solo porque era rebelde, sino porque era enorme, como los caballeros de antaño debieron haber montado con toda su armadura. Tenía la constitución de un purasangre pesado, pero tenía la altura de un Clydesdale, pero ni de lejos era tan pesado y sin las plumas alrededor de los cascos.

Carolyn preguntó si podía intentar montar el caballo. El maestro de equitación pensó que era divertido, pero como ella no entendía alemán y él no entendía inglés, hizo el gesto de seguir adelante e intentarlo. La pequeña Carolyn, de un metro ochenta de altura, tuvo que saltar del suelo para agarrar la silla de montar de estilo inglés y levantarse hasta donde pudiera poner un pie en el estribo alto. El caballo intentó hacer un círculo para no dejarla subir, pero lo hizo. Luego, el caballo intentó tirarla, pero Carolyn estaba pegada como pegamento. Cuando Carolyn intentó usar la fusta como lo hacía la hija, pero sin mucha fuerza, el maestro de equitación dijo "Nueve". A Carolyn no se le permitió usar la fusta como la hija del maestro, solo la teníamos para exhibirla, pero el caballo rápidamente se dio cuenta de que tenía el control y se comportó para ella y fue a donde ella lo guiaba sin luchar contra ella. El resto de nosotros podíamos usar suavemente la fusta para hacer que el caballo se moviera más rápido. Carolyn no necesitaba la fusta.

Mi caballo era el único otro caballo rebelde, pero de tamaño normal, aunque quizás un poco más pequeño que los demás. Mi caballo quería buscar pelea mordiendo a los otros caballos o a mí si me ponía demasiado cómodo. No soy tan buena jinete como Carolyn, pero puedo montar si es necesario. Probablemente me habría caído al suelo si mi caballo hubiera corcoveado mucho. A veces corcoveaba un poco, pero no era grave.

Tras un par de semanas cabalgando en fila alrededor de la pista cubierta, Carolyn y yo fuimos invitados a unirnos al equipo alemán de equitación avanzada. Fue mucho más interesante, ya que no solo cabalgamos por el exterior de la pista, sino que también cabalgamos en fila, donde cada caballo iba junto a otro, veinte caballos de ancho, y no solo al paso o al trote, sino a galope tendido.

Una de las cosas más difíciles era cuando el amo gritaba "Aus" "Sitzen". Cabalgábamos en fila uno al lado del otro a galope tendido cuando él gritaba "Aus" y poníamos una pierna sobre la silla de montar de modo que ambas piernas estuvieran del lado izquierdo, luego un momento después gritaba "Sitzen" y se esperaba que detuviéramos al caballo deslizándolo y aterricáramos sobre ambas patas al mismo tiempo que todos los demás caballos y jinetes al lado del caballo ahora detenido, con la cabeza quieta en nuestra perfecta fila al lado de veinte caballos. No fue difícil para mí con mi pequeño purasangre, pero para Carolyn eso significaría bajar seis pies desde la espalda del caballo hasta el suelo y aterrizar sobre dos patas al lado de su caballo monstruoso. Cuando todo estaba parado, él gritaba "Ein", y poníamos un pie en el estribo y luego gritaba "Sitzen" y se esperaba que estuviéramos sentados en nuestro caballo. Yo podía pararme casi con los pies planos y poner un pie en el estribo alto. Para Carolyn, esto significaba saltar al aire para agarrar la silla de montar fuera del alcance de sus manos si solo estaba de pie, levantarse para poner un pie en el estribo y luego montar el caballo al oír la última orden. Esa orden "Ein" no fue fácil para ella. Permítanme recordarles que el estribo no es un estribo occidental, sino más parecido al estribo inglés, que es corto y alto del suelo, por lo que uno se pone en cuclillas sobre el caballo.

Estaba orgulloso de este enorme monstruo, un caballo rebelde casi blanco. Quería que lo montemos en su equipo en competencias contra otros equipos de toda Europa porque la pequeña Carolyn era la única que podía montar ese monstruo y era tan pequeña en comparación con él. No podía exhibir este caballo en competencia sin ella, porque solo su hija podía controlarlo y luego, con un uso generoso de la fusta, que no se veía bien en la competencia y resultó en que el caballo intentara tirar a su hija hasta que ella lo venciera y cada pocos minutos tuviera otra pelea. El caballo se comportó bien con Carolyn en que, a pesar de lo pequeña que era, era muy fuerte y el caballo sabía que ni siquiera podía comenzar a desalojarla o luchar contra ella. Después de la primera vez que lo montó, el caballo se calmó inmediatamente. Si alguien más lo intentaba, era peligroso. Varios jinetes alemanes insistieron en intentar cambiar de caballo, pero no pudieron subirse al caballo o se encontraron en el suelo. Solo tres hombres lo intentaron en los meses que montamos con el equipo. No podían creer que la pequeña Carolyn pudiera controlar el caballo y podían no subirse o quedarse si lo hacían. Algunos miembros del equipo alemán hablaban bien inglés y destacaron su habilidad como jinete. Era solo una de las cuatro mujeres del equipo.

Desafortunadamente, cuando llegó el momento de competir, me quedé atrapado en el trabajo y no pude competir. Esto no era justo para el equipo alemán con el que habíamos practicado, así que nos retiramos del equipo y dejamos de montar.

Carolyn no se quejó, pero al consultar con un médico para que le recetara TEDROL para el asma, este le dijo que probablemente necesitaría un reemplazo de cadera en algún momento. Le dijo que la Fuerza Aérea podía hacerlo, pero que no lo recomendaría a su edad porque se desgastaría demasiado pronto. Debería esperar hasta que no pudiera soportar el dolor y hasta que se desarrollaran articulaciones de cadera más resistentes y duraderas. Le recetó Ansaid. Es un AINE, pero funcionó mejor que cualquier otro. Lo sé porque después de una lesión probé un poco de su Ansaid y fue maravilloso. Supongo que fue un pequeño milagro que mi trabajo nos hiciera abandonar el equipo de equitación porque su cadera estaba sufriendo. Carolyn nunca se habría retirado hasta que el dolor fuera más intenso de lo que nadie podría soportar. De esta manera, fue mi culpa que no pudiéramos seguir montando, así que Carolyn, como siempre, me siguió la corriente.

En 1974, la Fuerza Aérea implementó un programa de salida anticipada al final de la Guerra de Vietnam, que permitía a cualquier oficial abandonar la Fuerza Aérea, independientemente del tiempo que debía por estudios o cualquier otra razón. Presenté mi solicitud y, unas semanas después, se envió un mensaje a todas las bases y destacamentos del mundo. Decía: "Todo el personal que solicita este programa queda aprobado con la fecha de separación solicitada, con la siguiente excepción: el Capitán Albert L. Clark". Luego, había tres párrafos más que explicaban que no podían dejarme ir debido a mi autorización de seguridad, mi entrenamiento especial y mi asignación actual. Tendría que terminar mi servicio y un año en Estados Unidos. Me suena familiar. Esta era la tercera vez que no me permitían establecer una fecha de separación.

Los alemanes vinieron a nosotros y nos dijeron que querían cerrar nuestro club para todos los rangos, que se usaba muy poco. Cuando la fuerza aérea cerró las máquinas tragamonedas, nuestro club para todos los rangos se volvió destartalado. La USO se había negado a volver. Me dieron otra tarea adicional: ser también el oficial del club. Había un viejo club fuera de la puerta de la base aérea alemana de Buchel y conseguí que los alemanes nos dejaran utilizarlo. Tenía un gran bar en forma de herradura con una sala refrigerada debajo para barriles de cerveza, un bonito escenario, espacio para unas 75 mesas de 4 en el salón principal, una bolera de estilo alemán en el sótano. Estuvieron de acuerdo y se pusieron a arreglar lo que necesitaba arreglo y luego nos mudamos. Conseguí algunos chicos y un camión alemán y recolectamos mesas y sillas viejas de otros clubes estadounidenses que estaban siendo remodelados y suficientes manteles para disimular su desaliño y diseños desiguales.

Tenía múltiples fuentes de suministro. Como también teníamos algunos miembros del ejército de los EE. UU., podía comprar cosas al ejército, a la fuerza aérea de los EE. UU., por supuesto, y a la Luftwaffe alemana. Hice muchas negociaciones y pude comprar cosas de una de estas fuentes e intercambiarlas por otra cosa de otra de estas fuentes.

Finalmente, conseguí suficientes cubiertos y vasos para equipar el bar y el comedor. Contraté cocineros por un salario extra que trabajaron para mí como militar en el comedor. La comida de nuestro comedor era tan buena que pronto tuvimos muchos oficiales de la Luftwaffe alemana y sus esposas que venían a nuestro club para disfrutar de filetes y hamburguesas que no podían conseguir con la economía. A los alemanes también les gustaban nuestros vinos tintos estadounidenses.

Conseguí que la USO nos diera una oportunidad de prueba en el nuevo club. Cuando tuvimos ese primer espectáculo de la USO, el lugar estaba abarrotado de nuestro destacamento estadounidense y todos sus hijos, además de oficiales alemanes, y amontonamos a casi 500 personas. Ganamos tanto dinero que la sede central hablaba de tomar dinero de nuestro pequeño club para todos los rangos con 120 miembros y dárselo a grandes bases con cientos de miembros. Para contrarrestar eso, comenzamos a contratar entretenimiento caro de los Estados Unidos. El viernes por la noche, podía haber un concierto para 25.000 personas en Frankfurt y en vivo por la televisión alemana y la noche siguiente estaban en nuestro pequeño club. Tuvimos que comenzar a limitar la cantidad de alemanes que podían asistir, aunque nos permitían asistir a sus clubes cuando quisiéramos y tuvimos que limitar el número de militares estadounidenses que conducían 50 millas para venir a nuestro pequeño club.

Como en todo lo que hice, que no era una parte clasificada de mi trabajo, Carolyn fue mi asesora, organizadora y caja de resonancia para mis ideas. Al desarrollar nuestro nuevo club, organizó a las esposas y a los militares fuera de servicio en proyectos de autoayuda para hacer del club nuestro propio club en lugar de un simple edificio frío y vacío. La Luftwaffe alemana proporcionó los suministros necesarios y la ayuda técnica con cosas como los sistemas eléctricos y de calefacción.

Durante la semana en la que no teníamos entretenimiento, teníamos un flujo constante de miembros de nuestro propio servicio y oficiales alemanes que venían a cenar. ¿Dónde en Alemania se puede conseguir comida Tex-Mex y buenos filetes a un precio razonable si se pueden encontrar? Esos no se consiguen en Alemania. Todos mis ayudantes eran militares alistados que buscaban algo de dinero extra que les pagaban con las ganancias del club.

Nuestro cine había cerrado y nuestra bolera de dos carriles había dejado de tener ligas porque el equipo se estropeaba constantemente. Y adivinen qué, otra tarea adicional. Hice que revisaran nuestros viejos proyectores de cine y capacité a los soldados que contraté para dirigir las películas. Acordamos con varias unidades del Ejército cercanas cambiar el servicio de correo, de modo que cada unidad tuviera un día diferente para recoger el correo de todos y entregarlo a todos los destacamentos militares estadounidenses cercanos. Al mismo tiempo, también recogían películas que ya se habían proyectado en una base y las entregaban a la siguiente base en la nueva ruta. Esto significaba que, en lugar de tener una película nueva cada dos semanas, una a la semana o quizás no durante tres semanas, ahora teníamos una película nueva casi todas las noches y todos en la ruta recibían el mismo excelente servicio de películas. Si bien esto significaba que el servicio diario de correo era una jornada larga, cada destacamento no tenía que hacerlo a diario y recibíamos un mejor servicio.

Nuevamente, mientras yo estaba en el trabajo, Carolyn organizó a las esposas y a los militares fuera de servicio para arreglar el lugar que tenía placas de techo y asientos de estadio de madera rotos.

Teníamos un buen encargado de mantenimiento que conocía a la perfección nuestros libros de mantenimiento. Le preparé un manual de mantenimiento extenso para las máquinas de bolos y le ofrecí el triple del salario mínimo para que intentara arreglar las boleras con nuestros fondos de servicios recreativos. Para poder pagarle, despedimos a los técnicos de mantenimiento contratados por el fabricante, que tuvieron que venir de Frankfort, porque hacían un trabajo pésimo. Ahora teníamos una bolera fiable y reiniciamos la liga de bolos. Una ventaja adicional fue que también teníamos un excelente bar con servicio de pago en efectivo que servía la ahora popular combinación de cine y bolera.

Cuando me disponía a terminar mis tres años allí y regresar a Estados Unidos, la Luftwaffe alemana me honró con su tradicional despedida: una comida de cinco tiempos, música en vivo y baile. Los alemanes o bien pasaron toda su carrera en una base militar o bien se fueron tres años y regresaron para terminarla. Sirvieron hasta los 55 años, así que pasaron 30 años en esa misma base. Una fiesta de despedida alemana era todo un acontecimiento.

También me dieron una preciada jarra de cerveza de 2 dólares, que solo se entrega a militares alemanes retirados. Fui el primer estadounidense en recibir este honor. Tiene pintado el JABO 33 y mi nombre y fechas grabados en la tapa de peltre. Normalmente se reserva para oficiales alemanes retirados que pasaron la mayor parte de sus 35 años de carrera en esa base. Fui el primer no alemán en recibir una. No tengo forma de saber si otros la han recibido. Tiene mi nombre y mis fechas de servicio en Buchel GAB grabados en la tapa de peltre. Carolyn pidió delante de todos que me acompañaran mientras me entregaban la jarra. "Un oficial le debe su éxito a su esposa", como dijo el comandante alemán.

El día que debíamos partir, los alemanes dijeron que querían que cerráramos el teatro y la bolera, y que si les daba un diseño, construirían unas nuevas instalaciones cerca de donde estaban nuestros barracones y el cuartel general. En los años siguientes, contacté con Buchel y me enviaron algunas fotos de las nuevas instalaciones que diseñé ese día.

Carolyn me asesoró en todo, desde el nuevo club hasta el teatro, la bolera y todo lo que hice que no fuera confidencial. Nunca cuestionó cuál era mi verdadero trabajo.

32

Más aventuras europeas

Estuvimos mucho tiempo fuera explorando las distintas catedrales y castillos de Europa. Hicimos varios viajes de cuatro horas a Ámsterdam y creo que vimos todos los museos de arte que hay allí, además de pasear por las calles. Visitamos La Haya, Bruselas, Bélgica y muchos otros lugares los fines de semana.

El único otro viaje largo que hicimos allí fue nuestro viaje a Londres, Inglaterra. Gran Bretaña es el único lugar que me gustaría volver a visitar algún día. Fue el único tour que hicimos como miembro del tour en Europa. Tenían un precio especial para el ejército de los EE. UU. Estacionamos en nuestra base de apoyo, la Base Aérea de Hahn, Alemania, y nos subimos al autobús que nos llevaría allí.

Dormí o leí en el autobús. Era estrecho y aburrido comparado con conducir el Porsche, y tardamos horas en llegar a la costa, donde subimos al ferry. Por suerte, como íbamos con tantos estadounidenses en el tour, el autobús paraba en paradas establecidas con restaurantes y baños, en lugar de como un autobús típico que simplemente paraba y dejaba a los pasajeros a hacer sus necesidades en la carretera. Los estadounidenses son demasiado modestos. La costa de Inglaterra no está lejos de la Europa continental.

El sol estaba a punto de salir cuando pudimos distinguir los acantilados blancos de Dover a lo lejos. Atracamos y volvimos a coger los autobuses. Este viaje en autobús fue más interesante porque había salido el sol y las viviendas inglesas eran muy diferentes a las que habíamos visto en el resto de Europa hasta la fecha. Incluso los edificios de apartamentos eran diferentes, con esos grupos de 6 a 10 chimeneas juntas en lugar de separadas como en Alemania. Algunas casas parecían tener techos de paja como en los libros de cuentos y las películas.

Nuestro hotel estaba enfrente del Museo Real Británico, que exhibía los tesoros del rey Tut. Nos hubiera gustado ir a ver la exposición, pero la cola, o como la llaman allí, daba la vuelta completa al museo dos veces. Nos acercamos a preguntar a unas personas de la cola exterior. Llevaban allí toda la noche y les habían dicho que tendrían suerte si entraban al día siguiente. Solo íbamos a estar en Inglaterra unos días y el tour tenía sitios a los que ir, así que no podíamos.

A la mañana siguiente, cuando miramos por la ventana, pudimos ver que las colas en el museo seguían allí. El recorrido nos llevó en un viaje en autobús por Londres, pasando por la "City of London", donde hay cientos de bancos, y terminando en la Torre de Londres, que es una estructura tipo fortaleza con la Torre real dentro de la fortaleza. Debajo de la Torre es donde vimos las Joyas de la Corona custodiadas por los Beefeaters. Había mucha gente allí. Paseamos por la fortaleza y vimos los apartamentos de Ana Bolena en la fortaleza. Está cerca del Puente de la Torre, que mucha gente conoce como el Puente de Londres, pero el Puente de la Torre todavía se mantiene en pie en Londres.

Al día siguiente, nuestro autobús nos llevó al castillo de Windsor. Había tanta niebla que no podíamos ver los lados de la calle. Finalmente, el autobús aparcó en esta ciudad y nos dijeron que cruzáramos la calle, buscáramos el muro y fuéramos a nuestra derecha a lo largo del muro hasta llegar a la puerta. Lo hicimos. Era solo una pared en blanco del color de la niebla. No podíamos verla a más de un metro y medio de distancia.

Llegamos a la puerta y le tomé una foto a Carolyn con un guardia real. Nos guiaron por el castillo y entramos en las habitaciones que querían que viéramos. Al final, compramos algunas fotos del Castillo de Windsor a pleno sol, ya que solo teníamos fotos borrosas del exterior y oscuras del interior, en penumbra. Esto era antes de la fotografía digital, así que se necesitaba cierta cantidad de luz, pero no se permitía usar flash.

Al volver a Londres, hicimos algunas compras y me compré un bonito traje de tres piezas y dos pantalones. Después caminamos kilómetros y visitamos algunos pubs londinenses agradables y charlamos con londinenses de verdad.

Londres, comparado con la mayor parte de Europa, era casi como estar en Estados Unidos. Parecía británico. La gente hablaba inglés con acento, pero allí nos sentíamos como en casa. Podíamos leer los carteles en inglés y preguntar a cualquiera cómo llegar con naturalidad.

Por supuesto, vimos los campos de tulipanes de Holanda, condujimos junto a los diques y vimos cómo se secaba la tierra con bombas. Los pintorescos molinos de viento y los pueblos holandeses nos brindaron la oportunidad de fotografiarlos durante nuestras múltiples excursiones de un día y de fin de semana a los Países Bajos.

Algo interesante que no me hizo gracia en su momento, pero que fue memorable en los Países Bajos, fue cuando paseábamos a nuestro caniche miniatura y Carolyn le soltó la correa. Snoopy se acercó demasiado a un canal de tierra cerca de un molino de viento y se resbaló en el agua turbia y maloliente. No recuerdo cómo lo saqué, pero apestó el coche de camino a casa.

Otro punto de interés fue esta ciudad en miniatura con varias catedrales, calles famosas, un aeropuerto con aviones rodando y barcos turísticos que navegaban por ríos en miniatura junto a castillos. Mereció la pena sacar muchas fotos.

33

Lo más destacado de Alemania

Hicimos muchos viajes por Alemania. Sin límites de velocidad en la autopista y con un Porsche 911, teníamos toda Alemania a pocas horas de nuestro apartamento. Fuimos a Heidelberg y recorrimos las murallas del castillo. Heidelberg fue uno de los primeros lugares que visitamos en Alemania. También fue el lugar de nuestro único accidente de coche. Buscábamos una carretera que nos llevara al castillo y vi una gasolinera para repostar el Porsche a la izquierda. El río estaba a nuestra derecha. Tuve que parar y esperar a que llegaran algunos coches antes de girar a la izquierda. Había unos seis coches parados detrás de mí cuando parpadeé para girar.

Entonces empecé a cruzar la carretera de dos carriles hacia la gasolinera y oí chirriar neumáticos. Al mirar a mi izquierda, vi un Mercedes sedán eléctrico derrapando entre los coches que se habían detenido detrás de mí y viniendo a más de 96 km/h en una zona de 48 km/h. Volví a la derecha, pero el Mercedes me rozó el guardabarros delantero. Llamaron a la policía y el conductor alemán del Mercedes dijo que todo era culpa mía. Como estadounidense, naturalmente, yo tenía la culpa. El conductor del VW que iba detrás dijo que tenía la luz intermitente puesta y que era una zona de doble amarilla prohibida para adelantar, así que no era toda mi culpa.

Acordamos que cada uno arreglaría su coche y nadie tuvo la culpa. El Mercedes intentó irse, pero el parachoques y el guardabarros estaban pegados a la rueda delantera derecha, que no giraba. Varios espectadores retiraron el metal para que la rueda pudiera girar. Condujo una manzana y se detuvo a la derecha con vapor saliendo del capó, ya que el radiador había sido empujado hacia el ventilador del motor. Me fui con mi Porsche; el daño más grave y costoso fue la lente de plástico de la luz direccional que se envolvía en el lateral del guardabarros. No era el plástico, sino el borde cromado de la luz direccional. Para cuando lo llevé a un concesionario para reparar el círculo de veinte centímetros que tenía unos dos centímetros y medio de profundidad en la esquina delantera del guardabarros izquierdo, ya había doblado el borde cromado.

Después de recibir el presupuesto de reparación, llamé a la aseguradora USAA, que aseguraba a oficiales militares estadounidenses en Europa. Apretaban los dientes y preguntaron cuánto. 400 dólares, de los cuales 200 eran por la luz de señalización. Se sintieron aliviados. Dijeron que el 50% de los Porsches que aseguraban en Europa habían sido destrozados o robados durante el primer año. En fin, esto demostraba la ventaja del Porsche frente al Mercedes. Su parachoques debería haber protegido la parte delantera en lugar de retroceder un metro al rozar mi Porsche.

Un poco de historia sobre la conducción de un Porsche 911. Si estás en una carretera de montaña y ves una curva marcada a 25 mph e intentas pasarla a 25 mph como si estuvieras conduciendo un sedán, es mejor que te agarres fuerte y estés preparado para la parte trasera pesada del Porsche que se dirige hacia el exterior de la curva. Si vas a entrar en la curva a 35 mph y simplemente sueltas el acelerador cuando la parte trasera se desliza hacia afuera, el auto se alejará de la parte trasera de la carretera primero. Si sabes cómo conducir un Porsche, puedes entrar en esa curva a más de 100 mph, pisando los frenos con fuerza para bajar a 70 mph en el vértice de la curva y salir de la curva a más de 100 mph sin ningún deslizamiento o incluso un chirrido de neumáticos. Pisar los frenos con fuerza hace que el auto se agache y extienda todo el ancho de los neumáticos sobre la carretera. La aceleración hace que la parte trasera se agache y obtenga una tracción increíble. He adelantado coches en curvas con las cuatro ruedas derrapando, usando con cuidado los frenos y el acelerador para derrapar. Acelerar te saca y soltarlo con cuidado te devuelve a tu carril. Suena peligroso, pero el coche estuvo en perfecto control en todo momento, pudiendo dirigirlo acelerando o reduciendo.

Soltar el acelerador en una curva hace que las ruedas traseras se hundan, dejando solo unos 2,5 cm de goma en los bordes exteriores de las llantas en contacto con el suelo, lo que provoca un deslizamiento incontrolable de la parte trasera, ya que la cantidad de goma en la carretera pasa instantáneamente de los varios centímetros de ancho de las llantas traseras a ese mismo centímetro de borde exterior. El Porsche me asombró muchas veces mientras conducía rápido. Conducirlo como un sedán era peligroso.

Pasamos varios días en Baviera, en el sureste de Alemania Occidental. Recorrimos el largo sendero a través del bosque hasta el Castillo de Neuschwanstein y luego hicimos una visita guiada al Castillo Disney. Fue construido por el rey Luis II de Baviera a partir de 1869, utilizando principalmente su propio tesoro real y dinero prestado.

Luego fuimos a uno de sus palacios en medio de un lago, Herrenchiemsee, que es un modelo parcial del Palacio de Versalles que comprende más de 90.000 pies cuadrados y tiene jardines esculpidos que lo rodean como el Palacio de Versalles.

Vimos el Nido del Águila de Hitler y recorrimos Oberammergau, Alemania, donde compramos una vendimiadora de madera tallada de 60 cm de alto y 10 cm de grosor que cuelga de nuestra pared. Nos alojamos en un pintoresco hotel alemán con una bonita vista de las montañas.

A lo largo de las carreteras de Alemania, especialmente en Baviera, se encuentran estos pequeños santuarios junto a la carretera, cada pocos kilómetros, que a menudo representan a un santo. Excelentes oportunidades para tomar fotos.

Hay que entender que Europa Occidental cabría en la orilla este del río Misisipi. Podríamos ir de Alemania Occidental a España en un día. Con nuestro Porsche 911 podríamos ir a Roma en un día largo o a España. Eran 4 horas a Ámsterdam, 5 horas a Múnich, Viena y Austria en un día largo. Para hacer turismo, pasamos dos días en Viena conduciendo mi Volkswagen Beetle de 80 dólares, que no superaba los 128 km/h. Condujimos el Beetle porque mi Porsche había tenido un fallo de motor al volver de Ámsterdam el fin de semana anterior y el viaje a Viena estaba programado entre semana.

Esto me lleva a otra historia. Cuando volvimos a Alemania después del viaje a Viena, diagnostiqué el Porsche 911 y encontré una resistencia de bujía defectuosa. Fui al concesionario Porsche, a 128 kilómetros, y les dije que necesitaba una resistencia nueva. Al principio pensaron que era una barrera del idioma, pero les mostré lo que necesitaba en el manual de piezas. Intentaron decir que no incluían la resistencia como pieza que pudieran pedir y me enviaron de vuelta a su departamento de servicio. El jefe del departamento de servicio había sido el jefe del equipo internacional de carreras de Porsche durante años y hablaba un inglés excelente, aunque con acento. Tampoco creía que fuera una resistencia defectuosa. Insistí en que la resistencia defectuosa estaba en la bujía número 6. Dijo que pediría una puesta a punto completa que incluiría 6 bujías de platino, un cambio de aceite de 9 cuartos, filtros de aceite y de aire nuevos, pastillas de freno nuevas en las 4 ruedas, equilibrado y rotación de las ruedas, ajuste de los cables de cambio y embrague, y alineación de las cuatro ruedas. Si era la resistencia, me cobraría el equivalente a $15; de lo contrario, serían $300 más las piezas. No tuve otra opción y supe que era esa resistencia porque había aislado el problema moviéndola por el motor para ver cuándo fallaba y la había dejado en la bujía número 6.

Unas horas más tarde, lo llevó a su pista de carreras de media milla detrás del concesionario y pude escuchar el rugido del motor y el chirrido de los neumáticos. Lo trajo de vuelta, fue a la sala de exposición de autos nuevos, sacó una resistencia del motor, lo trajo de vuelta, lo puso en la bujía número 6 y volvió a la pista de carreras. El motor sonaba mejor y los neumáticos chirriaban más fuerte. Lo trajo de vuelta y dijo: "Resistencia en la bujía número 6. Tráelo de vuelta cuando sea el momento de un cambio de aceite y costará $ 15 cada vez. El resto de mi tiempo en Europa lo llevé para el servicio completo por $ 15 cada vez que apenas cubría el costo del aceite. ¡Qué oferta! Pensó que podía saber qué bujía conduciéndolo y que debía ser un buen conductor. Nunca le dije que había movido esa resistencia por todos lados tratando de diagnosticar el problema.

34

De regreso a los estados

Mi destino era otra unidad pequeña, Saratoga Springs, Nueva York. Mis vecinos alemanes comentaron que sería bueno que viajáramos en coche los fines de semana desde el norte del estado de Nueva York para visitar a nuestros padres en Oklahoma y Arkansas. Yo todavía tenía un globo terráqueo en la mesa de café del gobierno alemán y les mostré lo lejos que estaríamos de casa en comparación con el tamaño de Alemania. "Nunca nos dimos cuenta de lo grande que es Estados Unidos. No me extraña que hayamos perdido la guerra".

Teníamos otro amigo estadounidense destinado en Oklahoma. Su vecino alemán voló a Estados Unidos y les llamó para pedir que lo recogieran en el aeropuerto.

"¿Qué aeropuerto?"

"LaGuardia en Nueva York".

Necesitas otro avión. Tardarías al menos dos días en llegar a Nueva York.

A Carolyn le gustó mucho nuestro nuevo trabajo. Le encantaban los caballos y allí estábamos, al otro lado de la calle de los establos de pura sangre del famoso hipódromo de Saratoga, a unas 4 cuadras de la pista de arneses, a unas 6 cuadras de la pista de carreras principal. Saratoga Springs era agradable en muchos sentidos. En invierno, era una ciudad amigable de unos 25.000 habitantes. Main Street tenía dos carriles. Cuando encendías la luz intermitente izquierda en un semáforo, los coches que iban en dirección contraria se detenían para dejarte girar a la izquierda y no detener el tráfico que venía detrás de ti. ¿Qué tan amigable era eso? Las tiendas eran pintorescas por sí solas, con vigas de madera oscura expuestas alrededor de las ventanas y puertas con carteles escritos a mano, sin luces intermitentes. Las tiendas eran amigables para los pueblos pequeños. Fuimos a la Iglesia Episcopal que estaba allí, que era casi una iglesia católica formal en su ritual de servicio con acólitos balanceando quemadores de incienso humeantes en el pasillo al comienzo del servicio. Era una de las iglesias más grandes de la ciudad, con hermosas vidrieras y vigas oscuras expuestas en las paredes y techo abovedado.

Era una base de radar y mi primera misión real sin municiones. En cambio, tenía piezas de radar. Como oficial de logística, también estaba a cargo de los servicios recreativos, que incluían una lancha para esquí acuático, rifles de caza, una amplia sala de pesas y juegos de palos de golf que se podían alquilar para jugar en los campos civiles de la ciudad. También tenía el comedor, que servía a familias al menos una vez por semana una comida razonable y a precio de coste. Un pequeño economato. Obras de ingeniería civil, que incluían plantas de tratamiento de agua para el agua de pozo y las aguas residuales. Nos jactábamos de que el agua de nuestras alcantarillas salía de la base más pura que el agua potable de la mayoría de las ciudades. También me encargaba del mantenimiento de los edificios y las carreteras de la base, y de las viviendas familiares de los demás oficiales.

Elegimos vivir en el centro de la ciudad, en un bonito apartamento, ya que no había suficientes viviendas ni siquiera para todos los oficiales y las casas de la base estaban llenas. Los soldados casados vivían en pueblos de los alrededores, en viviendas civiles. Yo era responsable de contratar el combustible para calefacción de la estación y de todas las viviendas fuera de la base. Nuestra factura de electricidad ascendía a varios cientos de miles de dólares al año y solo pagábamos un centavo y medio por kilovatio hora, frente a los nueve centavos por kilovatio hora que pagaba la empresa de servicios públicos por todas las viviendas privadas. Nuestro radar estaba sediento.

Debo mencionar que teníamos el juego de dormitorio de Carolyn, la mesa y las sillas de la cocina, pero tuvimos que comprar un sofá y sillas y mesas para la sala. El sofá tenía cojines extraíbles y cajones debajo para guardar cosas. También compramos estanterías prefabricadas que nuestra hija todavía usa hoy, 40 años después.

También teníamos la obligación de tener combustible para 30 días para nuestros generadores en caso de que no hubiera electricidad comercial disponible. Esos tanques eran lo suficientemente grandes como para generar energía durante más de 60 días. Lo usé para comprar combustible en verano, cuando los precios eran bajos, y así tener un precio por galón más bajo todo el año. Al llenar nuestros tanques de combustible para calefacción y los tanques de los generadores a los precios bajos de verano, podíamos transferir el combustible sobrante a nuestros tanques de combustible para calefacción y evitar tener que comprar combustible a los precios más altos de invierno. El mismo contrato de combustible también nos permitía llenar los tanques de combustible de las viviendas fuera de la base con combustible al precio más bajo de verano, de modo que cuando llegaba el invierno todos los tanques estaban llenos con combustible de verano más económico.

Había otros militares viviendo en nuestros apartamentos civiles en el centro. Carolyn se quedó con ellos mientras yo estaba en el trabajo para visitarlos y hacer manualidades. Pasó mucho tiempo mirando escaparates en Saratoga Springs. Habíamos comprado buenas bicicletas en Europa y fuimos en bicicleta al maravilloso parque de Saratoga Springs. Tenía alforjas en mi bicicleta que usaba para poner a nuestro caniche miniatura para llevarlo al parque. Hicimos muchos picnics allí, solo nosotros dos. En el verano, ese parque tiene una zona de conciertos al aire libre donde el escenario y algunos asientos están bajo techo y la gente sobrante puede colocar mantas en el césped en un área tipo anfiteatro, ya que el escenario estaba rodeado por una colina de césped artificial para que todos pudieran ver y escuchar lo que estaba sucediendo en el escenario. Ese teatro no solo tenía grupos musicales populares de los diez mejores casi todos los fines de semana, sino que en julio era el hogar de la Orquesta de Filadelfia y en agosto era el hogar del Ballet de Nueva York. Se superpusieron durante unos días y pudimos ver el Ballet de Nueva York con música proporcionada por la Orquesta de Filadelfia. No es genial?

Tenía que pasar por los muelles del lago dos veces al día cuando iba y venía del trabajo en la cima de la montaña. Compré un velero Sunfish. En los días cálidos del verano, podía ponerme un traje de baño en el trabajo y navegar un par de horas de camino a casa. Fue idea de Carolyn, lo que fue otro ejemplo de su absoluta abnegación. No fue el costo en dinero, ya que compré uno usado en buen estado. Pensé que podríamos disfrutarlo juntas, pero solo fue conmigo dos veces porque le da miedo el mar abierto. Una vez más, estaba pensando en mí y nos quitó tiempo a los dos estando juntos. Nunca pensé realmente en todas las horas solitarias cuando estaba con gente en el trabajo mientras ella estaba sentada sola en casa. Qué gran mujer. Ojalá pudiera volver atrás en el tiempo y no hacer cosas egoístas como navegar después del trabajo en Saratoga en lugar de estar con ella en bicicleta hasta el parque.

Carolyn estaba en el cielo cuando se celebraban las subastas anuales de caballos yearling en Saratoga Springs, cerca del hipódromo. Fuimos allí ese agosto. El establo de subastas es un edificio de ladrillo con forma de herradura. Un lado es plano y el otro redondo. Hay enormes ventanales con un alféizar acolchado de 60 cm de ancho en el exterior para que los espectadores puedan sentarse a ver y escuchar la subasta que se transmitía electrónicamente al exterior. Rolls-Royce, Lincoln y Caddy se alineaban para descargar a los millonarios postores en la puerta principal. Creo que era necesario tener un estatus millonario comprobado para entrar en el "establo" de la subasta. El escenario estaba en el lado plano y justo afuera había corrales de ejercicio donde paseaban a los yearlings antes de subir al escenario. Los postores se sentaban en la herradura redondeada, en asientos acolchados estilo estadio, donde todos podían ver. Ese verano, el primer potro de Secretariat se vendió en Kentucky por un millón de dólares, la primera vez que un potro se vendía por esa cantidad.

Un mes después, en Saratoga Springs, dos potros de Secretariat se vendieron por más de 1,5 millones de dólares mientras observábamos, pero nunca apareció en las noticias a diferencia de las noticias nacionales de la subasta de Kentucky.

Una noche, Carolyn y yo paseábamos por los establos, fuera del cobertizo de subastas, observando los caballos. Cada compartimento tenía una media puerta en el exterior para alojar a los caballos, pero uno podía acercarse a las medias puertas y observarlos. Carolyn vio un caballo en un compartimento: «Es un caballo precioso. Si tuviéramos el dinero y un lugar para él, lo elegiría».

Una pareja se acercó por detrás y el tipo dijo: «Me alegra oír eso. Lo acabo de comprar». Eran Nelson Rockefeller y su esposa. Hablamos con ellos como si fuéramos todos de la misma clase. Él, de una familia adinerada, y yo, hijo de un maestro de escuela de Oklahoma que ganaba más dinero que mi padre, pero ni de cerca era rico. Al irnos, Nelson preguntó: «¿Estarán aquí mañana por la noche?». ¿Será casualidad, un pequeño milagro, que tuviéramos una larga conversación con una persona tan rica como si estuviéramos en igualdad de condiciones?

Tuve que decir que no, era noche de trabajo.

35

La adopción milagrosa

He mencionado que Carolyn no podía tener hijos y que adoptaríamos. Las cosas habían cambiado. Cuando fuimos a Europa en 1972, adoptar un recién nacido era fácil, pero en 1973, en el caso Roe contra Wade, la Corte Suprema de Estados Unidos legalizó el aborto, así que adoptar un recién nacido era muy difícil.

Al final de ese maravilloso verano en Saratoga Springs, Carolyn y yo decidimos que íbamos a explorar la posibilidad de adoptar. Cuando nos pusimos en contacto con el servicio social de Nueva York, casi se rieron de nosotros y se negaron a dejarnos solicitarlo. Cogí el teléfono y llamé a varias personas y encontré New York Family and Children Services en Albany, Nueva York, una de las tres ciudades al sur de Saratoga Springs. Cuando llamé, me dijeron que me olvidara de eso, que la adopción llevaría años y que, como yo era militar, probablemente me iría antes de que mi nombre apareciera en la lista. Les expliqué que habíamos estado en el extranjero y que, cuando salimos de Estados Unidos en 1972, habría sido fácil. ¿Podríamos concertar una cita con un consejero para que nos asesorara sobre el nuevo y difícil proceso? Dijeron: "Sí, pero tendríamos que pagar la cita y la investigación. No investigaremos, pero no tenemos forma de cobrar solo por una visita informativa".

Acepté de inmediato y la semana siguiente me tomé un día libre en el trabajo. Carolyn y yo fuimos a reunirnos con la consejera. Le explicamos que Carolyn no podía tener hijos debido a su defecto genético, ahora conocido, en el que las dos células del segundo par no se dividían correctamente. Cuando salimos de Estados Unidos, Carolyn trabajaba en los Servicios Sociales de Arkansas y buscaban parejas dispuestas a adoptar. Yo había recibido órdenes de adopción menos de un año después de casarnos y había pasado los últimos tres años en Europa, solo para volver a Estados Unidos y descubrir que las normas habían cambiado.

La consejera dijo que podíamos completar los papeles para que nos investigaran, pero que no esperáramos nada en menos de 3 años, y que tendríamos que regresar a Nueva York, pero como yo era militar, ellos entenderían si tenía que mudarme antes de que se cumplieran los 3 años. Ella no podía prometer nada incluso después de 3 años. Llevamos los papeles a casa, los llenamos, y salí del trabajo temprano al día siguiente y los llevé en coche antes de la hora de cierre, las 5:00 p. m. Esto era a principios de octubre de 1975. No habíamos usado el tiempo de vacaciones desde que regresamos a los Estados Unidos, así que en Navidad usamos dos semanas para ir a casa a visitar a sus padres en Arkansas y a mis padres en Oklahoma.

Mientras conducíamos hacia allí, una ventisca azotó el norte de Estados Unidos. Al llegar a Buffalo, Nueva York, las salidas estaban cerradas con caballetes debido a la ventisca, así que no pudimos salir de la interestatal. Ese otoño, acababa de instalar una radio de banda ciudadana (CB) y los camioneros en la carretera nos dijeron que la frontera con Ohio estaba cerrada, así que los seguimos por las montañas hacia la interestatal sur, cruzando Ohio. Para cuando llegamos a Columbus, Ohio, las carreteras ya estaban despejadas y secas. El coche rojo estaba casi blanco de sal y, como era un Pacer de American Motors, era redondo, y los camioneros nos llamaban "bola de nieve" por la radio CB.

Llegamos a casa en enero y nos costó encontrar nuestro edificio de apartamentos debido a los bancos de nieve creados por las máquinas quitanieves que tenían entre 6 y 10 pies de altura. Tuve que usar mi brújula interna para llegar al área correcta y encontramos un agujero en el banco de nieve que llegaba hasta el estacionamiento. La nieve entre los edificios casi llegaba hasta nuestro balcón del segundo piso, y las aceras habían sido despejadas para llegar entre los edificios, por lo que la nieve estaba tan alta. Las máquinas quitanieves para las aceras habían arrojado nieve a los lados, creando enormes paredes de nieve que casi llegaban a los balcones del segundo piso. Las personas en las unidades inferiores habían quitado la nieve de sus patios a la pila de nieve que el viento había levantado de las aceras.

Apenas llevábamos unos días de vuelta cuando Carolyn recibió una llamada de Servicios para Familias y Niños de Albany para informarnos de que tenían un bebé al que quizá quisiéramos ir a ver para una posible adopción. ¡Un auténtico milagro! Se suponía que tardaría al menos tres años, si acaso, y habían pasado menos de cuatro meses desde que solicitamos la adopción. Claro, me tomé el día libre en el trabajo y fuimos directamente. Tenían un bebé de tres semanas, nacido el 21 de diciembre de 1975, y era perfecto. Técnicamente, no podían darlo en adopción hasta que lo tuvieran al menos 30 días, pero ¿nos interesaría? Una pregunta tonta.

Se predijo otra ventisca, así que, ¡milagro de milagros!, nos ofrecieron llevárnoslo esa noche debido a la ventisca anunciada y a que conocían a la madre y sabían que estaría feliz de que lo tuviéramos. Así que aquí estamos, de camino a casa en Saratoga Springs. Nuestro nuevo hijo no tiene nada más que una habitación vacía. Está empezando a nevar con fuerza. Paramos en Sears cerca de la interestatal a Saratoga Springs y entramos en la sección de bebés con nuestro hijo en brazos.

Los dependientes pensaron que estábamos locos por tener un hijo de tres semanas y estar comprándolo todo como si nunca hubiéramos esperado tener un hijo. Se entusiasmaron mucho cuando descubrieron que ni siquiera sabíamos que nos adoptarían de repente. Se divirtieron mucho guiándonos para comprar cosas para bebés de tres y seis meses en lugar de recién nacidos. Nos cargamos de leche de fórmula, ropa, pañales desechables y de tela, mantas y sábanas, andadores, una silla de auto y una cuna con colchón que tuvimos que sujetar a las barras del portaequipajes encima del AMC Pacer, ya que no cabía. Tuvimos que raspar un par de centímetros de nieve, ya que habíamos estado en Sears durante una hora comprando todo lo que un bebé podría necesitar para un mes o más.

Esa noche armé la cuna en la sala y luego la empujé por el pasillo hasta la habitación de invitados, al otro lado del pasillo, ya que nuestra habitación era demasiado pequeña para la cama y la cuna. No pude entrar en la habitación, así que tuve que desarmar la cuna, trasladarla pieza por pieza a la habitación de invitados y volver a armarla.

Por primera vez, Carolyn no sería una esposa soltera que vivía sola mientras yo trabajaba, sino una familia con hijos, en lugar de un simple matrimonio.

Yo estaba feliz de tener un hijo, pero Carolyn estaba eufórica. Pensaba que nunca tendría hijos y siempre había deseado ser madre, hasta el punto de fundar y dirigir aquella tropa de Girl Scouts en Europa.

Estaba feliz de tener un hijo al que llamar mío, pero estaba muy orgullosa de haber ayudado a Carolyn a convertirse en madre. Tanto mis padres como los de ella viajaron a Nueva York para verlo. Carolyn fue una buena madre. Hicimos algunas cosas inteligentes. Lo despertábamos y le dábamos el biberón mientras veíamos el programa nocturno de Johnny Carson e inmediatamente empezó a dormir toda la noche sin tener que levantarse en mitad de la noche para comer. Las primeras noches se despertaba y lloraba y Carolyn oía inmediatamente el primer gemido y se acercaba a acariciarlo para asegurarle que no estaba solo hasta que se volvía a dormir. Aunque pasaba muchas horas meciéndolo en la mecedora que nos dan sus padres, no lo hacía tarde por la noche y en pocas noches dormía hasta que yo me levantaba para ir a trabajar por la mañana.

Cuando empezó a hacer calor, conseguí una silla infantil para la parte trasera de mi bicicleta y cambié las alforjas a la de Carolyn para que los cuatro pudiéramos hacer picnics en el parque. Missy, la sobrina de Carolyn, vino a visitarnos durante una semana aproximadamente y jugó con Craig en el suelo de la sala. Nuestro caniche lo aceptó enseguida. Tomé una caja grande y corté una puerta y unas ventanas para una casita de juegos en la sala, donde el perro y Craig entraban y salían de la caja.

El invierno siguiente, Craig ya caminaba a los ocho meses aproximadamente. Le habíamos comprado un camión volquete que tenía un motor de fricción que sonaba como un camión cuando lo empujaba. Se paraba parcialmente y lo empujaba y el motor de fricción lo arrastraba mientras lo empujaba. Probablemente ayudó a que caminara pronto. Le compramos todo lo que pudimos encontrar que fuera apropiado para su edad, desde un columpio que pusimos en el pasillo donde podía rebotar y empujarse del suelo y rebotar y reír, hasta juguetes de peluche, incluido Quack Quack, un pato de peluche que chupaba cuando no tenía biberón o chupete. Carolyn tuvo que coserlo muchas veces y tuvimos que encontrar patos de repuesto. Ahora, 40 años después, Craig todavía tiene los restos del último Quack Quack.

El invierno siguiente corrieron rumores de que iban a cerrar la Estación Aérea de Saratoga, en Nueva York. Llamé a unos viejos amigos y descubrí que me asignarían como el único estadounidense en una base aérea coreana. Una asignación realmente excepcional. Ambos seríamos tratados como reyes. Si me levantaba de mi escritorio en el trabajo y cogía un sombrero, un coche oficial aparecía en la puerta antes de que llegara para llevarme adonde quisiera. Tendríamos una casa con un muro alrededor de un amplio jardín. Si Carolyn parecía querer ir a algún sitio, a mitad de camino de la puerta aparecía un coche oficial para llevarla adonde quisiera. Nos llevaban de turismo a cualquier lugar que quisiéramos, a cualquier restaurante al que quisiéramos ir o a una base aérea estadounidense, y cuando no estuviéramos en la base aérea estadounidense, nos pagaban el hotel, las comidas o lo que fuera.

Sería incluso más remoto que la base aérea alemana de Buchel. Cuando regresamos de Europa descubrimos que el padre de Carolyn había empezado a tener algunos problemas cardíacos. La misión en Corea era una misión remota acompañada de dos años. No quería someter a Carolyn a una misión aún más remota donde no hubiera otros estadounidenses y con la salud de su padre en duda, hice lo que tenía que hacer para evitar la misión, que era dejar la fuerza aérea escribiendo una carta a la junta de ascensos a mayor para decirles que no aceptaría el ascenso que les obligaba a dejarme salir de la fuerza aérea. El 17 de marzo de 1977, me liberaron y la fuerza aérea pagaría para que nos mudáramos a mi casa registrada en Oklahoma, donde me había unido a la fuerza aérea. Me encontré sin trabajo durante una grave recesión y tenía un poco de dinero para salir adelante mientras cobraba el desempleo. El día que me retiré del servicio activo, regresé a la Estación de la Fuerza Aérea de Saratoga para despedirme de todos los que estaban allí y descubrí que, mientras había estado ausente ese día, habían llegado las órdenes de cerrar la estación y que muy pronto todos recibirían órdenes de ir a otro lado.

36

Civil

Así que, allí estábamos en Norman, Oklahoma, un capitán de la fuerza aérea desempleado, su esposa, Carolyn, y su hijo de un año, Craig. En circunstancias normales, un oficial que se retiraba de la fuerza aérea sabiendo la fecha desde hacía un año o más habría podido encontrar un trabajo civil al que ir inmediatamente después de la separación.

Mis padres tenían una casa pequeña de dos habitaciones, pero tenían un garaje separado para un automóvil con un cuarto de trabajo. Mi padre lo había convertido en una habitación de invitados con un calentador eléctrico y un aire acondicionado de ventana. Nos mudamos allí. No mucho tiempo después, una tía mía vivía en la ciudad y era dueña de una bonita casa antigua de tres habitaciones que estaba vacía y que nos alquilaba a un precio razonable. Nos mudamos del garaje de mis padres a la casa de alquiler de mi tía, al otro lado de la calle de otra tía y un tío.

Tenía varios árboles grandes con un par de años de hojas en el suelo y bichos por todas partes. Empaqué 38 bolsas de hojas para que las recogieran los basureros. Descubrí que la habían construido sobre una canaleta de aguas residuales que estaba infestada de cucarachas y que la casa tenía arañas. Cuando rocié un árbol de mimosa que estaba frente a la casa, miles de arañas cayeron al suelo. Coloqué bombas insecticidas en la alcantarilla y rocié para eliminar las arañas de la casa. Al final, la dejamos casi libre de insectos. Al menos una vez a la semana jugábamos al bridge con mis padres y al menos una vez a la semana jugábamos al bridge con mi tía y mi tío del otro lado de la calle. Sacamos una bonita foto de Craig empujando un coche de pedales con nuestro caniche miniatura, Snoopy, supuestamente conduciendo. La tía a la que le alquilábamos no quería que el perro entrara en la casa, pero mi otra tía y mi tío con los que jugábamos a las cartas nunca se lo dijeron y, como vivía en California, nunca se quejó, aunque estoy segura de que lo sabía.

Tenía varios primos que vivían en Oklahoma y a quienes visitábamos. Vivíamos de los subsidios de desempleo y del dinero que teníamos en el banco. Pasé los días visitando oficinas de empleo y leyendo periódicos de todo el país buscando trabajo. Estuve desempleado más de seis meses cuando se acabaron los subsidios. Finalmente encontré un empleador, pero no me ofrecía el dinero que quería ganar, así que fijamos una fecha para que viniera a trabajar si no encontraba el trabajo adecuado.

Justo cuando se me acabaron los cheques de desempleo después de seis meses, esa empresa me llamó y me pidió que fuera a trabajar esa noche, un viernes por la noche. Tenía que volar a Dallas, que estaba a solo cuatro horas en coche, alquilar un coche y presentarme en un almacén cerca del aeropuerto de Dallas Fort Worth. Así que, a las 7 de la tarde, allí estaba yo. Había más de 200 semirremolques esperando a ser descargados en lo que parecía ser un almacén lleno. Era un simulacro de incendio. Había gente de la oficina central en San Francisco retorciéndose las manos. Tan pronto como me presentaron, hice un recorrido a pie, detuve la descarga ya que no había espacio libre en el suelo para descargar de todos modos y puse en movimiento las carretillas elevadoras para crear pasillos en el almacén para mover las cosas. Puse la mitad de las carretillas elevadoras a trabajar moviendo cosas similares en básicamente pilas de cosas similares y haciendo pasillos entre ellas. Cuando despejamos un poco de espacio, puse la otra mitad de las carretillas elevadoras de nuevo a descargar camiones. A las 2 de la tarde del día siguiente habíamos descargado todos los camiones. A las 8 de la mañana del día siguiente ya estábamos realizando envíos aéreos.

Esperaban que se necesitaran al menos dos semanas para realizar los envíos. Ese viernes, una semana después de que me contrataran como asistente de un asistente de gerente de almacén, me ascendieron a gerente de almacén completo con el doble del salario de la primera semana. Los vicepresidentes de ARAMCO, la gran compañía petrolera de Arabia Saudita, habían venido para ver cómo se organizaba nuestra increíble operación tan rápido y para conocerme. El viernes siguiente me ascendieron para dirigir un total de tres almacenes en el área de Dallas y una empresa separada de envíos de contenedores. Mi salario se duplicó con respecto al viernes anterior y ahora me prometieron un 50% más de lo que ganaba como capitán.

El sábado por la noche, cumplíamos con el cronograma de envíos aéreos, controlando la llegada de camiones y organizando el almacén con letreros de ubicación para que pudiéramos encontrarlos. Teníamos pasillos lo suficientemente amplios como para recorrer el almacén y encontrar los envíos que salían. Esa noche me ofrecieron un puesto en el servicio civil federal en la Base Aérea Wright-Patterson, Ohio, para encargarme de todas las ventas militares de la Fuerza Aérea al norte de África como parte de los Acuerdos de Paz de Camp David. Supondría un recorte salarial del 50 %, pero era más importante que este trabajo. Antes de irme esa noche, un par de los empleados con más experiencia que había contratado me acompañaron a inspeccionar las alarmas de seguridad de ADT.

En la Fuerza Aérea usamos alarmas similares, así que sabía cómo debían funcionar. Encontramos varias puertas en las que los sensores estaban desalineados y no habrían funcionado si alguien hubiera cortado las cerraduras y abierto las puertas. Hicimos varias llamadas a ADT hasta que estuvimos seguros de que todos los sensores funcionaban y nos sentimos seguros de salir y dejar el almacén vacío.

Llevé a todo el equipo del almacén a comer para celebrar nuestro trabajo y gastar parte del nuevo salario que aún no me habían pagado.

El domingo, el jefe de San Francisco me llamó para decirme que todos los almacenes, pero el mío, el sábado por la noche, habían sido asaltados, llevándose el 50% de las importaciones de SEARS de uno de ellos. ¿Por qué no había llamado? Le expliqué que habíamos comprobado que todas las alarmas funcionaran antes de irnos esa noche, y que el sábado por la noche ADT me había llamado para decirme que había sonado una alarma, pero que cuando llegaron, la puerta estaba cerrada y no había nadie. Así que quizá los mismos malhechores habían saboteado las alarmas de todos los almacenes que la empresa tenía en todo el país, pero que habíamos reparado el nuestro antes de dejar el almacén sin personal.

El lunes, el gran jefe me ofreció convertirme en gerente para la zona central de los EE. UU. por un salario enorme. Iba a alquilar todo el piso de un edificio de oficinas en cualquier parte del centro de los EE. UU. y tendría plena capacidad de contratación para contratar a quien quisiera, y, por supuesto, un automóvil de la empresa.

Le dije que iba a rechazar la oferta y que volvería a trabajar para la Fuerza Aérea como GS-11, que era más o menos el equivalente a un capitán y que ganaría menos que mi salario actual, por no hablar del nuevo puesto. Les di 10 días para encontrar la manera de arreglárselas sin mí, pero en la semana que había trabajado allí, había convertido un desastre en algo que estaba funcionando mucho mejor de lo esperado y generando el doble de las ganancias que la empresa había planeado.

Mientras tanto, había estado trabajando 18 o 19 horas al día, estaba muerto de cansancio por pasar tanto tiempo de pie sobre el cemento y apenas tenía tiempo para llamar a Carolyn por teléfono en Norman, Oklahoma. Naturalmente, ella decía que todo estaba bien, pues era muy capaz, aunque se sentía sola, con solo Craig, mis padres, la tía Clara y el tío Lester.

Yo había rechazado un trabajo que me pagaba muy bien, hasta el punto de que Carolyn podría haber tenido una casa grande y todas las cosas que se merecía, solo para poder tener un trabajo con un salario más bajo que yo creía que valía más la pena. Carolyn estaba feliz con esa decisión. Quería que yo tuviera lo que yo quería y dijo que mientras estuviéramos juntos eso era todo lo que importaba. Ella preferiría que fuéramos ricos en experiencia y orgullo en lugar de ricos. Qué esposa tan maravillosa que debería haber apreciado más. La amaba y la apreciaba, pero no me di cuenta de cuánto hasta que murió y recordé todos los sacrificios que hizo por mí. Mis padres eran así. Mi padre había rechazado un buen salario por ser un buen maestro de escuela.

37

Establecido en Dayton, Ohio

Acepté el puesto de funcionario federal GS-11 en el Centro de Logística Internacional de la Base Aérea Wright-Patterson, como responsable de las ventas militares extranjeras de la Fuerza Aérea de Estados Unidos para el norte de África. Esto me pondría a cargo de Egipto, Sudán, Zaire, Marruecos y, técnicamente, Argelia, Libia, Mali, Mauritania, Níger y todos esos países pequeños. Sin embargo, Egipto, Sudán, Zaire y Marruecos eran los países con actividad real.

Esta no fue una mudanza pagada por el gobierno, por lo que eso significó que tuvimos que empacar nuestras escasas pertenencias para que pudiéramos meterlas en nuestro AMC Pacer y en el portaequipajes. Había comprado un remolque desmontado de la Estación de la Fuerza Aérea de Saratoga cuando se les ordenó vender su equipo de servicios recreativos, así que empacamos el remolque con todo lo que pudimos meter y buscamos una empresa de mudanzas para trasladar el resto. Antes de irnos de Oklahoma, había hecho reservas en un Days Inn Motel ubicado en el centro, lo cual fue un gran error. No conocía Dayton, Ohio y el motel resultó ser un motel de semáforo en rojo con prostitutas por todas partes y un motel no muy limpio. Me decepcionó mucho el Days Inn. La primera noche allí, Carolyn estaba tratando de bañar a Craig en el lavabo del baño y se resbaló, Carolyn lo atrapó antes de que cayera al suelo, pero se golpeó la cabeza en el borde de la encimera de fórmica y se cortó la nuca, así que a las 10 p. m. fuimos a buscar un hospital sin tener idea de dónde estábamos. Encontramos un hospital después de obtener indicaciones y luego encontramos un cartel de hospital en la carretera interestatal y regresamos al motel además de algunos puntos de sutura en la cabeza alrededor de las 2 a. m.

Me levanté a las 6 de la mañana el día de Halloween, 31 de octubre de 1977. ¿Milagro o coincidencia? Era el primer día de mi periodo de pago, así que, por casualidad, tuve que madrugar para encontrar la base y presentarme a trabajar. Recuerda, en aquella época no había GPS, solo mapas. Menos mal que Carolyn era flexible y capaz. Nada la desconcertaba. Ahora me maravillo de todo lo que hacía sola, sin mí.

Me registré para trabajar, encontré dónde sentarme, conocí a mi supervisor y luego pude irme temprano. Encontré un apartamento amueblado destartalado justo afuera de una de las puertas de la Base de la Fuerza Aérea Wright-Patterson. Luego conduje de regreso al Days Inn, llegué allí alrededor de las 3 p. m. y rescaté a Carolyn y Craig. No quería cometer otro error grave con el apartamento, así que la llevé a verlo. Era bastante malo, pero la mayoría de las personas allí estaban asociadas con la base aérea, por lo que era seguro y la gente era amable. Resultó que era el único apartamento amueblado con alquileres de mes a mes que encontré allí. Todas las unidades estaban amuebladas con un dormitorio, sala de estar, cocina y comedor como una gran habitación con paredes de ladrillo que separaban el dormitorio del resto y las únicas puertas eran la puerta principal y el baño. Probablemente fue un motel fallido en algún momento. No había unidades de dos pisos y consistía en una calle en el medio y aproximadamente 30 yardas de apartamentos a cada lado de la calle.

Naturalmente, Carolyn dijo: "Bien". Al menos ya no estábamos en la "luz roja" del Days Inn Motel en Dayton y ahora estábamos en Fairborn, Ohio, la pequeña ciudad al lado del Área A de la base aérea. La oficina de los apartamentos estaba cerrando cuando llegamos, pagamos dos meses de alquiler, un mes de depósito y el alquiler del mes siguiente, recibimos las llaves del apartamento. Resultó que estos apartamentos de una habitación en mal estado estaban alquilados en su mayoría a otras personas que acababan de mudarse a la base y no habían encontrado una vivienda más permanente, así que estábamos entre amigos.

Regresamos, hicimos el check out del motel y cogimos la caravana que estaba en el aparcamiento, la cual aparcamos en uno de los dos lugares asignados a ese apartamento. Desempacamos el coche y sacamos la cuna de Craig de la caravana. Luego compramos comida rápida y algunas cosas en una tienda para llevar a nuestro apartamento. Armé la cuna y nos desplomamos.

Al día siguiente, mientras estaba en el trabajo, Carolyn trajo algunas cosas de la caravana, fue a una tienda a una cuadra de los apartamentos y compró algunas cosas más. Al día siguiente, en el trabajo, me acompañaron para conocer a los jefes y, en cierto modo, me entrevistaron de nuevo. Me permitieron salir temprano otra vez, así que Carolyn, Craig y yo buscamos una casa para comprar. Encontramos un agente inmobiliario que nos mostró fotos de casas en venta que estaban fuera de nuestro presupuesto, o en mal estado, en barrios cuestionables, o demasiado lejos como para considerar conducir al trabajo en la base todos los días.

Durante los siguientes días, trabajé una jornada completa con un mentor que me ayudó a aprender el nuevo puesto. Mientras que antes tenía mi propio sistema de suministro y todo lo que gestionaba estaba al alcance de la mano. Había gestionado el presupuesto y la financiación diaria. Ahora tenía millones de dólares en divisas que contabilizar y ninguna mercancía que pudiera manipular, ya que se encontraba en plantas de contratistas y aún no se fabricaba o se almacenaba en los centros de logística aérea, gran parte de ella en la Base Aérea Kelly en San Antonio, Texas, o en la Base Aérea Warner-Robins al sur de Atlanta, Georgia.

Cuando llegué a casa, dimos una vuelta buscando casas, buscando en los periódicos y luego fuimos allí la noche siguiente después del trabajo. Mientras conducía, encontré un Triumph Spitfire deportivo biplaza convertible amarillo usado, barato, y lo compré al contado. Ese sería mi coche de trabajo y Carolyn tendría el Pacer para conducir durante el día. Pasamos el fin de semana buscando casas. Conduje el Spitfire al trabajo el lunes siguiente y Carolyn dio una vuelta buscando casas. Carolyn encontró una zona residencial no muy lejos de la base, una urbanización muy bonita y grande, habitada por mucha gente de la base. Era una urbanización de Ryan Homes. Las calles eran anchas, con muchas zonas verdes entre ellas, así que las casas no estaban amontonadas. Los patios no eran grandes y las casas estaban bastante juntas, pero muchas de ellas daban a zonas comunes abiertas con césped y sin acondicionar.

La oficina de ventas estaba cerrada a las 5:00 p. m., por lo que no pudimos entrar. El agente inmobiliario nunca nos había hablado de esta zona. Aprobé totalmente la ampliación, pero no sabíamos los precios. Las casas eran principalmente de ladrillo en el frente con revestimiento de vinilo o aluminio en el resto de la casa. Muchas tenían cercas de privacidad en los patios traseros o cercas de alambre. Realmente queríamos una cerca para nuestro caniche para que no tuviera que caminarlo en el invierno. Hasta ahora, el invierno no fue malo. No nevó y no hizo tanto frío. Pudimos ver varias casas en construcción y caminamos por algunas de ellas que aún no tenían puertas para tener una idea del tamaño. Las paredes eran de solo dos por cuatro, pero podíamos ver los diseños. No había muchas casas de una sola planta estilo rancho. En las colinas, muchas eran de dos niveles con un garaje y un semisótano debajo de la casa principal de arriba. Muchas eran casas de dos pisos con el garaje debajo de los dormitorios principales y una sala familiar detrás del garaje.

We did not see for sale signs on the older or the newer homes. While I was at work, Carolyn went to the sales office and got brochures showing photos of completed houses with curtains and furniture for show. All of the homes were partly pre-fabricated homes with walls, roof trusses, siding, windows and doors delivered on semi-trucks and assembled on location for a house.

Esto nos pareció genial. El costo de estas casas era razonable y la construcción prefabricada sería rápida. El plazo más largo para una casa era el trabajo de hormigón. Todas las casas de dos pisos estaban sobre un sótano completo, lo que aumentaba enormemente la superficie en metros cuadrados. El nivel inferior de las casas de dos niveles era básicamente un sótano con una pared abierta para una puerta de garaje y una pared que separaba el área del sótano del garaje. Eso significaba que podíamos comprar una casa nueva por menos de lo que costaría una casa personalizada existente y poder mudarnos casi tan rápido como si compráramos una casa existente.

El agente inmobiliario nos había explicado que conseguir un préstamo para la vivienda y cerrar el trato de una casa usada llevaría de 3 a 6 meses, lo que parecía mucho tiempo para vivir en ese pequeño y destartalado apartamento en el que vivíamos. Carolyn pasó un par de días buscando un apartamento mejor durante esos 3 a 6 meses, después de que finalmente encontramos una casa que queríamos comprar en un vecindario en el que queríamos vivir cerca del trabajo. No había muchas casas existentes a la venta a medida que se acercaba la Navidad. En primavera habría muchas casas a la venta, pero ya estábamos a mediados de noviembre y la gente no quería mudarse en Navidad.

Ese sábado fuimos a la oficina de ventas de Ryan Homes. Ya tenían algunos sótanos construidos y, con su financiación, podíamos solicitar un préstamo VA sin enganche allí mismo. Mientras esperábamos la financiación, terminarían la casa con las opciones que queríamos y podríamos mudarnos para Navidad. Estábamos limitados a las casas con sótano ya construido debido a la llegada del invierno. Si no llevábamos uno de los sótanos preconstruidos, tendríamos que esperar hasta febrero para mudarnos. Las 40 casas en construcción ya estaban prevendidas y tenían otras 10 casas que debían completarse antes que la nuestra.

Así que, para poder mudarnos de ese pequeño apartamento para Navidad, nos vimos limitados a sótanos ya construidos. Después de ver los diferentes planos, terminamos optando por la segunda casa más cara de esa urbanización, la Vicksburg, que, contando el sótano y el garaje, tenía unos 3300 pies cuadrados. Tenía un garaje para dos coches bajo un amplio dormitorio principal que iba de la parte delantera a la trasera de la casa, con su propio baño. Un dormitorio muy pequeño junto al principal y frente al baño del pasillo de arriba, que serviría como cuarto de bebé si lográbamos adoptar un segundo hijo; un dormitorio mediano que sería el dormitorio de Craig; y un enorme dormitorio de 20 pies por 12 pies encima de la sala de estar, que serviría como habitación de invitados. La planta baja tenía una sala familiar de 18 pies por 11 pies con una chimenea funcional de ladrillo con limpieza de cenizas exterior, un medio baño, una cocina decente, un área de desayuno perfecta para la mesa de comedor y las sillas de Carolyn cuando obtuvimos nuestros muebles guardados, una sala de estar de 20 por 12 si no contaba la entrada y las escaleras al segundo piso y un comedor formal de 10 por 11.

El pago de nuestra casa con intereses, seguro y capital sería de unos 500 dólares al mes o casi uno de mis dos cheques de pago al mes. Mi cheque de pago era de unos 700 dólares cada dos semanas antes de impuestos y seguro médico. Básicamente, tendríamos sólo 500 dólares al mes para servicios públicos, comestibles, ropa, etc. Todavía tenía casi 10.000 dólares en el banco y mi trabajo en el servicio civil debería estar asegurado con mi preferencia de veterano. De hecho, el VA no me dio dinero en efectivo, pero confirmó mi condición de veterano discapacitado, por lo que se necesitaría mucho para que perdiera mi trabajo. Ambos autos estaban pagados ya que tenía el efectivo para pagarlos cuando los compramos. El Triumph Spitfire era lo suficientemente simple como para que pudiera arreglarlo yo mismo si se rompía y el Pacer tenía sólo unos 3 años y no debería tener ningún problema grave durante un tiempo.

Ahora solo teníamos que esperar a que se construyera la casa sobre el sótano existente, encontrar algunos muebles y electrodomésticos y simplemente explorar Dayton.

Desastre. Cuando se acercaba la Navidad, todavía no habían entregado nuestra casa en camiones semirremolque y no pudimos obtener ninguna respuesta, pero era obvio que no nos mudaríamos a nuestra nueva casa antes de Navidad, como dijeron. Finalmente, descubrimos que la pared trasera del sótano prefabricado para nuestra casa se había derrumbado después de una fuerte lluvia y una helada fuerte. Sin tener el peso y la resistencia de la propia casa, el hormigón no tenía la resistencia suficiente y se había derrumbado. Ahora hacía demasiado frío para volver a verter el muro del sótano.

Como era de esperar, Carolyn se mantuvo firme, sin quejarse jamás, mientras yo estaba furioso porque la casa que le había prometido para Navidad no tenía fecha de entrega prevista. Amenacé con cancelar el contrato y buscar otra casa, pero Carolyn ya había elegido el ladrillo, el color del revestimiento, las alfombras y decidido qué cortinas compraríamos a juego con las alfombras.

Decoramos el apartamento para Navidad lo mejor que pudimos con los muebles y adornos guardados en un almacén. Nuestro año de almacenamiento por mi baja de la fuerza aérea vencía el 17 de marzo y ella estaba segura de que para entonces tendrían la casa terminada. Como siempre, Carolyn me ayudó a acomodarme para que esperara. Volvimos a Oklahoma y Arkansas para Navidad con nuestros padres. Eso agotó todas las vacaciones que había ganado en los dos meses que trabajé.

38

Política

A mediados de enero, ya me había adaptado a mi nuevo trabajo y trabajaba prácticamente sin supervisión. Entregaba aviones de carga C-130 y F-5 a Egipto y me encargaba de la entrega de aviones de carga C-130 a Sudán. Había llegado a conocer a nuestro embajador en Marruecos y a la gente de la embajada marroquí por teléfono y mensajes electrónicos codificados. El negocio marroquí se centraba principalmente en el envío de repuestos para sus aviones, por lo que era una rutina, aunque recibía mensajes y llamadas telefónicas casi a diario.

La actividad egipcia estaba realmente aumentando porque, como parte de los Acuerdos de Paz de Camp David, Arabia Saudita había acordado pagar por los aviones egipcios y sudaneses y las piezas de repuesto. Mi idea para simplificar el proceso de un rápido aumento de la actividad era establecer un destacamento estadounidense en esos dos países que serían mis homólogos en lugar de tener que trabajar a través de las embajadas en los múltiples mensajes que ahora fluían de ida y vuelta por día. Los embajadores tenían que traducir los términos de suministro a un personal del país extranjero que no entendía y luego averiguar cómo solicitar los artículos a mí en los Estados Unidos.

Esto requirió reclutar a un oficial militar y personal de nuestra Fuerza Aérea para trasladarse a esos países, establecer una oficina, conseguir alojamiento, conseguir muebles y vehículos, y organizar los envíos a ese país. Sudán estaba apenas en la etapa de conversaciones, por lo que aún no tuve que organizar nada para ellos, pero estaba por llegar.

Finalmente habían entregado el primer camión que transportaba las vigas del piso para nuestra casa en Vicksburg, por lo que solo fue cuestión de un par de semanas antes de que pudiéramos tener nuestra casa finalmente. Cuando tuve que irme de la ciudad en servicio temporal, sentí que estaba dejando a Carolyn en buenas condiciones.

Habíamos encontrado los electrodomésticos, el sofá de la sala, los sillones, las mesas de centro y las auxiliares en una tienda de Fairborn que no parecía gran cosa, pero estaba a rebosar. No nos gustó mucho lo que tenían en stock, pero cuando descubrieron que íbamos a comprar muchas cosas para una casa nueva (con los $10,000 que nos quedaban), nos ofrecieron un trato. Podíamos buscar cualquier cosa en cualquiera de sus catálogos, tomar el precio de lista, descontar el 50% del precio y añadir $20 a cada artículo, y ellos lo pedirían todo y lo entregarían en nuestra nueva casa. Poco después de elegir los muebles del comedor y un nuevo juego de dormitorio, nos mostraron algunos electrodomésticos Frigidaire que habían comprado de fábrica cuando General Motors decidió dejar de fabricar Frigidaire y vendió la marca a White-Westinghouse. Estos fueron los últimos electrodomésticos fabricados por la fábrica de Frigidaire en Dayton, Ohio. Compramos una cocina, un refrigerador grande de dos puertas (aún no tenían congeladores de dos puertas) con hielo, agua y tres sabores de bebidas de frutas en polvo en la puerta, y lavadora y secadora. Nos los vendieron al 50% del precio normal de un Frigidaire, mucho más baratos que cualquier otro electrodoméstico nuevo que pudiéramos comprar. Nos guardarían todo gratis hasta que nuestra casa estuviera terminada. Así que, al parecer, todo estaba listo.

Mi supervisor directo me acompañó al Centro de Logística Aérea Warner Robins en Warner Robins, Georgia, para reunirme con el gerente de C-130 y su personal con el que trabajaría para entregar C-130 a Egipto y Sudán. Volamos al Aeropuerto Internacional de Atlanta y luego a Macon, Georgia, alquilando un auto para conducir el resto del camino hasta Warner-Robins. La noche del 25 de enero, mi supervisor y yo acabábamos de comer en el Club de Oficiales de la Base de la Fuerza Aérea Warner-Robins y estábamos tomando una copa. Teníamos que salir para ir a nuestro avión a las 6 a. m. de la mañana siguiente para llegar a Dayton a las 10 a. m. y regresar a casa. Mientras estábamos sentados allí, un televisor en color en la esquina mostraba una línea azul negrita que se acercaba a Ohio y me levanté y fui donde podía escuchar el pronóstico del tiempo. Estaban prediciendo una gran tormenta de nieve en Ohio a la mañana siguiente. Mi supervisor se había levantado y se unió a mí para ver qué había llamado mi atención y comentó: "No creo que vayamos a casa mañana".

"Tenemos que hacerlo. Mi esposa está atrapada en un apartamento de una habitación con corrientes de aire y sin chimenea con mi hijo de dos años.

Mi supervisor se habría conformado con pasar el fin de semana en Warner Robins, Georgia, lejos de la nieve, pero accedió a que intentáramos volver a casa. A la mañana siguiente, nuestro vuelo fue cancelado y la Base Aérea Wright-Patterson estuvo cerrada el resto de la semana. Conseguimos un vuelo posterior y a las 3 de la tarde fuimos el primer avión comercial en aterrizar en Dayton la tarde del 26 de enero de 1977. La noche y la mañana anteriores, Dayton tuvo vientos huracanados con 30 centímetros de nieve sobre 40 centímetros de nieve preexistente.

Cuando volamos, el cielo todavía estaba oscuro, pero lo peor de la tormenta ya había pasado. El aparcamiento había sido parcialmente despejado. Cuando llegué a mi Triumph Spitfire apenas podía reconocerlo. Primero limpié el capó, el techo y el maletero para asegurarme de que era mi pequeño coche usando mi maletín como rascador. Después aparté la nieve de la puerta del conductor para poder abrirla. Cuando pude abrir la puerta, parecía una cueva de hielo. Había nieve llenando el coche hasta el fondo de las ventanillas con estalactitas de nieve del techo convertible. Saqué la nieve, de nuevo con mi maletín y las manos congeladas, hasta que pude entrar, sacar el estárter manual y girar la llave. El coche arrancó de inmediato. Para entonces, mi supervisor me había encontrado y me explicó que su nuevo Cadillac no arrancaba. Limpiamos el asiento del pasajero lo mejor que pudimos y luego derribamos el montón de nieve que había detrás del coche para poder dar marcha atrás y entrar en los pasillos despejados del aparcamiento. Las carreteras que conducían al aeropuerto habían sido parcialmente despejadas, pero el avance era lento.

Para cuando llegamos a una gasolinera con café y un baño, el motor había fallado. Cuando abrí el capó, no había rastro del motor, ya que estaba cubierto de nieve. Quitamos un poco de nieve, tomamos un café y nos dirigimos a Fairborn, Ohio, por la autopista interestatal que había sido despejada. Al pasar por Fairborn, todas las salidas estaban cerradas con montones de nieve de tres metros. Al llegar a la última salida, decidimos embestir el montón de nieve para ver qué tan cerca podíamos llegar a una calle de Fairborn que vimos que había sido despejada y caminar el resto del camino si era necesario.

Mi Spitfire tenía muy poca potencia y había estado consumiendo gasolina a unos 13 kilómetros por litro, en lugar de los más de 48 kilómetros por litro que consume normalmente. De todas formas, no íbamos a llegar lejos sin gasolina, y faltaban kilómetros para la siguiente salida de la autopista. Aceleré al máximo, unos 80 kilómetros por hora, y nos deslizamos por encima del ventisquero de 3 metros hasta la calle de abajo a unos 8 kilómetros por hora. Su esposa lo esperaba en un bar en su todoterreno y, después de repostar, me dirigí al edificio de apartamentos. Al llegar a los apartamentos, la nieve casi cubría los coches. La antena de banda ciudadana de 3 metros del Pacer y parte de la baca eran lo único que se veía del coche. No había sitio para aparcar, pero al cruzar la calle no parecía haber ningún coche, así que aceleré y conduje hasta el ventisquero hasta que el coche se detuvo en seco. Recogí mis maletas y llegué a la puerta del apartamento. Carolyn tenía un vecino amigable que palaba la nieve de la entrada para poder abrir la puerta principal.

Naturalmente, Carolyn se alegró de verme y se sorprendió de que hubiera llegado al aeropuerto. La última noticia que había oído era que el aeropuerto estaba cerrado. Dijo que todo el edificio tembló toda la noche; puso toallas debajo de la puerta principal porque la nieve se acumulaba debajo hasta la mitad del piso. Por suerte, nunca se quedó sin electricidad, pero el apartamento había bajado a 60 grados porque no podía soportar el frío y las corrientes de aire. Para cuando llegué, el viento había amainado por completo y el apartamento había superado los 70 grados. Estaba oscureciendo. La temperatura esa noche fue de -18 grados. A la mañana siguiente salió el sol y la temperatura había subido a unos agradables 35 grados. Salí a ver si podía arrancar mi Triumph Spitfire. Arrancó, pero apenas funcionaba con el pie pisando el pedal hasta el fondo. Abrí el capó para ver si había entrado más nieve durante la noche. No había entrado y parecía estar bastante seco. Quité el filtro de aire y descubrí que uno de los dos carburadores estaba congelado, lo que explicaba por qué no tenía potencia. Tomé un destornillador grande, solté el pistón del carburador y luego volví a arrancar el coche, que ahora sonaba normal, aunque seguía sobre varios metros de nieve y a un par de metros del pasillo de nieve del aparcamiento. Giró en círculos hasta la zona de nieve y llevé a Carolyn y Craig a un restaurante a comer algo caliente y luego a una tienda a comprar una pala para nieve. Pasé horas paleando el Pacer. Unos vecinos vinieron a ayudar hasta que se despejó la nieve y pude abrir las puertas. Revisé debajo del capó y estaba aparcado lejos del viento y sin nieve. Miró directamente hacia arriba.

Luego ayudé a otros vecinos a limpiar sus autos con la pala hasta que empezó a oscurecer. A la mañana siguiente, ya habíamos limpiado un lugar para estacionar el Spitfire y dimos una vuelta con el Pacer por la zona. Condujimos hasta donde supuestamente se estaba construyendo nuestra nueva casa y encontramos vigas del piso por todas partes y ninguna señal de obra. Uno de mis nuevos vecinos dijo que estaba fumando un cigarrillo cuando escuchó un fuerte estruendo y vio vigas del piso volando por los aires como si mi sótano hubiera explotado.

El lunes fui a trabajar. Las temperaturas eran frías, pero casi normales, y el cielo estaba despejado, lo que hacía que el sol fuera agradable. Se oyeron muchas historias de ventiscas y mucha gente no pudo ir porque seguían atrapados por la nieve, esperando las quitanieves.

Llamé a Ryan Homes por mi casa y no sabían nada. Finalmente, el viernes me dijeron que la pared del sótano había vuelto a ceder y que no tenían un plan para arreglarla, diciendo que podrían terminar la casa en abril. Como era de esperar, monté en cólera. Teníamos que sacar nuestros muebles del trastero antes del 17 de marzo o tendría que empezar a pagar por el almacenamiento.

Tras dos semanas sin que nada pasara en nuestra casa, se pusieron manos a la obra y la terminaron rápidamente. Nos mudamos la primera semana de marzo, tras pasar cuatro meses en ese pequeño apartamento. Carolyn nunca se quejó, aunque debió de sentirse fatal. Yo iba a trabajar y trabajaba con otras personas todo el día, mientras que ella estaba prácticamente sola en ese pequeño apartamento. Creo que hizo muchas compras sin comprar gran cosa, solo para no perder la cordura.

Instalamos los electrodomésticos y nos trajeron los muebles de la tienda del centro y de la empresa de mudanzas y almacenamiento de la Fuerza Aérea. Trabajaba un horario desmesurado, principalmente en Egipto, y eso obligaba a Carolyn a desempacar todo ella misma y a decidir dónde guardarlo. Salía a trabajar a las 7 de la mañana y solía llegar a casa sobre las 6 de la tarde. Ella servía la cena y luego yo instalaba los estantes y la ayudaba con los objetos más pesados, para luego ir a trabajar al día siguiente.

Desafortunadamente, me llamaban al trabajo varias veces cada fin de semana. El director de logística internacional era el único autorizado para recibir y responder los mensajes inmediatos de operaciones, pero él leía el mensaje y luego me llamaba para que escribiera una respuesta, ya que pedía detalles que solo yo podía conocer. Yo redactaba el mensaje, lo escribía yo mismo, ya que no teníamos secretarias trabajando el fin de semana, y él firmaba el mensaje, lo llevaba al centro de mensajes y lo enviaba con su firma.

Se cansó de eso y, aunque yo solo era un GS-11 en ese momento, obtuvo una autorización especial del comandante general de 4 estrellas del Comando Logístico de la Fuerza Aérea para permitirme recoger los mensajes y enviarlos bajo mi humilde firma. Las reglas decían que debías ser al menos un coronel completo o equivalente a GS-15, pero hicieron una excepción porque yo dirigía el espectáculo en el norte de África por mi cuenta y los coroneles y generales en la base realmente tenían solo una idea superficial de lo que estaba sucediendo. Los mensajes recibidos siempre estaban bajo la firma de los embajadores estadounidenses de esos países, por lo que estaban autorizados a usar la prioridad inmediata de operaciones en los mensajes. No habían inventado teléfonos seguros, por lo que la única manera rápida de obtener respuestas era mediante los servicios de mensajes de teletipo seguros en el gobierno. Un mensaje de operaciones inmediatas requería una respuesta dentro de las 24 horas, por lo que me llamaban al trabajo cada vez que llegaba uno de cualquier país del norte de África.

Carolyn por fin tenía la casa bastante bien montada. Teníamos los muebles nuevos en el dormitorio principal y su antiguo dormitorio principal en la amplia habitación de invitados. Nuestros muebles nuevos incluían una litera para la habitación de Craig. Le habíamos quitado los laterales a su cuna para que la usara mientras esperábamos a que terminaran la casa y nos entregaran los muebles. Teníamos una pared entera de su dormitorio empapelada con un enorme diorama de Star Wars. Lo llevé a ver la película original de Star Wars en el cine cuando solo tenía unos 18 meses y se quedó fascinado y se aferraba a cualquier cosa de Star Wars que veía en las tiendas, así que ya tenía un montón de juguetes de Star Wars.

Craig era físicamente muy avanzado para su edad, pero en realidad no había hablado mucho. Una noche, le leí un cuento infantil y estaba trabajando con él en libros de lectura temprana. Craig y yo mirábamos por la ventana de su habitación. Empecé a preocuparme porque no pronunciaba frases hasta que pronunció su primera frase completa y muy reveladora: «Me pregunto si hay otros seres inteligentes en algún planeta alrededor de una de esas estrellas».

Desde entonces, hablaba como un adulto. En lugar de preocuparse por no hablar a los dos años, ahora hablaba como un niño de primero o segundo de primaria y leía libros para un colegial.

Estaba abrumado en el trabajo. Recibía llamadas del presidente Carter, el secretario de Estado, el secretario de Defensa, muchos subsecretarios y generales, además de una correspondencia ingente con las distintas embajadas. De vez en cuando me llamaban para informar al comandante general de cuatro estrellas del Comando Logístico de la Fuerza Aérea, y el director de logística internacional venía solo a escuchar. Trabajaba en modo de crisis, principalmente respondiendo a los grandes apostadores, y no podía realizar las tareas diarias de mi trabajo. Mi bandeja de entrada solía tener más de 30 centímetros de altura y tenía otros 60 centímetros de correo sin responder que posponía para cuando tuviera tiempo. Algunos otros gerentes de logística internacional me ayudaban revisando las impresiones diarias de las solicitudes de suministros rutinarias y emitiendo las órdenes de envío. No tenía tiempo para las cosas rutinarias.

Finalmente, crearon una nueva oficina solo para Egipto y la dotaron de 15 personas para aliviarme un poco la carga. Para entonces, el trabajo duro en Egipto ya había finalizado y contábamos con un equipo local de otra docena de miembros de la fuerza aérea. El único trabajo que quedaba era supervisar la rutina diaria de envío de piezas y la facturación a la cuenta de financiación egipcia establecida por Arabia Saudita. También había un equipo de contratistas en Egipto para ayudar con el mantenimiento de las aeronaves. Esto fue positivo, ya que no tenía tiempo para la rutina, ya que Sudán estaba dedicando mucho tiempo a más personas de alto riesgo mientras preparábamos los procesos y los pedidos de aeronaves, así como la preparación inicial de las piezas. Tuvimos que formar equipos de contratistas para Sudán y una contraparte local para mí, lo que requirió trabajar con la embajada de Sudán para encontrarle un apartamento, comprar y enviar muebles estadounidenses a ese apartamento, conseguirle un vehículo para que lo condujera e instalar teléfonos en su apartamento y su oficina en la base aérea de Sudán. Ese gerente local fue aceptado, mientras que el país de Sudán no quería lo que consideraban "espías" de la embajada.

Carolyn, con su actitud estoica y eficiente, se encargó de las compras, la limpieza, la cocina, el cuidado de los niños y el pago de todas nuestras facturas. Estaba en constante pánico porque, después de pagar la cuota mensual de la casa, no le quedaba suficiente dinero para pagar todas las facturas.

En la Navidad de 1978, todos los altos cargos del gobierno sudanés vinieron a firmar el acuerdo para la compra de aeronaves y apoyo de la Fuerza Aérea estadounidense. Pasé varios días informándoles sobre lo que había hecho hasta la fecha y lo que tenía planeado para sus millones de dólares en dinero saudí. Visitaron varias bases y terminaron sus últimos días antes de Navidad en Ohio. Todo el trabajo estaba terminado, todos los documentos firmados y tenían el día libre.

Cuando llegaron a EE. UU., nos reunimos en el Centro de Logística Aérea Warner Robins, en Georgia. Teníamos conductores de la Fuerza Aérea estadounidense para la pequeña flota de vehículos de personal que les habíamos proporcionado. Todos habían recibido entrenamiento en la Unión Soviética y habían oído hablar de campos de concentración para negros en EE. UU., así que pidieron a los conductores de la Fuerza Aérea estadounidense que los llevaran allí. Los conductores no tenían ni idea de lo que querían, así que pidieron que los llevaran a los barrios bajos de Warner Robins, pero no había ninguno, así que los llevaron a Macon, Georgia, e intentaron mostrarles lo peor.

Lo peor que pudieron encontrar fue lo que consideraron viviendas de clase media alta en Sudán, así que la noche siguiente pidieron encontrar los barrios marginales de Atlanta con el mismo resultado.

La tercera noche, preguntaron si podían conducir los coches ellos mismos. Tenían licencia de conducir internacional y contaban con protección diplomática, así que les entregamos las llaves para que pudieran conducir. Durante las dos semanas siguientes, recorrieron Georgia, California, Washington D. C. y finalmente Ohio sin encontrar lo que les habían dicho en el entrenamiento de la Unión Soviética. Para entonces, ya confiaban más en nosotros. Descubrí que, después de la primera semana, algunos recogían prostitutas y las llevaban a moteles sospechosos. Para entonces, ya estábamos alquilando coches civiles en lugar de arriesgarnos a que los vieran en coches oficiales con matrícula del gobierno. Alquilaron coches de lujo en lugar de conducir nuestros coches oficiales básicos.

Los sudaneses de alto rango vivían en las habitaciones de los oficiales generales en el Cuartel de los Oficiales Visitantes, y sus asistentes en las habitaciones estándar. Fui a visitar a los peces gordos y luego, al bajar, encontré a sus asistentes sintiéndose claustrofóbicos en las habitaciones estándar. Los generales controlaban los coches del Estado Mayor, así que estaban atrapados en sus habitaciones. Invité a los tres ayudantes, el mayor y el teniente coronel, a cenar en mi casa para que vieran cómo vivía. Llamé a Carolyn para asegurarme de que todo estaba bien y, por supuesto, como sabía que haría, estuvo encantada de complacerme. Estaban encantados y llamaron a los grandes apostadores, y terminé llamando a Carolyn dos veces más para aumentar el número.

Para cuando llegamos a mi casa, ya estábamos los 17 miembros de la delegación sudanesa, entre ellos el Jefe del Estado Mayor de la Fuerza Aérea, el ministro de Finanzas, el Jefe del Estado Mayor del Ejército (de 400.000 soldados), el vicepresidente de su país y el jefe de logística militar. Interesante.

Carolyn cocinaba todo lo que tenía del refrigerador y el congelador, y gran parte de los alimentos enlatados. Todavía no teníamos mesa ni sillas de comedor, así que comían donde podían: una mesa de cartas con cuatro sillas, las sillas de la mesa del desayuno (en la mesa del desayuno había toda la comida que ella cocinaba, platos, vasos y cubiertos vacíos), el sofá y las sillas de la sala de estar y, por supuesto, la sala de estar.

Terminamos la noche con Carolyn tocando villancicos al piano y los 19 cantándolos. Todos eran musulmanes, pero vieron el piano y le preguntaron a Carolyn si podía tocar algunos villancicos, ya que teníamos el árbol montado en la sala. Aunque antes de su visita pensaban que Estados Unidos era un mal lugar, habían aprendido de forma diferente y habían aprendido los villancicos cuando fueron a la universidad en Inglaterra, de jóvenes. Craig ya estaba dormido antes de que llegaran todos, pero si miran nuestras fotos, verán a muchos militares sudaneses sentados alrededor de nuestro árbol de Navidad.

Tras un año de intenso trabajo, por fin conseguí instalar todos los ingredientes clave en Sudán y, como había una división en Egipto que se encargaba de todo, mi trabajo por fin se estaba volviendo rutinario. Nos permitieron contratar a algunos recién graduados universitarios y me dieron la primera opción. Tras probar con varios que parecían niños, elegí a una universitaria del final de la lista. Había probado con los tres que tenían la mejor calificación en cursos universitarios y promedio de calificaciones, y ahora me pedían que eligiera porque, como yo era la primera opción, todos los supervisores me estaban esperando para poder elegir. Sin verme, elegí a la joven graduada con el peor promedio de calificaciones y la peor lista de cursos universitarios. Estaba abrumado el día que se presentó ante mí y le di un trabajo que, según calculé, le llevaría una semana, teniendo en cuenta los otros tres aprendices que tenía. Como no tenía tiempo para cuidarla, le dediqué unos 15 minutos a explicarle lo que quería que hiciera y pensé que eso la mantendría ocupada una semana. Al mediodía, vino y me dijo: "¿Qué hago ahora?". Terminé ese trabajo."

Revisé lo que había hecho y me maravillé. Al elegir el que tenía menos cursos universitarios correctos y el promedio de calificaciones más bajo de los 20 recién graduados, había acertado. Dediqué 30 minutos a mostrarle cómo redactaba respuestas a mensajes y cartas para la correspondencia rutinaria y cómo encontrar las respuestas, y le sugerí que intentara redactar algunas. Antes de irme a casa, pasé una hora revisando su trabajo de la tarde y firmando la correspondencia. Cualquiera diría que llevaba años trabajando allí o que era intuitiva y me leía el pensamiento. Incluso parecía que la había escrito yo mismo.

Me habían prometido un ascenso a GS-12 antes de terminar mi primer año allí y un equipo a mi cargo en lugar de solo un recién graduado, pero los ascensos en logística internacional se congelaron, al igual que las contrataciones adicionales. Después de 15 meses, me ascendieron en la lista de ascensos para que un GS-12 trabajara en la División de Logística de Adquisiciones, trabajando en logística para programas de investigación y desarrollo próximos a su finalización. Si bien no tenía un perfil político tan alto, sonaba interesante y me daría un aumento sustancial para ayudarme a pagar las cuentas en casa.

Nuestros ahorros de $10,000 se habían agotado hacía tiempo y Carolyn estaba sacando nuevas tarjetas de crédito para consolidar las antiguas, que estaban al límite de su capacidad, y retrasar los pagos. Estábamos al borde de la bancarrota, así que dejé mi puesto de alto perfil, tratando con el presidente, los secretarios y los comandantes generales, y acepté ese nuevo puesto de GS-12.

De nuevo, era empezar de cero en el proceso de aprendizaje, pero el ascenso era necesario y no había ninguna indicación de cuándo se concretaría en logística internacional. Tras dejar el puesto, me reemplazaron con 12 trabajadores y un supervisor mediante la reorganización de todas las oficinas de logística internacional.

39

R&D

Comencé mi nuevo trabajo y Carolyn encontró algo de alivio para nuestras crecientes deudas. Empecé estudiando lo que se había escrito para gestionar la parte logística de los proyectos de Investigación y Desarrollo (R+D). En poco tiempo, estaba redactando los procedimientos logísticos necesarios para gestionar las iniciativas de R+D. De nada sirve entregar un avión nuevo sin repuestos, personal de mantenimiento capacitado y manuales de reparación. Los gerentes de R+D preferirían dejar el soporte técnico de los nuevos sistemas a los constructores originales del nuevo avión, pero eso es terriblemente caro cuando hay que pagar más de 150.000 dólares por mantenedor en lugar de 35.000 dólares por un empleado del gobierno que, tras la capacitación y con buenos manuales, realizará un trabajo más concienzudo. Si todos los repuestos provienen del fabricante original, los repuestos son muy caros. Muchas de las piezas son fáciles de conseguir y los precios compiten entre muchos proveedores potenciales.

En pocos meses, impartía algunas clases en el Instituto de Tecnología de la Fuerza Aérea, capacitando a nuevos gerentes de R+D en los procedimientos que había redactado. No tardé mucho en enviarme a diversos programas de R+D para estudiarlos y ver cómo mejorar su gestión.

Un problema común en todos los grandes proyectos es la gestión del cronograma. Cuántos programas de R+D se exceden del cronograma y, en consecuencia, superan con creces el presupuesto, a veces hasta el punto de que un programa se descarta con pérdidas de miles de millones de dólares por resultar demasiado caro? Me permitieron visitar proyectos comerciales para ver cómo gestionaban los programas. De alguna manera, conseguí la atención del Subsecretario de Logística de la Fuerza Aérea, quien me dio un cheque en blanco.

Empecé a trabajar con un par de programadores de software gubernamentales y desarrollamos un software de programación para la antigua técnica llamada Técnica de Revisión de Evaluación de Programas con Análisis de la Ruta Crítica, desarrollada por la Marina de los EE. UU. en la década de 1950. Funcionaba bien, pero requería mucha mano de obra y era difícil de mantener. Básicamente, se desarrolla un diagrama de flujo, se estima la duración de cada trabajo y se decide qué trabajos deben completarse. El principal problema de los gerentes es no reconocer la ruta crítica (cronograma). Trabajan con prioridades equivocadas solo para descubrir que lo que impulsaba el cronograma era otra cosa. El segundo problema es que gastan sus fondos en algo ajeno a la ruta crítica y se quedan sin dinero. El tercero es permitir que los criterios del contrato original cambien sin comprender el impacto en la ruta crítica, lo que provoca retrasos en las fechas de desarrollo y entrega, lo que a veces implica actualizar los requisitos durante la fase de R+D. Esto implica añadir nueva tecnología más de lo previsto. Los retrasos que esto causa implican que siempre se desarrollará nueva tecnología que retrasará la entrega del sistema. El cuarto problema es entregar un sistema incompleto que no puede recibir soporte técnico porque no se dispone de manuales de operación ni de reparación, ni de personal capacitado para empezar a utilizarlo. El quinto problema es entregar un sistema que no funciona y que no se ha probado completamente.

Cuando visité estos programas de R+D, les ayudé a desarrollar un buen diagrama de flujo y una ruta crítica, a la vez que revisaba sus planes para asegurarme de que fueran lo más completos posible. Para proyectos de R+D más grandes, esto implicó volver a visitarlos unos años después para revisar su plan y comprobar si se mantenían fieles a él o para ayudarles a ajustarlo a fin de tener en cuenta los cambios o los aprendizajes.

Muchos de estos viajes a las oficinas de programas por todo el país requerían que Carolyn se encargara de la casa y criara a los niños mientras yo no estaba. Una mujer de aspecto despreocupado o una persona de confianza no habría podido hacerlo. Mientras yo tenía mucho contacto con la gente, Carolyn estaba atrapada en casa con los niños, a cargo de la casa, pagando las cuentas, supervisando las reparaciones, etc. No digo que no fuera hermosa, pero fue su mente, su actitud y mucho más lo que me hizo quererla y apreciarla.

Además de ser líder de los lobatos para nuestro hijo o líder de las niñas exploradoras para nuestra hija, siempre estaba dispuesta a ofrecerse como voluntaria. Un año, asumió la presidencia del carnaval escolar para recaudar fondos para útiles escolares. Le llevó meses y yo ayudé en todo lo que pude, pero ella se encargó de toda la planificación y la mayor parte del trabajo con la ayuda de otras madres. Fue un gran éxito y un récord escolar. También dedicó tiempo a los grupos de la iglesia haciendo artesanías para vender y recaudar fondos para la iglesia.

Todos la tenían en alta estima y sabían lo capaz que era. Más de una vez asumió la presidencia de un grupo hasta que encontró a alguien más. Con frecuencia era la tesorera gracias a su precisión y honestidad. Todos sabían que si lograban convencerla de ser la organizadora y planificadora, el evento batiría récords. Cuando alguien más asumió el cargo, se sintió decepcionada y lamentó no estar al mando al menos un año más.

Carolyn era una persona muy astuta, ya que hacía macramé, bordado, cerámica (que todavía usamos) o costura; no solo confeccionaba ropa para niñas que iban a un baile, sino que 15 años después la iglesia todavía usa los disfraces que hizo para nuestra hija en los espectáculos navideños de hace 20 años.

Era una buena ama de casa, mantenía a todos con ropa y sábanas limpias, quitaba el polvo, aspiraba y fregaba los pisos, pero nunca sentía que hiciera lo suficiente porque su madre y su hermana se excedían. A Carolyn no le importaba que los niños o las visitas ensuciaran. Quería que todos se sintieran cómodos siendo ellos mismos en casa. Carolyn siempre se preocupaba por los demás, no por sí misma.

Carolyn tenía buen gusto para pintar las paredes; no era caro, pero sí de buena calidad. Tenía porcelana Tuxedo, cristalería, plata esterlina Oneida, pero generalmente usaba su cerámica de gres de uso diario, acero inoxidable (que casi combinaba con la plata esterlina). Tenía un sentido del color y el estilo que combinaban a la perfección. Prefería paredes blancas y lisas, y usaba muebles y cojines para darle color. La mayoría de nuestros muebles de madera eran de cerezo, con zócalos, puertas, etc., de estilo americano antiguo.

Siempre quise que Carolyn tuviera todo lo que deseaba, pero ella era feliz con cualquier cosa. Era difícil comprarle algo porque se preocupaba por los demás y no por sí misma. Las únicas joyas que usaba eran un reloj Timex y su anillo.

El único anillo que le regalé fue un anillo de bodas. Tenía un anillo de diamantes que su madre le regaló, engastado en platino con tres diamantes iguales de alta calidad de ½ quilate. Como nos casamos con tan poco tiempo de antelación, nunca le compré un anillo de compromiso, pero no pude igualar la elegancia del anillo de tres diamantes que llevaba con su alianza. En una ocasión, mandó convertir su alianza en un protector para el anillo de diamantes. En nuestro 40.º aniversario, intenté compensarla encontrando cuatro rubíes que coincidían en tamaño y talla con los diamantes, y luego pagué 800 dólares para fundir el protector que había sido la alianza y fabricar un anillo con los tres diamantes originales y los cuatro rubíes en platino y oro mixtos. Ella estaba muy orgullosa de ese anillo y yo estaba orgulloso de haberla hecho feliz y, en cierto modo, compensarle por no haberle comprado nunca un anillo de compromiso. Contraté un seguro de joyas, pero ahora está en una caja de seguridad del banco. Algún día mi hija probablemente lo venda para su herencia si no se lo queda.

En Navidad, Carolyn siempre decía que tenía todo lo que quería, excepto quizás una tostadora de

repuesto. Si encontraba un viejo abridor de botellas con forma de llave de iglesia en una caja de her-
ramientas, lo limpiaba, lo envolvía y se lo daba, te
dedicaba esa sonrisa de felicidad, como si siempre
hubiera querido uno y hubieras sido tan considerado
al dárselo. Me dan ganas de llorar al pensar en lo
desinteresada que era.

40

El milagro de nuestra hija

Nuestra primera casa tenía dos plantas y un sótano. Había un conducto para la ropa sucia que conducía al sótano, donde estaban la lavadora y la secadora. Parte del sótano estaba lleno de estanterías metálicas que compré en una tienda que estaba cerrando y donde guardaba nuestras decoraciones de Navidad, Halloween, etc. A Carolyn le gustaba decorar para todas las fiestas, así que teníamos unas 30 cajas grandes de adornos: 15 para Navidad y las otras 15 para las demás fiestas.

Carolyn usaba la mayor parte del sótano para reuniones de scouts, lobatos para nuestro hijo y, más tarde, niñas exploradoras para nuestra hija. Después de instalarnos en Dayton y tras mi ascenso, donde no nos faltaba dinero, decidimos volver a intentar adoptar. Intentamos con varias agencias. El estado ni siquiera nos hablaba de un recién nacido. Perdíamos muchas tardes asistiendo a cursos de adopción y recibiendo visitas de los Servicios Luteranos para Niños en casa. Insistieron en que nos uniéramos y donáramos mucho dinero a la Iglesia Luterana para seguir trabajando por la adopción. A Carolyn no le gustaba su gente, lo que nos obligaban a fingir que aprendíamos y había perdido el interés en su iglesia. Fue mutuo y nos rechazaron.

Durante una visita a domicilio, su investigador estaba sentado en la sala y nuestro hijo se asomaba y salía corriendo, luego regresaba, se asomaba y volvía a salir corriendo. El investigador pensó que había sufrido abuso o algo así y simplemente nos dijo que abandonáramos el programa. Incluso insinuaron que no éramos buenos padres. Cuando le preguntamos a nuestro hijo de cuatro años sobre sus acciones durante la visita, respondió: «Tenía barba como Abraham Lincoln, pero era demasiado joven para ser él y Lincoln murió hace años. Le tenía miedo. Pensé que era un fantasma de Lincoln.»

No podíamos enojarnos con nuestro hijo; parecía un joven Lincoln barbudo, y, por supuesto, el investigador no creería que nuestro hijo pequeño fuera tan perspicaz como para tener esa reacción. Nuestro hijo tenía una inteligencia casi genial y habíamos trabajado con él para enseñarle cosas que la mayoría de los niños de cuatro años jamás habrían entendido, como la historia de Estados Unidos, la geografía, etc. Animamos a Craig a salir a jugar con otros niños pequeños, pero los inviernos de Ohio eran demasiado fríos para los demás, así que pasábamos el mal tiempo enseñándole a nuestro hijo genio cosas que le interesaban.

Carolyn estaba muy molesta. "¿Cómo pueden decir que no seríamos buenos padres?". Sabía que era porque la Iglesia Luterana solo quería mucho dinero de nosotros, y aunque en su guía decía que no era necesario unirse a la iglesia, el hecho de que no lo hiciéramos fue un factor importante. Carolyn se lo tomó como algo personal, pero yo simplemente aprendí a odiar a la Iglesia Luterana. Lo que intentaban enseñarnos sobre la adopción era una tontería. Podría repetírselo como un loro, pero no les creí.

Me llevó mucho tiempo, pero finalmente encontré los Servicios para Niños y Familias de Dayton, Ohio, que estaban relacionados con los Servicios para Niños y Familias de Albany, Nueva York, donde adoptamos a Craig a las 3 semanas de edad. Había pasado casi un año antes de que los encontrara y Carolyn había estado molesta durante ese tiempo. Solicitamos con ellos y repitieron que podría tomar años, pero unos meses después tuvimos a Christine, nuestra hija, con solo 6-8 semanas de edad (no recuerdo exactamente). Ya habíamos acondicionado la pequeña habitación contigua a la principal como cuarto de bebé. A diferencia de cuando no teníamos nada cuando adoptamos a Craig. Las paredes estaban pintadas o empapeladas para un niño. Teníamos la cuna de Craig y otros muebles infantiles. Habíamos comprado una mesa y sillas nuevas, de muy alta calidad, para niños, que pudiéramos usar mientras el bebé aprendía a sentarse y jugar o a aprender en una mesa.

Esto hizo que Carolyn volviera a estar contenta y a odiar aún más a la Iglesia Luterana por obligarnos a pasar meses en reuniones para desaprobarnos. Me alegró tener una niñita y que Carolyn volviera a ser feliz. No sé cómo encontrar Servicios para Niños y Familias en ningún sitio, pero los recomiendo encarecidamente. El único gasto es una pequeña cuota de solicitud e investigación de $500 y las costas judiciales de la adopción. Investigan para asegurarse de que serán buenos padres sin intentar adoctrinarlos con creencias extrañas. Al parecer, consiguen fondos privados de alguna parte para ayudar a las chicas que dan a sus hijos en adopción y para pagar la atención médica durante el embarazo y el parto. Nunca pensé de dónde sacaban la financiación y no me importó hasta después de tener a nuestros dos hijos.

De nuevo, otro milagro. Nuestro hijo nació el 21 de diciembre, cerca de Navidad, con cabello castaño y ojos azules. Una de las preocupaciones sobre la adopción era que el segundo hijo no se pareciera en nada al primero y que cumpliera años en verano, no cerca de Navidad para una fiesta de cumpleaños. ¡Milagro! Nuestra hija tiene cabello castaño (más oscuro que nuestro hijo, pero castaño) y ojos azules. Y no solo eso, sino que su cumpleaños es el 24 de diciembre, Nochebuena, incluso peor que el de su hermano.

Lo malo de que ambos cumpleaños sean tan cerca de Navidad es que es difícil que los niños vengan a una fiesta de cumpleaños durante las vacaciones escolares. Sobre todo para nuestra hija. Teníamos una fiesta de cumpleaños organizada y luego sus amigas no asistían, aunque habían confirmado su asistencia. Muchas veces, cuando se suponía que tendría de 6 a 8 niñas en su fiesta, simplemente la convertíamos en una salida familiar a un restaurante sin invitados. Tampoco recibían los regalos que la mayoría de los niños reciben de otros niños en sus fiestas de cumpleaños. Al menos nuestros hijos podían compadecerse mutuamente por no haber tenido una fiesta de cumpleaños exitosa. Sé que eso entristeció a Carolyn y a nuestros hijos, y me dio pena por ellos. Carolyn lo tomó peor que nuestros hijos.

A medida que los niños crecían, dejamos de intentar invitar a otras personas a sus cumpleaños. Simplemente envolvíamos todos sus regalos, los poníamos debajo del árbol, les preparábamos algo especial y un pastel en casa para su cumpleaños y luego les dejábamos elegir qué regalos de Navidad abrirían con anticipación. Por supuesto, nos aseguramos de que no pudieran elegir los paquetes de ropa interior ni los zapatos nuevos para su cumpleaños. Nuestro hijo no cambió su elección un año, pero cuando abrió un paquete de ropa interior esa vez, siguió nuestro consejo sobre qué no abrir la próxima vez.

41

Nuestra casa solar pasiva

Me preocupaba que Carolyn tuviera que subir y bajar las escaleras del segundo piso al sótano para lavar la ropa. Tenía miedo de que llevara algo y se cayera por las escaleras y se lastimara. Habíamos pasado años mirando planos de casas y teníamos muchos libros de planos. Nuestra casa de dos pisos con sótano fue conveniente cuando nos mudamos a Dayton, pero ahora que ya estábamos instalados y no teníamos planes de mudarnos de nuevo con la Fuerza Aérea, empezamos a mirar planos de casas de nuevo.

A los dos nos encantaba nuestro barrio, que era mayoritariamente militar y, por lo tanto, muy acogedor, pero varios de nuestros amigos cercanos se habían mudado con la fuerza aérea y tuvimos que hacernos amigos de la gente nueva. Nos gustaba la ubicación porque nuestra casa daba a una gran zona verde con un pequeño arroyo que la atravesaba. Cortaba el césped hasta el arroyo de mi lado y a lo ancho de nuestro terreno. Estaba a más de una cuadra de las casas del otro lado del valle. A varios vecinos les gustó, y al tercer año que yo cortaba el césped hasta el arroyo, ellos también cortaron el suyo.

Carolyn no era muy buena para moverse, pero me preocupaban los tres tramos de escaleras. Su cadera le dolía más cada año desde que nos casamos. Montar a caballo y saltar del caballo gigante probablemente no ayudó, ni los muchos kilómetros que caminamos para hacer turismo por Europa ni dormir en una tienda de campaña para dos personas con solo un colchón inflable.

Yo podía ver que las escaleras la molestaban y, como tenía miedo por ella en esas escaleras desde que nos mudamos, insistí en encontrar o construir una casa estilo rancho con un solo piso.

A ambos nos gustaba un plano abierto y yo quería mucho vidrio para que no se sintiera cerrado y para generar calefacción solar. Carolyn tomó todos los planos que habíamos visto a lo largo de los años y usó una hoja de papel milimetrado para crear un plano que nos gustó a ambos. Era básicamente una casa grande en forma de U con un porche acristalado que la rellenaba, de modo que el contorno general era un rectángulo. El garaje estaba prácticamente pegado al frente del rectángulo y era lo suficientemente ancho para tres autos, así que podíamos tener un trastero lateral. Era lo suficientemente largo como para estacionar la camioneta Chevy grande y aún tener un banco de trabajo delante. En comparación con el típico tamaño de 20x20, era de 25x30. Llevé los planos a unos constructores para que me dieran precio. Habíamos pagado $57,000 por la casa de dos pisos de 3300 pies cuadrados, incluyendo el sótano y el garaje, y el precio más bajo que me ofrecieron fue de $140,000 por 3200 pies cuadrados, incluyendo el garaje. Nuestra casa había subido de valor hasta unos $85,000, pero $140,000 más un terreno para construir estaban fuera de nuestro alcance, y eso que tenía el suelo de hormigón visto y sin lámparas. Después de ver un par de casas para las que un constructor tacaño la construiría, me di cuenta de la mala calidad del trabajo y no querría vivir en una casa que él construyera.

Las tasas de interés habían subido al 10% para un préstamo hipotecario que se convertiría en una hipoteca con la misma tasa. Mi casa actual tenía un préstamo de la Administración de Veteranos del 8.5%, que era asumible y que me ayudaría a venderla, ya que las tasas de interés habían subido al 10%. Tenía muchas ganas de construir esa casa para Carolyn y deshacerme de lo que era básicamente una casa de tres pisos. Buscamos terrenos para construir.

Encontré una nueva zona residencial en las afueras de Fairborn, Ohio, con calles para 80 lotes de una hectárea, pero solo seis casas. El dueño vivía allí en una casa muy bonita de dos pisos, aproximadamente del tamaño de la nuestra, y me ofreció un lote de una hectárea cerca del final de la única calle sin salida por $18,000. Dijo que me ayudaría a encontrar contratistas para construir mi casa a un precio asequible si estaba dispuesto a hacer parte del trabajo.

El fontanero vivía en una casa que él mismo había construido y tenía otra allí vacía, buscando trabajo para no arruinarse y poder hacer la fontanería a bajo precio. El carpintero construía restaurantes McDonald's en Ohio entre semana, pero lo habían recomendado mucho, y su ayudante era capataz de una gran constructora de viviendas de la zona. Solo podían trabajar los fines de semana. El hormigonero, encargado del suelo de hormigón, la entrada, las aceras, etc., solía construir edificios de apartamentos, pero tenía equipos que no trabajaban debido a las tasas de interés y la crisis inmobiliaria. Había un electricista jubilado que cobraba la seguridad social, pero que hacía un buen trabajo. Todos estos contratistas me ofrecieron un precio excelente si pagaba en efectivo cada etapa de la construcción. Estoy seguro de que no querían declarar los ingresos en sus impuestos ni al electricista en la seguridad social. No habría contratos escritos, salvo por el material, que tendría que comprar y entregar en la obra en los plazos correspondientes. Mi garantía sería la amenaza de declarar los ingresos que pagaba en efectivo a los contratistas. Pagaba en efectivo por etapas cada vez que los inspectores de construcción del condado aprobaban la inspección y recibía un nuevo "desembolso" del banco sobre el préstamo de la construcción. Claro, con cada "desembolso" me endeudaba aún más sin una casa a la que mudarme si no podíamos terminarla.

Recibí varias ofertas para sistemas de calefacción y refrigeración. La mayoría de las casas en construcción contaban con sistemas geotérmicos, que requerían dos pozos de agua. La zona de viviendas no contaba con agua municipal, pero contaba con un excelente sistema de aquafer. Bombeaban agua del suelo a 14 °C a un tanque de 15.000 litros en la casa, que ocupaba espacio, usaban una bomba de calor para extraer calor o enfriar, y luego bombeaban el agua de vuelta al sistema de aquafer en un segundo pozo. Los precios que recibí de varios contratistas fueron de 20.000 dólares por la geotérmica, más el costo de dos pozos perforados y la plomería, hasta 3.500 dólares por un sistema de bomba de calor aire-aire con resistencia eléctrica de respaldo. Ese proveedor de bombas de calor aire-aire hacía la mayor parte del trabajo, abasteciendo a los constructores de grandes parcelas, pero, nuevamente, debido a la crisis inmobiliaria causada por las altas tasas de interés, aceptarían mi proyecto privado. Me explicó que recomendaba la unidad de 2,5 toneladas porque tenía demasiado vidrio. Dije: "Bueno, me quedo con la unidad de 3 toneladas por $3800". Esto incluía todos los conductos y un filtro de aire electrostático. Pensé que prefería una unidad demasiado grande a una demasiado pequeña para calentar y enfriar la casa grande.

Los contratistas hicieron una lista de los materiales que necesitarían y fui a varios aserraderos para pedir presupuestos. Lowes era el más barato, la entrega era gratuita y, si no me gustaba la calidad, venían a recogerla y me daban el crédito completo.

Había hecho planos del dibujo de Carolyn en papel milimetrado de 8x11, pero necesitaba planos reales para obtener la aprobación de los inspectores del condado. Un arquitecto sería caro, pero como estaba recibiendo presupuestos para tejas y cerchas, encontré a un dibujante que trabajaba para uno de ellos y que tomó mis dibujos y elaboró planos para satisfacer al condado. Solo le pagué $200, pero se llevó la comisión por las tejas, el papel alquitranado y las cerchas.

Carolyn tenía que mantener nuestra vieja casa lista para ser mostrada. El primer agente inmobiliario que elegimos no parecía tener interés en venderla, así que buscamos otro y en dos semanas teníamos un comprador. Ya tenía el préstamo para la construcción preaprobado al 10%, convertible a hipoteca, y me darían efectivo después de cumplir con diferentes etapas de inspección para pagar a mis contratistas. Según las estimaciones que había obtenido tras realizar gran parte del trabajo, me aprobaron un préstamo por $93,000, mucho menos que el contratista general más barato, que costaba $140,000. Quizás tengamos que vivir con pisos de concreto sin tratar, pero podríamos construir nuestra casa.

Nos mudamos de nuestra casa de tres pisos, guardamos muchas cosas en un almacén y nos mudamos a una casa adosada con un contrato de arrendamiento de 90 días, pensando que tendríamos que renovarlo varias veces. Una casa en esta zona residencial llevaba 9 meses en construcción con un contratista general y aún no estaba terminada, y era una casa de dos plantas mucho más barata. Había cajas por todas partes en la casa adosada que dificultaban el paso. Nuestra hija no había empezado la escuela, pero nuestro hijo sí, así que lo matriculamos en la escuela a la que asistiría una vez terminada la casa.

Empezamos la obra a finales de agosto. Tenía al electricista, al fontanero y al calefactor programados para el segundo fin de semana. También tenía al inspector del condado programado. Parecía un simulacro de incendio. Desde la colocación de los cimientos el fin de semana anterior, el contratista de hormigón había traído 75 camiones volcadores llenos de grava para la base de todo lo demás. Así que, en cuanto la plomería y las rejillas de ventilación estuvieron en el suelo, el hormigonero empezó a verter hormigón fresco encima mientras los inspectores intentaban inspeccionar mientras corrían del hormigón fresco. Fue una persecución policial de un extremo a otro de la casa, con cada contratista y los inspectores intentando adelantarse a la construcción del hormigón fresco. Lo conseguimos. El contratista de concreto me hizo un trato especial: si le dejaba hormigonar la entrada en ese momento y pagaba en ese momento, usaría concreto reforzado con acero de grado de carretera en la entrada, que resistiría el paso de una excavadora una vez seco, y añadiría un patio trasero de 12 x 26 y una acera desde la entrada delantera hasta el patio y desde la entrada hasta la puerta principal, todo al mismo tiempo y al mismo precio que si se hormigonara una entrada estándar para dos autos al final de la construcción de la casa. Fue una decisión inteligente, y no sé por qué no lo hacen todos los contratistas. Normalmente, la gente construye la casa y luego hormiguea la entrada. Al hacerlo primero, los contratistas pudieron estacionar sus vehículos sobre concreto en lugar de lodo y las entregas se pudieron hacer en el garaje durante todas las fases de construcción. Tener aceras y patio trasero facilitó que todos entraran y salieran de la casa, y que pudieran mover cosas.

A todos les encantó que ya tuviéramos todo ese hormigón, y estoy seguro de que, a medida que construyeran más casas en el futuro, incluirían la entrada para coches mientras construían la casa. Eso no estaba en los planes de nadie, pero el contratista de hormigón quería terminar su trabajo de una vez y cobrar todo el dinero por adelantado en lugar de tener que volver para terminar. Solo tendría que volver al terminar para hacer la nivelación final del terreno con una excavadora, pero ya no tendría que haber trabajadores ni camiones de hormigón.

El siguiente fin de semana fue el fin de semana del Día del Trabajo, que duró tres días. Llevé cada pieza de madera al menos una vez. Los carpinteros habían contratado a un joven ayudante, así que los cuatro construimos todas las paredes por dentro y por fuera, instalamos las cerchas del techo y las cubrimos con madera prensada para el final del tercer día. El condado no podía creer que tuviéramos el techo instalado a solo tres semanas de comenzar la obra. Empezó a llover esa semana.

El fin de semana siguiente, mis carpinteros se tomaron el fin de semana libre de sus trabajos habituales y estuvieron allí cuando amaneció. Esperaban que la madera prensada de las cerchas se destrozara con la lluvia y se sorprendieron de que estuviera prácticamente intacta. Un techo de contrachapado normal habría tenido que ser reemplazado en gran parte. Al final del fin de semana, ya teníamos el techo cubierto con el material de techado de alquitrán más resistente que pude comprar, tejado con las tejas de asfalto con garantía más largas que pude encontrar e instalados los seis tragaluces planos sobre lo que sería el solario/porche. Clavamos todo el revestimiento T-111 para cerrar la casa y protegerla de la lluvia. Otro fin de semana de trabajo larguísimo pero increíble. Y entonces llegó la lluvia.

Llovió con regularidad durante las siguientes ocho semanas, pero el hormigón ya estaba vertido y la casa estaba cerrada. Mientras el electricista instalaba la caja de fusibles y cableaba las paredes, yo instalé y cableé todos los enchufes e interruptores de luz, excepto los de tres vías, que él mismo hizo. Le pedí que instalara una computadora junto a la caja de fusibles que controlaba funciones especiales para mantener baja la factura máxima. A medida que bajaba el frío y aumentaba nuestro consumo eléctrico máximo, se cortaba la electricidad del calentador de agua cerca de los dormitorios y luego del otro calentador cerca de la cocina, la lavandería y el cuarto dormitorio y el baño, en el otro extremo de la casa. Sí, como la casa era tan larga, tenía un calentador de agua en ambos extremos para no tener que esperar para tener agua caliente. Solo se necesitaba una línea de agua fría de un extremo a otro, ahorrando así suficiente dinero para pagar el segundo calentador de agua en el extremo de los dormitorios y los dos baños. El fontanero cometió un error e instaló dos líneas de agua, sin creer que tenía dos calentadores de agua planeados. Entonces, tenía un tubo de repuesto debajo del concreto en caso de que algo le sucediera a la línea y se tapara con depósitos de cal u oxidación durante el uso diario.

Había calculado el precio del aislamiento para la casa, pero contraté a un contratista de aislamientos que trabajaba para una constructora de viviendas unifamiliares. Este contratista suministró e instaló una gran cantidad de aislamiento a un precio más bajo del que yo podría haber comprado, lo mínimo necesario, y además, hice todo el trabajo yo mismo. Instalé fibra de vidrio R-50 o superior en el techo, en lugar de celulosa R-30 (papel usado), lo que me permitió ahorrar un 30 %.

Había pensado en meses de instalar paneles de yeso que nunca antes había hecho, pero ese mismo constructor de casas prefabricadas me rescató y trajo paneles de yeso de mejor calidad, los instaló y texturizó el techo aproximadamente un 40 % más barato que si yo hubiera comprado el material y lo hubiera hecho yo mismo. No creo que fuera tan exigente con la construcción de casas prefabricadas, pero tuve que echarlo cuando pensé que estaba perfecto y él quiso rehacer algunas partes porque no lo consideraba perfecto.

Al final, el precio fue mucho más bajo de lo previsto, así que invertí $6,000 en lámparas y alfombras especiales que tuvieron que fabricarme en Georgia, ya que, si bien tenían muestras, no fabricaban ni vendían alfombras de alta calidad. Lo que no estaba alfombrado se cubrió con linóleo de alta calidad, que costaba más por metro cuadrado que la alfombra. El linóleo era extremadamente duradero y tenía el diseño de color en toda su superficie, en lugar de solo en la parte superior, como el linóleo normal. Lo instalamos en todos los pasillos, baños y cocinas.

Mi mayor trabajo, además de trabajar gratis transportando madera, fue teñir lo que parecían ser kilómetros de zócalos, molduras de puertas, etc. Teñí gran parte de la parte trasera de nuestra casa adosada y la trasladé a la casa en la furgoneta hasta que hizo demasiado frío. Luego hice el resto en la casa nueva, antes de instalar los paneles de yeso y el suelo. Eso, junto con la instalación del intercomunicador, el cable de televisión en la mayoría de las habitaciones y los enchufes e interruptores de luz, fue todo el trabajo físico que tuve que hacer.

Aún nos sobró suficiente dinero como para que, cuando llegó la primavera, pusiéramos una piscina enterrada de 6 x 12 metros. Gracias a mi planificación y a tener excelentes contratistas que trabajaban al contado en lugar de por hora, terminamos de construir la casa en 12 semanas, lo que significó que pudimos mudarnos antes de que tuvieran que renovar el contrato de arrendamiento de 90 días de nuestra casa adosada.

¿Qué hacía Carolyn? Cuidaba de los niños, cuidaba la casa y estaba en la casa nueva todos los días mientras yo trabajaba limpiando lo que dejaban los contratistas, ayudando con el teñido y barnizado de la madera y respondiendo preguntas de los contratistas e inspectores cuando yo no podía estar.

También dejaba a los niños afuera recogiendo restos de madera, clavos, etc.

Por supuesto, todos trabajamos esparciendo semillas de césped, plantando arbustos, etc., cuando la casa estuvo terminada. Carolyn recibió nuestros muebles de la empresa de mudanzas y les pidió que los colocaran como ella quería.

Cuando empezó a hacer calor, llamamos a nuestro contratista de hormigón para que construyera la piscina y una plataforma de hormigón de dos metros alrededor de la piscina con el dinero que nos sobró de la construcción. Cuando el contratista general más barato y de mala calidad que encontramos nos cotizó $140,000 por una casa vacía con pisos de hormigón visto y sin iluminación, compramos un acre de terreno en una nueva ampliación de viviendas con casas bonitas, construimos nuestra casa con pisos caros, $6,000 en iluminación, una entrada amplia y resistente que no estaba incluida en su oferta, y una piscina enterrada con un borde de hormigón de dos metros y paisajismo, por un costo total de $111,000. El costo que pagamos por lo que el contratista ofreció fue probablemente el 60% de su oferta o menos.

Construimos la casa en un buen momento y fijamos ese préstamo para la construcción del 10% convertible a una hipoteca del 10% porque en un año las tasas de interés subieron al 16%.

Para que se hagan una idea, nuestra sala familiar tenía 8,5 metros cuadrados, con una cocina que ocupaba casi toda una pared y estaba separada del resto por una encimera de 4,5 x 1,2 metros con taburetes, ideal para grandes cenas compartidas. Esta sala conectaba con la amplia sala de estar y el comedor, que medían 5,5 x 7,9 metros en total. La sala de estar y el comedor tenían una pared de vidrio que daba a la terraza acristalada de 3,6 x 7,9 metros, y la sala familiar tenía una puerta doble de vidrio que daba al patio. En el otro extremo de la terraza acristalada se encontraba el dormitorio principal, también con una puerta doble de vidrio. La parte trasera de la terraza acristalada tenía una serie de puertas de vidrio fijas o móviles y seis tragaluces en el techo estilo catedral.

Esto funcionó de maravilla para la calefacción y la refrigeración. En invierno, el sol entraba hasta la pared frontal de la sala de estar y el comedor. Nuestro primer invierno allí, tuvimos una temperatura máxima de -26 grados bajo cero. Carolyn cerró el solario hasta que vio que el termómetro de pared marcaba 35 grados, así que abrió las puertas francesas de cristal de la sala de estar y el comedor, así como las puertas corredizas de cristal de los extremos. El solario calentó toda la casa, apagando el sistema de calefacción hasta aproximadamente las 5 p. m., cuando el sol empezaba a ponerse. Gracias a la facturación horaria y al control informático de algunos de los usuarios de electricidad más exigentes de la casa, nuestra factura de calefacción fue inferior a la mitad de la de nuestros vecinos en casas más pequeñas con sus costosos sistemas de calefacción geotérmica.

En el verano, el único techo estilo catedral estaba en el solario y los dos tragaluces superiores se podían abrir para dejar salir el calor y tenían ventiladores de techo para extraer aún más calor de los techos estándar de 8 pies en el resto de la casa.

Cuando empezó a hacer calor, instalé una cerca de madera de aproximadamente un cuarto de acre, desde la parte trasera de la casa hasta el límite de la propiedad, y la mitad del ancho de nuestro terreno. El suelo estaba tan duro que tuve que usar un pico para abrir un agujero para que la excavadora de postes de gasolina alquilada pudiera perforar un agujero para cada poste. Mezclé hormigón premezclado en una carretilla y lo vertí alrededor de cada poste, uno por uno, hasta que todos estuvieran colocados. Luego, transporté cada uno de los paneles de la cerca de 1,8x2,4 metros y usé tirafondos para ajustarlos a los postes. Mientras terminaba la cerca, Carolyn se ofreció a ayudarme a colocar los paneles para fijarlos a los postes. Esto fue de gran ayuda hasta que se lesionó la espalda. La levanté por los codos desde atrás y la volví a colocar en su lugar, pero decidió no ayudar más con ese proyecto. Me preocupaba que tuviera problemas de espalda después de eso, pero en 48 horas dejó de tener dolor y nunca volvió a tenerlo. Fue la única vez que la vi admitir que tenía dolor o que no podía hacer nada.

Ese verano, ofrecí usar nuestra casa y jardín para una fiesta de la oficina. La fiesta fue creciendo hasta que tuvimos cientos de personas para una gran fiesta de verano con comida compartida. Tuvimos que conseguir una carpa grande de la base para tener mesas y sillas prestadas para la cena. Toda la comida estaba en nuestra encimera de 4,5 x 1,2 m y en el mostrador de 5,7 metros en la pared del fondo. Salvo cuando los generales daban discursos bajo la carpa, solíamos tener entre 70 y 100 personas en la casa, unas veinte en la piscina y otras 30 jugando al fútbol en el patio de medio acre. La fiesta fue todo un éxito y, de vuelta al trabajo, me regalaron un dibujo a mano de la fiesta en el que aparecía yo flotando en la piscina con un cigarrillo y una bebida. Estaba firmado por 50 o 60 personas, incluyendo algunos de los generales que asistieron.

42

Escuela de Guerra Aérea

Después de terminar de construir nuestra casa, mudarme e instalarme, decidí que necesitaba lo que llamaban educación militar profesional (EMP). Nunca planeé hacer carrera en la Fuerza Aérea de los EE. UU., pero había pasado más de 10 años en servicio activo y ahora me acercaba a los 20 años necesarios para retirarme de la reserva a los 60. Estaba lejos de esa edad, pero solo me faltaban 5 años para obtener los puntos necesarios para jubilarme con mis veinte años de servicio militar.

Durante mi servicio activo, solicité dos veces la admisión a la Escuela de Oficiales de Escuadrón (SOS), pero no pude asistir debido a una reasignación o a la escasez de personal que me impedía ausentarme del trabajo. Ahora que había invertido tanto tiempo y había sido ascendido a Mayor (0-4) sin ninguna PME, necesitaba ascender a Teniente Coronel antes de jubilarme. Además, esa formación militar adicional me ayudaría a conseguir ascensos como funcionario.

Era demasiado mayor para SOS, que era un prerrequisito para la Escuela de Comando y Estado Mayor Aéreo, que a su vez era un prerrequisito para la Escuela de Guerra Aérea (AWC). Por lo tanto, no podía tomar ninguna PME que me calificara para teniente coronel. La AWC me daría el equivalente a 48 horas semestrales de estudios de posgrado y sustituiría una maestría en mi carrera civil. Surgió una posición donde iban a admitir a algunos civiles con solo el grado de GS-13 en lugar del requisito normal de GS-15 o Coronel completo. Como civil, no tenía que tener SOS ni la Escuela de Comando y Estado Mayor Aéreo (ACSC). Era un programa de seminario donde no tendría que salir de casa durante más de un año, pero contaría igual. Tendría que estudiar en mi tiempo libre y asistir cada dos sábados en la base aérea a un seminario con los seleccionados a Coronel completo. Era el único civil en la clase. Estaba superado en rango por todos allí, pero tenía el respaldo de los oficiales generales.

El segundo semestre trajo un problema. Decidieron aplicar la regla de que los civiles debían tener un GS-15 para continuar en la clase, pero si un mayor había cursado el primer semestre y figuraba en la lista de selección para teniente coronel, podía completar el segundo semestre. La regla era que para cursar el primer semestre como militar se debía ser teniente coronel (0-5) y estar en proceso de ascenso a coronel (0-6).

Aunque había cursado el primer semestre como civil GS-13, no iba a poder cursar el segundo. Cuando aumentaron los requisitos de calificación para el primer semestre, nunca aumentaron los del segundo, así que, como mayor (0-4), la laguna legal me permitió cursar el segundo semestre aunque no fui seleccionado para teniente coronel (0-5).

Me fue bien en la clase. Los libros eran cuadernillos o capítulos de varias páginas, de 21 x 28 cm, que formaban una pila de aproximadamente 1,2 metros de alto. Un capítulo que me llamó la atención se titulaba "El factor caos". La mayoría de los demás capítulos los había estudiado en el mundo real, así que fueron fáciles. Este fue fácil porque capturó mi imaginación. Cada semestre requería un trabajo final. Para el segundo y último semestre, teníamos libre elección de tema. Mi tema fue la guerra en Oriente Medio. Pasé muchas semanas investigando el material. Sabía que todos decían que Rusia era el enemigo, pero yo creía que era más probable que entráramos en guerra en Oriente Medio.

Mi trabajo final fue rechazado a principios de 1987: «Jamás enviaríamos equipo militar ni tropas a Oriente Medio». Eso me dejaría con una nota reprobatoria y un año de estudio desperdiciado. Aún tenía tiempo, así que inventé la historia de ir a la guerra con Rusia sin investigación personal y aprobé para graduarme.

Esto me calificó para ser teniente coronel en la reserva para permitirme completar mis 20 años de jubilación y también calificarme para la promoción del servicio civil federal a GS-14.

De nuevo, Carolyn tenía que encargarse de la casa y me daba tiempo para estudiar y leer mi pila de cuadernillos de un metro y medio de altura, estudiar para los exámenes y hacer dos trabajos finales. La descuidé, y también otras cosas, porque seguía teniendo un trabajo a tiempo completo en la administración pública que normalmente me llevaba 50 horas semanales o más, además de muchos viajes fuera de la ciudad. Eran 48 horas de posgrado en 14 meses mientras seguía trabajando 50 horas semanales en mi trabajo.

43

Mudarse a Oklahoma

En 1988, Carolyn y su hermana Shirley se turnaban para cuidar a sus padres mientras ingresaban y salían de los hospitales en Fort Smith, Arkansas. Carolyn se hacía cargo de los niños si no estaban en la escuela o los dejaba conmigo. En una ocasión, mis padres condujeron desde Oklahoma para cuidar a los niños mientras Carolyn iba a Arkansas a cuidar de sus padres. Luego, Shirley venía a relevarla y Carolyn volvía a casa.

Finalmente, logramos que sus padres vendieran su casa y se mudaran con nosotros a Ohio. Se negaron, pero aceptaron mudarse a un apartamento para personas mayores completamente nuevo y no muy lejos de nuestra casa.

Su padre sufría de demencia grave, por lo que alguien tenía que ir a cuidarlos cada vez que alguno de ellos estaba en el hospital de Fort Smith. Su padre tenía diabetes tipo 2 y los médicos nunca le recetaron medicamentos. Llegó a un punto en el que apenas podía ver y tuvo que dejar de leer, lo cual era un problema grave para él. Luego se volvió tan sordo que era imposible hablar con él si había ruido de fondo. Solo podía oír parte del televisor si se subía el volumen hasta el punto de resultar molesto para los demás. Cuando la familia se reunía, simplemente buscaba un rincón tranquilo y se sentaba. Cuando lo veía así, me acercaba y hablaba con él durante horas, si era posible, cuando no me obligaban a estar con otros familiares. Creo que fue su ceguera y sordera lo que causó su demencia, no el Alzheimer. Había estudiado el aislamiento para los viajes espaciales en la universidad y sabía que un astronauta no tarda mucho en debilitarse debido al aislamiento.

Creo que la mudanza a Ohio y su imposibilidad de conversar con personas de su edad debido a su ceguera y sordera aceleró el proceso. Después de unos meses, los trasladamos a nuestra casa cuando se escapó y lo encontraron caminando por la carretera.

Surgió una oportunidad que me permitía un cambio parcial de carrera al aceptar un puesto fijo de gerente de I+D en lugar de ser consultor itinerante de la gerencia de I+D. En mi currículum se veía bien demostrar que podía hacerlo, y mis viajes serían menores. Sería el primer subgerente de programa civil de logística del gobierno. Normalmente, este puesto era para al menos un teniente coronel que aspiraba a coronel o un coronel que aspiraba a general. Había varios puestos potenciales, y uno estaba en Oklahoma, a solo 3 horas de Fort Smith, Arkansas. Podría vivir cerca de mis padres por primera vez en 23 años. Pensamos que sería bueno que los padres de Carolyn pudieran visitar sus antiguos lugares de residencia en Arkansas. Se suponía que esto conllevaría dos ascensos automáticos al rango más alto de la función pública federal, aparte del Servicio Ejecutivo Superior (SES), que consistía principalmente en nombramientos políticos.

Como era de último momento, tuve que irme primero y dejar a Carolyn allí para vender la casa, cuidarla, cortar el césped del terreno, empacar la casa una vez vendida y luego llevar a los niños y a sus padres a Oklahoma. El mercado inmobiliario no estaba muy bien, con las hipotecas de dos dígitos, así que la vendimos barata, pero con suficiente dinero para la entrada mínima de la nueva casa y pagar nuestras tarjetas de crédito. Carolyn había diseñado la casa ella misma y yo había subcontratado la mayor parte del trabajo, actuando como contratista general, como mencioné antes. Nuestro hijo adolescente se negó a cortar el césped con nuestro cortacésped, y Carolyn, con solo 1,57 m de altura, no cabía en el cortacésped, pero lo hizo.

Compramos una casa en Oklahoma con 5 dormitorios y 4 baños. En un extremo de la casa había 2 dormitorios con vestidores, un baño completo y sistema de calefacción y aire acondicionado independiente. El plan era que sus padres usaran un dormitorio como sala de estar y el otro como dormitorio propio, junto a la cocina. Su madre no lo hizo porque su padre había empeorado y no reconocía que nuestra hija era su nieta y que él no era él mismo. Les encontramos un apartamento de dos dormitorios muy bonito.

Habían pasado casi dos meses desde que me fui a Oklahoma y la hermana de Carolyn vino a llevar el coche de sus padres y a ellos al apartamento. Carolyn se fue unos días después, después de que llegaran los de la mudanza y empacaran nuestras pertenencias. Al parecer, su padre le dio muchos problemas a Shirley durante el viaje, comportándose como un niño secuestrado. No habría podido aceptar este trabajo con el tiempo disponible si no fuera por la capacidad de Carolyn. Carolyn nunca creyó que estuviera tan orgulloso de ella por mudarse sola. Estaba muy orgulloso de ella y sabía que podía hacerlo. Su hermana mayor siempre decía que dependía demasiado de mí, pero yo sabía que no era así.

Pensé que la mudanza sería buena para todos. Nos mudamos a un barrio excepcional y exclusivo. Nuestro hijo había empezado a correr con los niños equivocados en Ohio, y nuestros vecinos eran los adecuados. La mayoría eran médicos. Nuestro vecino de al lado conducía un Ferrari, su esposa una camioneta Mercedes y su hija tenía un Porsche nuevo. Una de las casas a una cuadra de distancia fue construida por Conway Twitty, en otra vivían Nadia Comaneci y Bart Conner, los gimnastas olímpicos, y otra era copropietaria de varias tiendas de comestibles.

Estaría a unas cuadras de mis padres, y podríamos llevar a los padres de Carolyn a visitar a unos amigos en Fort Smith los fines de semana. Se suponía que me darían un aumento de sueldo considerable y el gobierno pagó la mudanza en su totalidad.

Las cosas no salieron bien. Cayó el Muro de Berlín, mis principales programas de comunicaciones seguras se consideraron innecesarios tras la desaparición del adversario ruso y, por lo tanto, ninguno de los ascensos prometidos. La demencia del padre de Carolyn se descontroló. La hermana de Carolyn le tenía miedo, pero la pequeña Carolyn lo puso en su sitio. Cuando empezaba a tener un ataque de ira, ella lo empujaba hacia atrás en su silla y le decía que se quedara sentado, y él se quedaba. Después de solo un par de meses, su padre tuvo que ser ingresado en una unidad de Alzheimer para proteger a su madre. Ella seguía negándose a mudarse con nosotros, donde Carolyn podía controlarlo, pero solo ella y yo sabíamos que podía.

Roy, su padre, causó estragos en la residencia de ancianos. No tenía ni idea de quién era su esposa y creía que era su hermana; la pequeña Carolyn era la gorila que lo obligaba a portarse bien, pero siempre supo mi nombre y el de nuestros hijos, aunque a mí no me conocía realmente. Me saludaba con un:

"Hola Al, me alegra que hayas venido a visitarme. ¿Craig sigue compitiendo en natación (podría haber sido olímpico si se hubiera tomado en serio y hubiera ido a los Juegos Olímpicos Juveniles de EE. UU. durante seis años)? ¿Y cómo está esa hermosa hija tuya, Christine? ¿Todavía toca la viola?". Y luego lo echaba todo a perder preguntando: "¿Todavía tienes ese Buick del 36 con el que solíamos pasear?". O sea, me encantaría tener un Buick del 36, pero era su yerno y él pensaba que era un viejo amigo de su edad.

Se cayó y se hizo un corte en la cabeza mientras yo estaba de viaje. Carolyn tuvo que llevarlo al hospital. El hospital lo envió a casa y murió dos días después por sepsis, una infección que le impidió suturar.

Un par de meses después, tuve la oportunidad de llevar a Carolyn conmigo a un viaje del gobierno a Oahu, Hawái. El viaje era oficialmente de 5 días, incluyendo el tiempo de traslado, pero me pidieron que me quedara para otra reunión la semana siguiente. Por causas ajenas a mi voluntad, Carolyn y yo pasamos 10 días en Hawái, casi exclusivamente con fondos del gobierno, y yo, de hecho, estuve trabajando unas 5 horas.

Mientras estábamos allí, Shirley vino de Illinois para ayudarnos a cuidar a los niños y a su madre, que ahora estaba sola en el apartamento. Al llegar a casa, descubrimos que Shirley había llevado a su madre al hospital por dolores generales. Carolyn perdió a su madre menos de una semana después de nuestro regreso de Hawái.

Me fui a Oklahoma a finales de mayo, Carolyn y su familia llegaron a Oklahoma a finales de julio y ella perdió a sus padres antes de que terminara el año. Esta no fue una buena decisión para Carolyn.

Nuestro hijo fue invitado de inmediato a las fiestas de los niños ricos, donde había piscinas cubiertas, pero se sintió atraído por los niños equivocados. En Ohio, formó parte del equipo juvenil de natación de la base aérea, un equipo muy competitivo con un entrenador que había sido entrenador olímpico de natación. En Oklahoma, el equipo de natación de la preparatoria era uno de los mejores del estado. Craig podría haber ido a los Juegos Olímpicos, pero no se lo tomó en serio. Solo asistía a los entrenamientos necesarios para que no lo expulsaran del equipo. Siempre tuvo buenos tiempos en la clasificación estatal, pero en el estatal ni siquiera se esforzaba mucho, salvo en los relevos, cuando otros dependían de él. Lo vi con tiempos casi olímpicos cuando le tocaba el turno en un relevo. Se zambullía en la piscina un cuarto de vuelta por detrás del último nadador y terminaba su turno con media piscina de ventaja sobre el equipo que iba primero. Muchas veces, el nadador de cabecera conseguía mantener suficiente ventaja para ganar. En la prueba individual, apenas logró llegar a la ronda de consolación en la final y luego estuvo tan por delante que su tiempo lo habría colocado entre los cuatro mejores del estado si hubiera estado en la final en lugar de en la ronda de consolación. De hecho, con algo de competencia en la ronda final, podría haber establecido algunos récords si realmente se hubiera esforzado. Donde otros apenas podían salir de la piscina, él terminaba sin cansarse. Mientras los demás nadadores tenían que descansar antes de volver a nadar, Craig paseaba bromeando con sus compañeros y nadadores conocidos de los otros equipos.

Christine apenas empezaba segundo de primaria cuando nos mudamos, y fue una buena decisión para ella. Carolyn, como era de esperar, se hizo cargo de una tropa scout para que Christine hiciera amigos rápidamente, siempre ayudando a los demás. Debería haber hecho más por Carolyn toda su vida si hubiera sabido qué hacer. Era tan capaz e independiente que solía sentirme molesta cuando intentaba ayudarla. Nunca aprendí a doblar una sábana ajustable, ni siquiera con las horas de instrucción que le di durante los 45 años que estuvimos juntos.

En cualquier caso, Christine empezó a tocar la viola en la orquesta de la escuela hasta su graduación en el año 2000. Estaba en el cuadro de honor, tomando clases de honor. Pensábamos que Craig era el inteligente y, según las pruebas de inteligencia, era mucho más inteligente que Christine, pero mientras que sus calificaciones eran principalmente de sobresalientes, las suyas eran casi sobresalientes en clases avanzadas. En su último año de secundaria, obtuvo 20 horas de créditos universitarios conduciendo hasta el colegio comunitario local. Las únicas clases que cursó en el último año de secundaria fueron inglés y orquesta. Tuvo que dejar la escuela de verano de inglés para tener un año más en la orquesta y poder posponer su graduación hasta los 18 años, en la clase del año 2000. De lo contrario, se habría graduado a los 17 y se habría perdido ese último año de orquesta.

Se presentó a la orquesta juvenil estatal y logró entrar, pero tenía demasiados asuntos pendientes y decidió que no tenía tiempo para ir a la ciudad varias veces por semana a ensayar. Fue la Asesora Digna de Rainbow for Girls y de Queen of Jobs, organizaciones masónicas para chicas jóvenes. Fue funcionaria estatal de Rainbow for Girls, lo que le exigía pasar un fin de semana mensual fuera de casa visitando otras asambleas en otras ciudades del estado. A los 14 años, fue Representante de Oklahoma en Texas y pronunció un discurso ante la asamblea estatal de Texas en el Centro de Convenciones Astrodome de Houston. Podía leer un discurso de dos páginas dos veces y repetirlo palabra por palabra un año después si era necesario. Su discurso en el Astrodome fue perfecto, sin necesidad de notas, y reconoció formalmente a todos los asesores adultos del estado de Texas, a los miembros de alto rango de la masonería texana y a las funcionarias femeninas de Texas de su estado. Duró unos 15 minutos y captó la atención de todos, sin que nadie dijera nada, excepto cuando se les pidió que reconocieran el reconocimiento de Christine.

Christine continuó ocupando un cargo estatal en Oklahoma desde los 14 hasta los 20 años, cuando tuvo que dejar Rainbow for Girls por cumplir 20. Durante su último año de preparatoria, su mejor amiga en Rainbows fue la Gran Consejera Digna (presidenta) del estado. Al no ser elegida para un cargo por las otras chicas, los asesores adultos la nombraron asesora oficial de los adultos. Probablemente podría haber sido la consejera digna del estado, pero su amiga era un año mayor y contaba con el apoyo político de sus padres, quienes ocupaban puestos de alto rango en la organización estatal, y no podían permitir que dos chicas del mismo pueblo ocuparan el cargo más alto dos años seguidos. Christine casi se sintió avergonzada por los masones cuando se graduó de la preparatoria y ganó múltiples becas que sumaban más de $20,000. Algunas de las becas provenían de empresas que no tenían relación con la masonería libre, pero que querían promover a las mujeres y acudían a las organizaciones de chicas masónicas para encontrar jóvenes graduadas de preparatoria con éxito, buenos hábitos y alta moral que representaran la feminidad ideal.

Christine también dejó de ser scout esos últimos dos años y Carolyn le cedió el liderazgo de la tropa a su subdirector. Mientras nuestro hijo nos mantenía ocupados con sus competiciones de natación por todo el estado y asistiendo a los campeonatos nacionales cada año, Christine nos dedicaba tiempo a sus actividades. Cuando Christine se fue a la universidad, Carolyn se quedó sola con el perro mientras yo trabajaba. Christine se graduó con una licenciatura en tres años y cursó un posgrado en Nuevo México.

Mis trabajos consistían en ganar el dinero y asegurarme de que nuestros coches, a menudo viejos, fueran totalmente fiables. Durante 16 años, su coche principal fue una furgoneta Chevy personalizada de tamaño completo, que conducía a diario y que llevábamos de viaje. Probé varios coches de segunda mano antiguos. Esa furgoneta Chevy fue el último vehículo que compramos nuevo y tenía más de 320.000 kilómetros de forma fiable. La única vez que tuvimos que parar en la carretera fue cuando unos chicos echaron tierra en el depósito de gasolina, lo que obstruyó el pequeño filtro de la entrada del carburador, y la única herramienta que tenía en la furgoneta eran unas pinzas de presión. La arreglé en una gasolinera quitando el filtro y dejando que la tierra pasara sin filtrar durante unos años.

Me encargaba del exterior de la casa: limpiaba la piscina, arreglaba los pequeños trabajos de fontanería y contactaba con el servicio técnico para que revisaran la calefacción y el aire acondicionado. En 45 años, solo tuve que reparar un electrodoméstico unas cinco veces, como la máquina de hielo del frigorífico, un triturador de basura nuevo (dos veces) y el quemador de la secadora (dos veces). Cocinaba a la parrilla al menos una vez a la semana de media: más en verano que en invierno.

Ella cocinaba, hacía la compra y lavaba los platos en el lavavajillas. Antes del lavavajillas, era un trabajo para dos personas: ella lavaba y yo secaba. Sin embargo, después de seis años de matrimonio, teníamos lavavajillas en nuestra primera casa. Debido a mis frecuentes viajes de negocios para la Fuerza Aérea, ella se encargó de la crianza de los niños.

La cadera de Carolyn, que el médico le dijo que tendría que ser reemplazada en 1974, comenzó a molestarle más en 1990, después de mudarnos a Oklahoma. Luego, empezó a bloquearse, se atascaba a mitad de camino y tenía que tardar hasta cinco minutos en enderezarse. Tenía dos compañeros de trabajo que se habían operado de cadera. Una mujer caminaba de forma extraña, con la cadera como un cangrejo, y el hombre, usando bastón y cojeando mucho. Se jubiló y regresó seis meses después como contratista, caminando como la mayoría de la gente correría. No cojeaba, y le pregunté qué se había hecho. Había ido al Hospital de Huesos y Articulaciones de Oklahoma, donde le habían reemplazado la articulación mal reemplazada con una de las suyas, y era como si hubiera pasado de la oscuridad a la luz del día. En lugar de cojear con un bastón, prácticamente te atropellaba de lo rápido que caminaba. Llamé a su médico y, usándolo como referencia, conseguí que Carolyn viniera a verlo la semana siguiente. Dijo que Carolyn necesitaba radiografías de ambas caderas y programó el bloqueo de cadera dos semanas después. Los amigos de Carolyn se alegraron de que el médico local de Norman no le reemplazara la articulación, pero no le dijeron nada.

Carolyn estaba asustada, pero al día siguiente de la cirugía ya podía caminar con un andador. Una semana después de la cirugía, fuimos al nuevo centro de rehabilitación del hospital local con un bastón y preguntamos si podíamos hacer rehabilitación allí en lugar de ir a Oklahoma City. Nos dijeron: "Claro. ¿Hace cuántos meses te hicieron el reemplazo de cadera?".

Responda: "La semana pasada, aproximadamente a esta hora del día".

"Dónde está tu andador?"

"Ellos no me dieron uno".

Carolyn hizo rehabilitación durante dos semanas y trabajó en casa siguiendo las instrucciones del hospital para la rehabilitación en casa, y luego abandonó la rehabilitación oficial. Cuando el cirujano original le retiró los puntos y las grapas y le dio el alta para la rehabilitación de natación, usé el calentador de la piscina para calentar toda la piscina de 20,000 galones detrás de la casa y ella empezó a nadar largos usando la patada de braza con una tabla de paddle surf para mantenerse a flote, lo que le permitió mover la nueva cadera perfectamente.

Cuatro meses después de la cirugía, visitamos a su hermana en Illinois y montó a caballo por primera vez. Tuve que ayudarla a subir y bajar del caballo, pero no le dolió y se alegró de poder volver a montar a horcajadas. Cuando vio al cirujano, este le dijo que no debería montar. No le preocupaba la cadera que le habían operado, sino la otra que pronto tendría que operarse.

Unos cuatro años después, nos enteramos de que el cirujano se jubilaba y que, si quería que le operaran la segunda cadera, necesitaba que se la operaran de inmediato o que lo hiciera su hijo, que también era cirujano ortopédico en el mismo hospital. Así que se operó la segunda cadera. No hizo la rehabilitación en casa tan bien con la segunda cadera y nunca fue tan buena, pero nadie diría que tenía dos caderas metálicas e hizo todo lo que cualquiera podía hacer y nunca cojeó.

Estaba a punto de jubilarme cuando volví a casa de un viaje un día antes y descubrí que, cuando estaba fuera de la ciudad, ella cargaba una pistola Magnum del calibre 357 y la ponía debajo de mi almohada, y tenía una escopeta de dos cañones del calibre 20 apoyada en su mesita de noche cuando yo no llegaba. Siempre me decía que era muy miedosa, pero nunca le creí, porque parecía intrépida. Y pensar que viajaba mucho. Nunca la dejaba solo unos días y la llamaba a diario desde dondequiera que estuviera, pero no tenía ni idea de que cargaba y dormía con armas.

Siempre compré casas en barrios que consideraba muy seguros. Nunca nos robaron nada ni tuvimos ninguna evidencia de que nos lo hubieran robado. Dejábamos los coches sin llave la mayor parte del tiempo y nadie los molestaba. Solo una vez, cuando estábamos en Alemania, corrió el rumor de un mirón, y una noche oí risitas fuera de la ventana de nuestra habitación. Cogí mi pistola Magnum 357, encendí la luz mientras apuntaba con el arma hacia la ventana y dije, en inglés, «no te acerques a mi apartamento». Nunca más se oyeron rumores de un mirón en la zona residencial alemana.

Vaya, ¿blandir un arma en Alemania? Una pequeña historia al respecto. En el edificio de apartamentos de dos plantas de al lado, un joven oficial alemán encontró a alguien intentando robar los tapacubos de su coche en el aparcamiento y vació su pistola intentando dispararles desde el balcón del segundo piso. La policía alemana, que solo vimos tres o cuatro veces en nuestros tres años en Alemania, llegó a la mañana siguiente en su Volkswagen Escarabajo y le preguntó por qué había disparado su pistola en la zona residencial en plena noche. Explicó que la policía registró el bosque de enfrente y le dijo que necesitaba más práctica de tiro. Encontraron agujeros de bala en los árboles, pero ninguna prueba de que hubiera dado a los malos. ¿Sería tan comprensiva nuestra policía aquí en Estados Unidos? Con razón la tasa de criminalidad es tan baja en Alemania, o lo era antes de la llegada de los inmigrantes. Búscalo: «Alemania tiene una de las tasas más altas de posesión de armas del mundo, pero una de las más bajas de muertes relacionadas con armas». Si la mayoría de los propietarios tienen armas, más les vale a los malos mantenerse alejados de las casas.

Cumplí mi último servicio en la reserva en 1989, completando los 20 años de servicio requeridos para la jubilación. En la primavera de 1990, fui dado de baja oficialmente de la reserva tras haber recibido los puntos y el tiempo necesarios para la jubilación. Sin embargo, un reservista no puede percibir la pensión militar hasta que cumple 60 años, lo que sería en abril de 2004. Había pasado 10 años y medio en servicio activo como reservista antes de regresar al servicio civil federal. Para que ese tiempo computara para mi jubilación civil, tuve que pagar al gobierno el dinero que no aporté al sistema de pensiones mientras estuve en el servicio militar activo. Solicité una segunda hipoteca sobre la casa para pagar los 25.000 dólares y así poder computar ese tiempo para la jubilación del servicio civil, aumentando así los años en el cálculo de 26 años y medio a 37, lo que elevó el porcentaje de mi salario laboral para mi cheque de jubilación de menos del 50% al 68% del salario promedio de los últimos tres años. Podría haber cobrado la jubilación completa del servicio civil federal a los 55 años, pero seguía trabajando. Había acumulado 60 días de vacaciones anuales y sólo podía transferir 30 días más, así que decidí retirarme del servicio civil federal a principios de enero de 2004, antes de que terminara el período de pago. Eso significaba que podría cobrar 60 días de sueldo completo el día de mi jubilación revendiendo las vacaciones acumuladas, y mis miles de horas de baja por enfermedad me darían tiempo para calcular mi cheque de jubilación. Ese dinero extra me bastaba para cubrir gastos hasta que pudiera cobrar mi primer cheque de jubilación de la reserva de la Fuerza Aérea al cumplir sesenta y cuatro meses después. Por lo tanto, mi cheque de jubilación del 68% del servicio civil, más mi cheque del 44% de teniente coronel militar, me darían aproximadamente lo mismo que ganaba cuando trabajaba a tiempo completo. Si seguía trabajando, mi salario sería de $1.78 por hora más que si no trabajara y aún así tuviera los gastos de ir y volver del trabajo y estar lejos de Carolyn.

44

Ejemplos de vacaciones milagrosas

Nos tomamos muchas vacaciones familiares. Este es un ejemplo de una de nuestras vacaciones en Oklahoma. Tuvimos que desguazar nuestra caravana, y no podíamos permitirnos una nueva, pero aun así queríamos tomarnos vacaciones, así que optamos por una caravana familiar.

Queríamos ver el Cañón de Chelly en Arizona, así que empacamos la vieja camioneta Chevrolet G20 personalizada de 320.000 kilómetros, nuestra tienda de campaña familiar, sacos de dormir, comida, colchones inflables y nos fuimos. Condujimos hasta el Cañón en un largo día, llegamos justo antes del anochecer y acampamos en el Campamento Nacional, casi desierto. Nos levantamos a la mañana siguiente y recorrimos el borde del cañón, parando varias veces para tomar fotos y observar con los binoculares. Luego, ya que estábamos tan cerca, decidimos ir al Gran Cañón. Fuimos hacia el norte y pudimos ver las formaciones rocosas de los Cañón Bryce y Zion mientras conducíamos por el lado sur de Utah. Después, recorrimos la famosa carretera que atraviesa el Valle de los Monumentos.

Llegamos al extremo este del Gran Cañón justo antes del atardecer. Entramos en el primer mirador y descubrimos que éramos los únicos. Nos preguntábamos dónde estaría la multitud que se ve en las noticias, porque teníamos el aparcamiento para nosotros solos. Caminamos hasta el mirador, tomamos fotos y nos dirigimos al oeste, al siguiente aparcamiento y mirador. En el tercer aparcamiento, no nos molestamos en buscar sitio, ya que estábamos solos, así que aparqué junto a la entrada del sendero que lleva al mirador. Hicimos esto hasta que llegamos al camping al anochecer. Fuimos a la estación de guardabosques a la entrada del camping y preguntamos por un sitio. El guardabosques nos dijo que llevaban casi un año reservado y nos recomendó salir del parque en coche y buscar un motel. Sabía que nos habían dicho que reserváramos con un año de antelación, pero siempre habíamos tenido suerte, milagros, la gracia de Dios o algo así.

Dije: "Está bien, simplemente entraremos, daremos un giro en U y nos iremos".

Al llegar, un par de jóvenes universitarios nos hicieron señas para que nos detuviéramos. "Nos enteramos. Tenemos un espacio de campamento libre. Éramos varios para reunirnos en el Gran Cañón y no nos dimos cuenta de lo grandes que eran los espacios, así que reservamos tres. Al llegar, descubrimos que eran tan grandes que podíamos estacionar los siete autos y montar nuestras cinco tiendas de campaña en uno, así que tenemos dos espacios libres. Pagamos $10 por sitio. ¿Para cuántos días lo quieren?"

"Dos noches deberían ser suficientes, aquí tienes dos billetes de veinte para que saques una pequeña ganancia".

"Solo pagamos $10 que no son necesarios".

"No hay problema, nos ahorraste el tiempo de conducir hasta la ciudad, tratando de encontrar un motel y el costo del mismo".

A la mañana siguiente, nos despertamos con las primeras luces del día, así que decidimos regresar por donde habíamos venido para ver el amanecer sobre el Gran Cañón. Al igual que la noche anterior, teníamos los estacionamientos para nosotros solos. Cuando llegamos a la pequeña tienda del extremo este, todavía no estaban abiertos. Esperamos, compramos unas donas y un café y regresamos a Grand Canyon Village. Cuando llegamos al primer estacionamiento al oeste de la pequeña tienda, no solo estaba lleno, sino que había gente estacionada en paralelo a la carretera principal y caminando hacia el estacionamiento y el mirador. Todos los estacionamientos y miradores estaban así hasta el campamento.

Habíamos evitado la multitud y lo teníamos todo para nosotros. Si hubiéramos salido del campamento más tarde, habríamos tardado horas con el tráfico y el aparcamiento. Así que sacamos todas nuestras fotos en las mejores horas del amanecer y nos ahorramos el tráfico y la caminata desde la furgoneta hasta los miradores.

Al regresar a Grand Canyon Village, mi hija y yo decidimos empezar a caminar por el sendero hasta el fondo del cañón. Carolyn se quedaría cerca del albergue y la furgoneta porque no quería caminar kilómetros por una pendiente. Christine y yo caminamos durante aproximadamente una hora con mucha gente que nos retrasaba. No habíamos traído agua ni refrigerios y, como sabíamos que nos llevaría horas bajar hasta el fondo, decidimos que no queríamos pasar el día así, así que pasamos una hora subiendo. Luego nos reunimos con Carolyn y decidimos conducir hasta el pueblo. Al salir del parque, había kilómetros de coches esperando para obtener su pase de entrada, pero teníamos la carretera para nosotros solos.

Vimos una película IMAX con una simulación del vuelo de un águila por el cañón, tomada desde un ala delta. Fuimos a un museo, almorzamos y regresamos al Gran Cañón. Pasamos sin parar, mostrando nuestro pase a los guardabosques en la entrada. Había kilómetros de coches esperando para salir del parque, terminando su visita. De nuevo, evitamos el tráfico al ir en sentido contrario en el momento justo.

Visitamos unas ruinas indígenas en el borde sur del Gran Cañón y, al acercarse el atardecer, tomamos un autobús al extremo oeste del parque para verlo al atardecer. Llevábamos sándwiches y, después de tomarnos fotos, descubrimos que habíamos perdido el autobús. Al comenzar a caminar de regreso al albergue, pasó un autobús recogiendo a los rezagados como nosotros y nos llevó de vuelta. ¡Dios siempre estuvo con nosotros, así que no tuvimos que preocuparnos por quedarnos varados a kilómetros del campamento por la noche!

A la mañana siguiente decidimos que ya habíamos visto lo que había en el Gran Cañón a menos que quisiéramos ir al fondo y no quisiéramos pasar el día de esa manera.

Decidimos continuar hacia el oeste, cruzar la presa Hoover y llegar a Las Vegas. Llegamos a Las Vegas casi al anochecer, acampamos en una zona de gravilla caliente, nos levantamos, caminamos por el Strip y fuimos a otras zonas con casinos, como el centro de Las Vegas. A la mañana siguiente, decidimos que ya habíamos visto suficiente de Las Vegas y nos dirigimos de nuevo al oeste. Atravesamos el Valle de la Muerte y nos encontramos cerca del Parque Nacional de las Secuoyas en California, donde decidimos ir a ver las secuoyas.

Naturalmente, el guardabosques dijo que no había sitio para acampar cuando una pareja entró a decir que se marchaban temprano. Ocupamos su lugar cerca de los baños y duchas de arriba. Un sitio de camping de primera. ¿Quién necesita reservas si Dios hace pequeños milagros con frecuencia? Cocinamos al aire libre, nos duchamos y nos acostamos. Sobre las 3 de la madrugada sentí algo que me empujaba la cabeza a través de la tienda y algo que resoplaba como un perro grande. Temí que un perro grande hiciera sus necesidades en la tienda cerca de mi cabeza, así que lo aplasté a través de la tienda y salió corriendo. Nos levantamos sobre las 5 de la madrugada.

Todo el mundo hablaba del oso que bajó por todo el campamento, derribando tiendas y causando confusión. No atacaba a nadie, sino que huía de algo. Todos intentaban enderezar los postes doblados de las tiendas, volver a colocar las estacas y encontrar los sacos de dormir que habían sido arrastrados colina abajo. No dije que tal vez yo lo hubiera causado. Pensé que era el perro de alguien que andaba suelto por el campamento. Al parecer, le había dado un manotazo en la nariz al oso que salió corriendo de mi tienda, causando estragos durante todo el camino colina abajo hasta el otro extremo del campamento. Dimos una vuelta en coche, contemplando los magníficos árboles y decidimos que teníamos que volver a casa, ya que solo me había ido una semana, lo que significaba que, contando los días del fin de semana, solo teníamos cuatro días para volver. Volvimos a poner rumbo al este. Al entrar en Las Vegas, encontramos una colina larga. Los termómetros de los negocios marcaban más de 48 grados Celsius y, aunque la furgoneta no se calentaba demasiado, el aire acondicionado se apagaba de vez en cuando mientras bajábamos por la colina con el calor.

Decidimos alojarnos en un hotel y paseamos por el Strip de Las Vegas visitando los famosos casinos. Al volver, les di a cada uno un fajo de monedas de cinco centavos para usar en las máquinas tragamonedas. Al poco rato, Carolyn y Christine empezaron a usar mis ganancias para alimentar otras máquinas. En un momento dado, jugando al póker de cinco centavos, llegué a los 126 $. Finalmente, nos dimos por vencidos, nos acostamos y partimos hacia el este por la mañana. De camino a Oklahoma, paramos en el Monumento Nacional de los Dinosaurios, el Desierto Pintado, el Bosque Petrificado y volvimos a casa. Así que, 5 días de vacaciones, con 9 días de fines de semana, vimos gran parte del oeste de Estados Unidos y varios parques nacionales. Unas vacaciones típicas. Un milagro conseguir plazas para acampar en el Gran Cañón, el Parque Nacional de las Secuoyas y el Bosque Petrificado, y sin problemas con el coche en una furgoneta Chevy con 320.000 kilómetros.

Otra semana larga en coche hasta Elgin, Illinois para una boda, desde allí para ver las Bad Lands de Dakota del Sur, el Monte Rushmore y debido a la lluvia después de verlo, condujimos hasta Devil's Tower y luego fuimos al Parque Nacional de Yellowstone, y de regreso a través de Colorado.

Todos nuestros viajes fueron una aventura y un encanto. No necesitábamos planearlos con un año de antelación como mucha gente; podíamos simplemente improvisar, dejarnos llevar por el impulso y confiar en la suerte o en Dios para que todo saliera de la mejor manera posible.

45

Mudarse a Florida

Poco más de un año después de jubilarme y empezar a trabajar como agente inmobiliario sin recursos, falleció el marido de mi cuñada. Carolyn había volado para verla unas semanas antes. Entonces falleció mi padre. Yo ya tenía un crucero programado, así que Carolyn y yo nos fuimos después del funeral. Durante el crucero, recibí una oferta de trabajo para mudarme a Tampa, Florida, por aproximadamente mi sueldo de jubilación. Esto significaba que tendría 90.000 dólares de jubilación más 90.000 dólares de salario, y la hermana de Carolyn acababa de perder a su marido a 240 kilómetros de distancia, así que aceptamos por correo electrónico desde el barco. Al llegar a casa, compramos una caravana nueva de quinta rueda para vivir en Tampa, guardamos los muebles y pusimos la casa en venta. Dos semanas después de regresar del crucero, vivíamos en la caravana de quinta rueda pagando las cuotas, y yo

trabajaba en Tampa como gerente de I+D de sistemas electrónicos para las fuerzas especiales (SEALs,
Boinas Verdes, etc.). Similar a mi trabajo gestion-
ando voz segura y luego el de I+D del avión radar
AWACS, pero con un coste menor. Este trabajo
también requería viajar. Hacía un año que me jubilé,
así que pensaron que tardaría un año en recuperar
mi autorización de Alto Secreto, pero al parecer, el
gobierno me había estado vigilando durante mi jubilación y solo tardó dos semanas (¿un milagro?), algo
inaudito.

Carolyn empezó a trabajar con agentes inmo-
biliarios para encontrar una casa en Tampa y solo
nos decepcionábamos. O bien era una casa deteri-
orada en un barrio peligroso por $300,000 o una
bonita casa junto a una gasolinera con rejas en las
ventanas y puertas, rodeada de barrios marginales,
por $400,000. Finalmente, buscamos más opciones
y encontramos Sun City Center, una comunidad
para mayores de 55 años de poco menos de 20,000
habitantes con casas de todos los rangos de precios,
desde $8,000 por un pequeño departamento hasta
$700,000. Buscábamos casas los fines de semana,
pero para el lunes ya estaban vendidas y no estaban
en el mercado. Después del cuarto fin de semana,
encontramos una casa inferior a las nuestras, pero en
buen estado, en un buen barrio por un precio apenas
superior al que habíamos vendido nuestra casa en
Oklahoma, y dijimos: "Nos la llevamos".

El único problema de la casa era que solo tenía dos dormitorios y dos baños pequeños, con una cocina pequeña y otras habitaciones pequeñas, separadas por una pared que habían sido cerradas o ampliadas desde su construcción. Además, la llamaban la casa Pepto-Bismol porque ese era el color de los gabinetes de la cocina, que tenían espejos en todas las puertas: la puerta principal, los toldos y la puerta del garaje. Después de comprar la casa, pensamos que tendríamos que comprar gabinetes nuevos, pero un vecino amable nos dijo que, bajo la pintura rosa y los espejos, les parecían de roble de buena calidad.

Inmediatamente instalamos una cerca de alambre en el patio trasero para nuestros dos perros. Carolyn me pidió que encargara una de alambre recubierta de vinilo verde para camuflarla y que nuestros vecinos no tuvieran cercas la vieran mejor. De hecho, la casa de atrás pertenecía a una de las 75 comunidades de propietarios de Sun City Center y la mayoría prohibía las cercas. Eso limitaba las casas que podíamos ver al buscar una. Necesitábamos poder instalar una cerca.

Compré una bonita puerta de entrada de madera para reemplazar la puerta metálica rosa fucsia y luego la teñí y barnicé. Carolyn y yo nos turnamos para decapar la pintura de los gabinetes y quitar los grandes espejos de cada puerta. Carolyn terminó encargándose de la mudanza que trajo nuestros muebles del almacén en Oklahoma y de gran parte del decapado de pintura. Yo hice todo el teñido y barnizado. Reemplacé la tapa y el lavabo del gabinete del baño principal y añadí algunos botiquines de madera para reemplazar un gran espejo fijo.

Mientras hacíamos esto, trasladamos nuestra caravana de quinta rueda a Cockroach Bay, lo cual suena mal, pero en realidad era un buen parque de caravanas. La mayoría de los terrenos eran para turistas invernales, y algunas de las caravanas de quinta rueda y de parque probablemente no se habían movido en 20 años. Un turista invernal en Florida es alguien que tiene una casa en algún lugar del norte de Estados Unidos o Canadá y viene al sur de Florida en invierno. Probablemente haya un millón de turistas invernales, pero es difícil llevar un registro porque Florida no tiene impuesto sobre la renta, así que muchos tienen una casa en Florida y declaran Florida como su estado de residencia, aunque pasen más de 6 meses al año en el norte. Los canadienses pierden beneficios si no mantienen su residencia en Canadá pasando al menos seis meses en Canadá, y hay más de 80,000 en la Asociación Canadiense de Turistas Invernales, pero eso es solo un pequeño porcentaje de los turistas invernales canadienses.

Yo viajaba al trabajo desde el parque de casas rodantes y Carolyn a nuestra casa en Sun City Center hasta que terminamos los gabinetes y trasladamos los muebles del almacén en Oklahoma. Una vez más, Carolyn tuvo que encargarse de la mayor parte de la mudanza y de decidir dónde colocar los muebles. Cuando volví del trabajo después de mudarnos, colgué los cuadros donde Carolyn me indicó. Como siempre, Carolyn convirtió la casa en un hogar.

Los dueños anteriores añadieron a la casa una pequeña habitación con paredes de vinilo, con lo que antes eran puertas corredizas triples de vidrio que daban al exterior, ahora dividiendo lo que usaban como comedor, con una lámpara de araña sobre la mesa. Carolyn decidió que la sala era lo suficientemente grande para el nuevo sofá y loveseat que compramos en Florida, así como para nuestra mesa de comedor, seis sillas, aparador y aparador. Habíamos donado los muebles viejos de la sala, excepto las mesas de centro y auxiliares, antes de la mudanza.

La habitación separada no se usaba como comedor, sino que se convirtió en la sala de computadoras y archivadores, y en una habitación temporal de invitados con una cama plegable. El viejo sofá cama y la cama nido de Christine se convirtieron en el sofá de la sala de televisión, junto con un viejo sillón reclinable que traíamos de Oklahoma, la mesa de juego y cuatro sillas de cuero con cojines que habíamos heredado de sus padres. La mesa de juego y las sillas eran los únicos muebles de calidad de la sala, ya que eran de madera de marca reconocida y de buena calidad. La mesa de juego era más baja que la mesa de comedor y tenía seis lados. Allí también colocábamos las estanterías y el televisor. Comíamos casi siempre en la mesa de juego, donde podíamos ver la televisión.

La sala de televisión parecía ser lo que solía ser un porche cerrado con ventanas a ambos lados. Detrás había un porche adicional que cubría lo que antes era el patio. El porche era grande y terminé pasando muchas horas allí, leyendo y fumando cigarrillos que no me permitían entrar en casa.

46

Infarto de miocardio

Hicimos otro crucero en septiembre de 2006 al Caribe Oriental. Carolyn sabía que quería hacer snorkel, pero no lo haría sin ella. Intenté convencerla de que no me interesaba, pero insistió en que nos apuntáramos a una excursión en velero, con snorkel y a la playa. A Carolyn no le gustaba estar en el agua, salvo en un crucero, que le encantaba, pero allí estaba, en un gran catamarán con otros 20 pasajeros y 5 tripulantes. Navegar hacia una zona de snorkel fue divertido, pero cuando llegó el momento de hacerlo, sugerí que nos quedáramos en el barco. Estaba preocupado por alguna razón. Siempre he tenido presentimientos de cosas buenas y malas, y esto parecía que podría ser malo, pero el viento y el agua estaban en calma y se podía ver el fondo del mar desde el barco.

A Carolyn no le gustaba ni siquiera meterse en los lagos, excepto en el lago Ginebra, en Wisconsin, donde creció, que tenía agua muy clara y todos sus amigos estaban en el agua. Era bastante buena nadadora, pero prefería la piscina. Rara vez iba a nuestra piscina en Ohio y la única vez que usó la piscina en Oklahoma fue después de sus prótesis de cadera para la rehabilitación, que le fueron de maravilla.

En cualquier caso, para mi tranquilidad, se metió al agua sin mí y la seguí tan rápido como pude. Esta excursión de snorkel fue su regalo; no le interesaba el snorkel, pero quería que yo viviera la experiencia. Intentaba alcanzarla, ya que llevaba ventaja, cuando se desató una tormenta sobre la montaña de la isla y el viento arreció, con relámpagos que impactaron en el agua, lo cual no hizo daño a nadie porque todos estaban demasiado lejos. Pero Carolyn entró en pánico y, con el viento y las olas, la perdí de vista.

Al parecer, el rayo la había asustado y estaba nadando hacia la playa, pero el viento había creado una corriente que la empujó hacia la derecha de la playa más cercana. Cuando finalmente la vi, estaba en apuros y se doblaba en el agua. Luché contra las olas hasta llegar a ella, a unos 50 metros de distancia, y no soy buen nadador, especialmente con un chaleco salvavidas, que ambos llevábamos puesto. Cuando llegué a ella, dijo que no podía respirar y que le dolía el pecho. Empecé a intentar jalarla detrás de mí nadando hacia el velero, pero iba muy lento. Estaba tocando el silbato para pedir ayuda, pero las balsas de goma estaban ocupadas rescatando a gente más cerca del velero y no podían oír mi silbato lejano con sus motores fuera de borda en marcha. La jalé contra la corriente durante unos 150 metros antes de que una balsa de goma de rescate de otro velero viniera al rescate y la ayudara a subir a la balsa. Estaba cansado, pero tenía un chaleco salvavidas para no hundirme, así que la llevaron a una de nuestras balsas de rescate y luego regresaron por mí y me llevaron al velero.

Nuestra balsa neumática de rescate recogió a otros buceadores con Carolyn respirando con una máscara de oxígeno que llevaban a bordo. Pasaron unos 30 minutos antes de que subieran a Carolyn al velero, aún con oxígeno. El capitán del velero dijo que creía que había sido un infarto, pero Carolyn se quitó la máscara y dijo que solo había sido un ataque de asma. En cualquier caso, para cuando regresamos al crucero, Carolyn parecía estar bien. Esa noche se sintió mal del estómago, pero ninguno de los dos había tenido nunca ningún síntoma de mareo, que luego descubrí que era otro síntoma de un infarto. Y todo porque Carolyn había hecho esto solo para darme la oportunidad de bucear.

Cuando regresamos del crucero, le dolían los hombros, pero no el pecho, otro síntoma de una mujer que está sufriendo un infarto. Los médicos que la atendían le recetaron esteroides para el dolor respiratorio y el de hombro. Su estado empeoraba constantemente. A mediados de noviembre, le recetaron un nebulizador para atomizar albuterol y tratarlo con más esteroides para el dolor de hombro. Lo diagnosticaron con EPOC y artritis. Cuando fuimos a visitar a su hermana, a 190 kilómetros al sur, en Fort Myers Beach, Florida, para el Día de Acción de Gracias, compré un inversor para que su nebulizador de 120 voltios de corriente alterna (CA) funcionara con la corriente continua de 12 voltios del coche, de modo que pudiera usarlo durante el viaje de dos horas. Para Navidad, estaba peor. Había consultado a cinco médicos diferentes desde el Día de Acción de Gracias y a tres la semana después de Navidad.

Cuando sus pies empezaron a hincharse, desistí de los médicos y la llevé a urgencias. Inmediatamente diagnosticaron una afección cardíaca y comenzaron a tratarla hasta que pudieron conseguir una ambulancia para llevarla al Hospital General de Tampa y a un cardiólogo, lo que resultó ser otro milagro inexplicable que Dios nos dio.

Resultó ser muy grave. Al parecer, ese incidente al intentar bucear le provocó un infarto. Los demás médicos del Hospital General de Tampa dijeron que solo había dos médicos en Estados Unidos capaces de realizar la cirugía, y que ella tenía uno que había estudiado con el otro. El problema más grave era que parte de su ventrículo izquierdo había muerto y era un aneurisma enorme. El médico extirpó la porción muerta del músculo cardíaco y reconstruyó el corazón. ¿Acaso debíamos mudarnos a la zona de Tampa, donde uno de los dos únicos médicos milagrosos de Estados Unidos podía realizar la operación? Su médico aprendió del otro médico antes de mudarse a Florida. Se dedicaba principalmente a trasplantes de corazón, pero hizo una excepción con Carolyn.

Luego reemplazó las tres venas principales que irrigan el corazón, observando que una era muy pequeña, probablemente de nacimiento, y estaba bloqueada en un 90%, y las otras dos estaban completamente bloqueadas. No sabía cómo había sobrevivido. Carolyn era fuerte; en el Hospital South Bay de Sun City Center, caminaba por los pasillos y reorganizaba los muebles de su habitación temporal mientras esperaba la ambulancia. Su presión arterial en ese momento era de 125 sobre 120, con un pulso de 120.

No supe nada de esto hasta después de la cirugía, pero los médicos del hospital le daban un 2% de probabilidades de sobrevivir. No esperaban que respirara por sí sola, pero una hora después de la cirugía le retiraron el tubo de intubación, ya que estaba despierta y respiraba por sí sola. Su cirujano fue el único que no se sorprendió.

Luego tuvo dificultad para respirar y lo diagnosticaron como EPOC grave. Durante dos semanas le administraron terapia respiratoria y le dieron golpes en la espalda para aflojar la mucosidad. Finalmente, la llevaron a una ecocardiografía y descubrieron que su corazón latía contra el pericardio. El mismo cirujano le abrió el pecho y extirpó parte del pericardio para que su corazón, ahora bien alimentado y reparado, tuviera espacio para latir correctamente. Después de cinco semanas y media, salió del hospital en febrero. Prometí ir más a la iglesia para agradecer a Dios el milagro de haberme mudado a Tampa y haber encontrado a uno de los dos únicos médicos que pudieron arreglarle el corazón.

Había estado trabajando solo a tiempo parcial, pasando al menos medio día y media noche en el hospital. Cuando ella llegó a casa, le dije a mi jefe que renunciaba para pasar el resto de mi vida con Carolyn. Quería que siguiera trabajando a tiempo parcial o incluso que trabajara casi todo el tiempo desde casa, pero decidí que tenía suficiente dinero para la jubilación y no necesitaba trabajar. Iba algunas tardes a capacitar a mi sustituto, pero prácticamente había automatizado mi trabajo, de modo que el sustituto solo tenía que introducir información nueva en la computadora y dejar que esta hiciera la mayor parte del trabajo. Entonces, renuncié definitivamente y me limité a responder algunas preguntas desde casa.

47

Sobreviviendo al ataque cardíaco

Carolyn era una mujer nueva. Ya no necesitaba medicamentos para el asma, lo que me hizo pensar que era la vena cardíaca demasiado pequeña la que le había causado problemas respiratorios. Durante los años siguientes, Carolyn volvió a bailar country en línea dos horas a la semana, si estábamos en casa, y a hacer ejercicios en la piscina de Aquasizers durante una hora dos o tres días a la semana. Esos eran los únicos momentos en que no estábamos juntas. Hicimos varios cruceros, pero ya no intentábamos hacer ejercicio, aunque caminábamos muchos kilómetros. Hicimos un crucero por Alaska en 2008 que disfrutó mucho y un crucero de dos semanas por las islas hawaianas.

Carolyn disfrutó mucho del crucero a Alaska. Nos reunimos para viajar en el mismo barco que nuestro primer crucero en 2004, cuando llevamos a mi padre a ver el Canal de Panamá. Tuvimos que caminar lo que parecían ser unos cinco kilómetros en el aeropuerto de Vancouver, Canadá, pasando junto a peluches y dioramas de Canadá que llevábamos nuestras maletas. Finalmente, llegamos a una zona amplia con cientos de personas esperando su autobús al centro de Vancouver.

Habíamos llegado un día antes del crucero y caminamos para ver los jardines de la victoria con todos sus rosales y el centro de Vancouver. Había cientos de personas sin hogar por todas partes pidiendo limosna. Carolyn al principio quería darles dinero a todos, pero luego se dio cuenta de que no teníamos tanto. Si le dabas un dólar a uno, otros veinte también querían el suyo. Las escaleras de los edificios gubernamentales estaban llenas de personas sin hogar. Nos preguntábamos qué harían con estos vagabundos cuando llegaran los Juegos Olímpicos de Invierno dentro de unos meses.

A la mañana siguiente, salimos temprano del hotel y tomamos un autobús al puerto para nuestro crucero. De nuevo, la espera para embarcar. Tuvimos que estar de pie la mayor parte del tiempo hasta que el barco estuvo listo para embarcar y esperar a todos los que habían llegado antes que nosotros.

A Carolyn le encantaban las temperaturas frescas de Alaska, pero solo llevaba zapatos de vestir para el barco y zapatillas de tela para caminar. En la primera parada del crucero encontramos una tienda y compramos calcetines y botas abrigadas para Carolyn.

Ella tenía un abrigo de invierno, pero yo solo tenía mi chaqueta de cuero.

Vimos los pueblos pulcros de la costa de Alaska con sus aceras de madera. Hicimos excursiones para ver glaciares y el crucero se adentró entre pequeños trozos de hielo flotante para observar cómo un glaciar se derrumbaba en aguas profundas. Vimos una pequeña embarcación que estuvo demasiado cerca una vez y casi volcó antes de alejarse del glaciar. Nuestro guarda forestal a bordo comentó que algunos glaciares habían estado creciendo mientras que más al norte se estaban derritiendo. Se trata de calentamiento o enfriamiento global, o hay algo más que esté calentando el Ártico?

El viaje en tren desde Seward fue agradable en el tren de pasajeros, casi completamente de cristal, desde donde pudimos ver la nieve y los animales al pasar. No vimos mucho de Anchorage al pasar. Pasamos varios días en hoteles de cruceros en Alaska, yendo de un lado a otro en tren, autobús o ambos, hasta llegar a Fairbanks. Hicimos una excursión al Parque Nacional Denali, donde vimos muchos alces y algunos osos. En el hotel, Carolyn quería algo dulce, así que me acerqué a la pequeña tienda del hotel de varios edificios. Mientras caminaba, el Monte McKinley apareció entre las nubes al atardecer. Una foto perfecta. Había dejado la cámara en la habitación y, cuando intenté usar el móvil para sacar una foto, solo me salió un mensaje de "batería baja". Al volver, la montaña volvió a desaparecer.

A Carolyn le encantaron las cestas colgantes de los hoteles, repletas de flores. Al salir, estaban vendiendo todos los productos perecederos, así que nos dieron panecillos dulces y sándwiches casi gratis. Éramos el último crucero del verano y llegaría el siguiente grupo en primavera.

En Fairbanks hicimos un recorrido en autobús por la ciudad y luego subimos en un barco fluvial de ruedas desde Fairbanks. Ese fue realmente el momento culminante del viaje. Al salir, un Piper Super Cub con flotadores despegó junto al barco y luego dio la vuelta para un amerizaje para mostrar cómo se hacía. Al otro lado del paseo en barco, donde el barco tuvo que dar la vuelta, ese mismo Piper Super Cub, o uno similar, aterrizó con neumáticos enormes en un banco de arena que abarcaba gran parte del río y luego dio la vuelta e hizo un breve despegue para demostrar cómo podía aterrizar y despegar prácticamente en cualquier lugar.

De camino al norte, paramos en un lugar donde entrenaban perros de trineo. Los dueños del campamento habían ganado la Iditarod varias veces. Algunos niños y cachorros jugaban en el agua del río, que debía estar helada. Los dueños dieron una charla sobre sus perros, explicando que no existe una raza de perros de trineo.

Luego empezaron a enganchar a los perros a un viejo todoterreno sin motor, como si estuvieran enganchados a un trineo en invierno. Obviamente, los perros querían correr con el todoterreno, pero les llevó un tiempo engancharlos. Cuando la dueña se subió al todoterreno, los perros se volvieron locos hasta que ella soltó los frenos y dio la orden de ir. Los perros salieron corriendo alrededor de un pequeño estanque y trajeron el todoterreno de vuelta al barco, con ganas de volver a correr.

De regreso a Fairbanks, paramos en un pueblo que parecía un pueblo típico. Tenían coles de 3 metros de ancho y abrigos de piel de varios animales, preciosos y probablemente carísimos, que algunas chicas nos modelaron.

El vuelo de regreso fue inolvidable. Hicimos las reservas tarde, así que tomamos el último vuelo de Fairbanks, que salía a las 10 p. m. Trasbordamos a un avión regular en Anchorage y luego a Seattle. Al llegar a Seattle, nuestro siguiente vuelo había sido cancelado, así que llevábamos más de 24 horas despiertos y ahora buscábamos otro vuelo de regreso a Florida. Pasamos unas horas allí y luego encontramos otro vuelo a Houston y luego a Tampa, así que llegamos a casa después de casi 40 horas sin dormir.

Ese invierno hicimos un crucero totalmente diferente. Volamos a Hawái y llegamos a Honolulu la Nochevieja de 2008. Teníamos reservado un crucero de 15 días por las islas de Hawái, con salida el 2 de enero de 2009, y llegamos un día antes para ver Honolulu, ya que la última vez que estuvimos allí fue en el invierno de 1989. Vimos los fuegos artificiales de Nochevieja desde el balcón del hotel y entonces Carolyn descubrió que se le había acabado un medicamento y su Primatene Mist.

Inmediatamente empecé a caminar por las calles buscando una farmacia que abriera toda la noche. No había taxis disponibles y solo había unas pocas personas regresando de los fuegos artificiales en las playas. Pregunté a varias personas y entré en hoteles que me indicaron farmacias cerradas. Debí de caminar y correr 16 kilómetros antes de encontrar una farmacia CVS que abriera toda la noche. Compré su receta y Primatene Mist, y mientras esperaba hablé con otra clienta que también esperaba. Gracias a Dios, este buen samaritano me llevó al hotel. No sé si lo habría encontrado sola en la calle a las 2 de la madrugada. Intenté pagarle, pero solo tenía que darle las gracias. No podía creer lo lejos que había caminado y corrido del hotel, y eso sin contar todo el tiempo que iba en direcciones equivocadas para encontrar una farmacia cerrada. Mi buen samaritano tardó casi 15 minutos en llegar por calles desiertas.

El crucero partió con las luces de Honolulu desapareciendo lentamente en la distancia. Aprendimos que en este crucero solo había una velocidad: lenta. Las islas no son muy grandes, así que para no llegar demasiado rápido, el barco apenas mantiene la velocidad ni la tercera clase.

Ya habíamos visto Oahu y Maui antes. Habíamos pasado días haciendo turismo por Oahu. Solo estuvimos unos días en Maui, pero alquilamos un coche y recorrimos la sinuosa carretera hacia Hana, pasando por Hana hasta pasar las cataratas en la parte trasera del volcán y llegar al letrero que decía "Solo vehículos 4x4 a partir de este punto".

Fue una pena que la cascada tuviera tan poca agua. Las fotos turísticas muestran una gran cascada con gente jugando en las pozas debajo. Las pozas no tenían suficiente agua para mojarse.

De todos modos, caminamos por la calle en lugar de tomar una costosa excursión por tierra que nos llevara a la cima del volcán que habíamos visitado en 1989 o ir a una playa, etc.

Esa noche fuimos a la isla grande, Hawái. El barco atracó en Hilo, Hawái. Tomamos un autobús turístico al Parque Nacional de los Volcanes Hawaianos, recorriendo el bosque nacional y con el guardabosques explicándonos la flora y fauna de Hawái, además de los cambios causados por el ser humano. Tomamos fotos del volcán, pero no pudimos acercarnos demasiado porque su comportamiento era más amenazante de lo normal.

Al regresar de nuestro viaje en autobús, intenté llamar a un primo mayor que, según decían, era dueño de un gran hostal en la Isla Grande y, para ganar dinero extra, trabajaba como agente inmobiliario. No lo encontré. Lo más cerca que llegué fue el hostal que decía estar en Estados Unidos.

¡Increíble! Esa noche, el barco debía pasar cerca de la isla donde la lava fluía hacia el océano. Tenía muchas ganas de tomar fotos, y con la baja velocidad del barco, probablemente conseguiría fotos tanto diurnas como nocturnas del flujo de lava. La anormal actividad del volcán me parecía bien; sin embargo, el barco se dirigió en dirección contraria para evitar el volcán. Me decepcionó mucho no ver el flujo de lava en persona, que para mí iba a ser uno de los momentos más destacados del viaje.

Bueno, a la mañana siguiente estábamos al otro lado de la isla grande, en otro puerto, donde hicimos una visita a la granja de nueces de Mauna Loa. Me encantan las nueces de macadamia. Saqué una bonita foto de Carolyn junto a su cartel.

Al día siguiente, navegamos lentamente por las islas de Lanai y Molokai, donde hablamos sobre cada una. En este punto, debo mencionar el excelente entretenimiento. Tenían un banjista que hacía cosas con diferentes banjos y mandolinas que desconocía. Debería haber comprado uno de sus DVD, pero no me di cuenta de lo único que era. Tenía un banjo de perla con muchas cuerdas. Hablaba mientras tocaba. Primero, tocó la melodía de banjo de su abuelo, luego la de su padre, y luego la suya. Después, no tengo ni idea de cómo las tocaba todas juntas, sonando como tres banjos en armonía. El mago presenta un espectáculo en el gran teatro y otros en los bares durante el crucero. Usó personas reales, no plantas, porque habíamos conocido a un par de sus participantes que estaban a centímetros de distancia y no podían ver el truco. En un momento, tenían una pantalla gigante y proyectaron un primer plano de algunos de los trucos. Increíble. Por supuesto, el coro y los solistas estuvieron geniales. Por la noche, en un bar se escuchaba música de baile de salón durante horas.

Otro momento destacado del viaje fue ver la isla de Kauai, escenario de la película Jurassic Park. Me encantaría volver allí unos días, pero probablemente no en esta vida. Una vez más, al ir al aeropuerto de Honolulu, descubrimos que nuestro vuelo de allí a Estados Unidos había sido cancelado y no podíamos llegar a la conexión sin alquilar un coche y conducir durante horas por California para llegar a otro aeropuerto. United Airlines no era nuestra aerolínea en ninguno de los vuelos, pero nos llevó a casa a tiempo para encontrarnos con nuestro transporte en Tampa.

Navegamos por todo el Golfo de México y el Caribe, sin perdernos muchas islas, incluyendo las Bahamas. Aruba, Dominica, San Cristóbal, Martinica, Santo Tomás, Puerto Rico, Antigua, Granada, Jamaica, Santa Lucía, Caimán y más. Algo que encontramos bastante común fue que tenían atención médica gratuita, pero sus viviendas eran, en general, peores que las de cualquier barrio marginal de EE. UU. y estaban sucias.

Carolyn y yo hicimos muchas excursiones por la isla y simplemente caminamos por ella, especialmente en nuestra segunda y tercera visita a esa isla.

Tuvimos abonos de temporada para Disney World un año y lo vimos todo. Por supuesto, llevamos a Zak y Cory, nuestros nietos. Tuvimos abonos de temporada durante unos siete años para Busch Gardens, a solo 30 minutos de casa en Florida, y disfrutamos yendo a ese parque una y otra vez. A Carolyn nunca le gustaron las atracciones, pero subió a muchas al menos una vez. Nuestros invitados fueron una y otra vez. Fuimos a Universal Studios y Sea World más de una vez.

Nuestros invitados subieron a las atracciones de Busch Gardens una y otra vez. Fuimos a Universal Studios y Sea World más de una vez. El favorito de Carolyn fue Discovery Cove y nadar con delfines, que estaba disponible en muchos cruceros, pero no se podía comparar con Discovery Cove, junto a Sea World. Hay que programarlo con antelación porque el aforo es limitado.

Cuando estuvimos en Europa entre 1972 y 1975, nunca llegamos a Grecia porque los terroristas atacaban al ejército estadounidense y me prohibieron ir. Así que, en 2009, volamos a Roma para reunirnos con su hermana, Shirley, y su hija, Missy, en el apartamento del hijo de Shirley en Roma. Era un civil que trabajaba para la Marina de los Estados

Unidos y repartía sus tareas entre Italia y Yibuti, en el Cuerno de África.

En Roma, fuimos al Coliseo y al Foro Romano. Fue muy diferente a cuando estuvimos allí en 1974. En 1974, entramos solos al Coliseo, preguntándonos si estábamos en un lugar donde no debíamos estar, conscientes de que nos encerraríamos como en otras zonas de Europa. Pero luego encontramos un grupo de turistas y los seguimos lo suficientemente de cerca como para escuchar parte de la conferencia y entender lo que decía el guía, si no cada palabra. Pasamos por el Foro Romano, pero no vimos a nadie allí, así que no fuimos porque era una zona cerrada y podríamos quedarnos encerrados.

Esta vez, en 2009, había mil personas esperando para entrar al Coliseo y conseguí que alguien nos vendiera una entrada sin tener que hacer cola durante horas. Había gente por todas partes en el Coliseo, a diferencia de 1974, cuando éramos los únicos. Hicimos cola durante más de una hora para conseguir entradas para el Foro Romano y, en lugar de esperar otras dos horas para una visita guiada, conseguimos un folleto y un mapa y nos abrimos paso por nuestra cuenta. De nuevo, a diferencia de 1974, cuando no había ni una sola persona, ahora era difícil sacar una foto sin que alguien nos estorbara. Aun así, lo pasamos genial.

Luego tomamos un vuelo de cercanías a Atenas, Grecia. Nuestro hotel estaba cerca del muelle de cruceros y, al subir a la piscina de la azotea, disfrutamos de una magnífica vista nocturna del Partenón iluminado contra el cielo. Subiéndome a un muro bajo, saqué buenas fotos sin la piscina.

Al día siguiente caminamos kilómetros alrededor y hasta el Partenón y sacamos algunas buenas fotos desde allí y luego regresamos al hotel después de 12 horas de caminata.

A la mañana siguiente, embarcamos en el crucero Norwegian Jade que nos llevó a través de las islas griegas hasta Alejandría, Egipto. Un lugar que nos fascinó a ambos fue la isla de Santorini, que bien podría haber sido el lugar donde se construyó la Atlántida. Había un acantilado escarpado al que se podía optar por subir en burro, caminar entre excrementos de burro o tomar el teleférico. Carolyn quería subir en burro, pero había una larga fila y sus piernas (y las mías) ya estaban cansadas de caminar por Roma, Atenas y el barco. Tomamos el teleférico. Paseamos por la ciudad, compramos algunos recuerdos y luego encontramos un restaurante sobre el acantilado donde sacamos buenas fotos de lo que parecían pequeños cruceros y del volcán en la bahía. Era fácil imaginar que podría haber sido la Atlántida.

Cuando llegamos a Egipto, tomamos un autobús turístico desde el barco hasta El Cairo y las pirámides. Tengo unas fotos geniales. Le pedí a otro turista que nos tomara una foto con la gran pirámide y la Esfinge de fondo. Al llegar a casa, edité los cientos de turistas para que pareciera que habíamos estado en una visita privada. Un jinete de camellos dijo que Carolyn podía subirse a su camello para que le sacaran fotos gratis. Tomé varias fotos de Carolyn y el camello y le pedí que nos tomara una foto juntos, con el camello arrodillado, Carolyn a horcajadas y yo de pie a su lado. Después, llegó la hora de coger el autobús. El jinete de camellos me pidió cien dólares por su tiempo y las fotos que tomé con mi cámara. Le di veinte y amenazó con llamar a la policía, que estaba por todas partes. No me preocupé porque hacía unos años había establecido un destacamento militar estadounidense en la base aérea cerca de El Cairo, así que pensé que podría conseguir ayuda de la embajada, se lo dije y me marché. Carolyn no sabía nada de la discusión, ya que ya se dirigía al autobús. Se lo dije después de que estábamos en el autobús hacia la siguiente parada.

Cuando llegamos a la Esfinge, Carolyn no quería caminar tanto desde el autobús para acercarse, pero me dijo que me adelantara. Probablemente la mitad de la gente no lo hizo. Cientos sí lo hicieron porque había autobuses y gente por todas partes. Caminé rápido porque quería volver con Carolyn, aunque ella estaba con un grupo de estadounidenses y europeos que no lo hacían, así que me adelanté a varios grupos. En el lugar ideal para tomar un primer plano, cerca de la cabeza de la Esfinge, había un grupo grande de gente que parecía apiñarse alrededor de un señor mayor tumbado. No necesitaban la multitud, y mucho menos que yo la aumentara, así que di la vuelta, tomé las fotos que pude y prácticamente corrí de vuelta a los autobuses y a Carolyn. Esa noche descubrimos que el señor tumbado era de nuestro barco y había fallecido allí mismo de un infarto fulminante por el esfuerzo de subir para ver la Esfinge de cerca. No había visto mucho más que sus zapatos entre la multitud, así que no sabía si lo habíamos visto en el barco. Su cuerpo y su esposa fueron trasladados de vuelta a Estados Unidos.

Después de la Esfinge, nos llevaron al Museo de El Cairo, donde hacía calor y estaba tan lleno que apenas se podía ver nada. Muchas cosas no tenían identificación y a veces solo una pequeña etiqueta con un número. Intentamos encontrar alguna guía que explicara los números, pero ninguno de los empleados conocía tal cosa, aunque dijeron que nadie había inventado un libro de las exhibiciones. La gerencia sabría cuáles eran los números.

En cualquier caso, al día siguiente, tras una noche en el barco en el puerto, caminamos kilómetros de nuevo para ver el Museo Egipcio de Alejandría y parte del oro y diversos artefactos del rey Tut. Estaba tan lleno que daban pequeños pasos al recorrer el museo; no tenía aire acondicionado y estaba muy cerca. Caminamos hasta donde pudimos ver un fuerte construido en un saliente de tierra que supuestamente usaba piedras del mítico faro de Alejandría y tomamos más fotos.

Luego volvimos a las islas griegas y seguimos caminando, viendo artefactos y ruinas minoicas. Después llegamos a Turquía, donde hicimos un largo viaje en autobús a Éfeso y una larga visita guiada. Carolyn se quedó en el barco, supuestamente porque no quería gastar dinero en otra visita a pie y me pidió que tomara fotos. Era la segunda vez que me separaba de Carolyn. De hecho, pagué para que fuéramos los dos pensando que cambiaría de opinión, pero sus piernas se estaban cansando y estaríamos en Estambul a la mañana siguiente.

Me adelanté al grupo, tomé un montón de fotos y tomé un autobús más temprano que regresaba al barco. Mientras estaba allí, una persona que hablaba un inglés excelente se ofreció a venderme un surtido de monedas que supuestamente provenían de un robo en un sitio arqueológico que databa de Alejandro Magno y parecían auténticas. Empezó por cientos de dólares y finalmente compré seis monedas diferentes por veinte dólares en total, calculando que tenía cerca de veinte dólares en plata, incluso si eran falsas. Eran de plata maciza y estaban toscamente acuñadas con imágenes de Alejandro Magno. No bajó el precio hasta que ya estaba en el autobús y nos íbamos. Nuestra hija estaba haciendo un máster en arqueología, así que pensé que las disfrutaría aunque fueran falsas. No tengo ni idea de si eran falsas, pero sospecho firmemente que estaban hechas para turistas.

Al día siguiente, volvimos a tomar autobuses y caminar kilómetros por Santa Sofía, la Cisterna Basílica, la Mezquita Azul, el Palacio de Topkapi y luego pasamos horas en una calle pintoresca y en un puesto de venta de alfombras turcas. No compramos ninguna alfombra. Luego descargaron los autobuses en el famoso mercado, que estaba cerrado y llovía. Todos los del autobús nos refugiamos en las pocas tiendas y restaurantes abiertos hasta que el autobús nos recogiera para regresar al barco. Nuestro vuelo salía de Estambul a las 8:30 de la mañana, así que debíamos estar allí no más tarde de las 6:00. Los autobuses salían del barco a las 2:30, así que no intentamos dormir, sino que hicimos las maletas, nos asomamos al balcón y contemplamos la ciudad, y luego fuimos al aeropuerto. Nuestro vuelo se retrasó una y otra vez hasta que finalmente despegó sobre las 10:30, lo que significó que perdimos nuestro vuelo en Madrid, España. Tuvimos que caminar kilómetros en el aeropuerto de Madrid, España, para pasar varios controles de seguridad y llegar a nuestro vuelo. Esto nos llevó más de una hora de prisas y caminatas. La seguridad no fue difícil, salvo que Carolyn tenía dos caderas artificiales que activaron la alarma, pero rápidamente la revisaron con la varita y nos despidieron.

Cuando llegamos al Aeropuerto Internacional de Miami, el vuelo a Tampa iba a tener una escala corta, así que teníamos prisa, pero nos detuvo el personal de seguridad. Carolyn llevaba pantalones ajustados, pero sus caderas activaron el detector de metales. Carolyn les había dicho antes de pasar que lo haría. En lugar de usar la vara para pasarla por las caderas a través de los pantalones ajustados y elásticos, la llevaron a una sala acristalada aparte donde tuvo que sentarse durante más de 30 minutos. Desarmaron su andador con ruedas y perdieron algunas piezas. Finalmente, la pasaron y llevamos nuestras maletas y el andador tambaleante, parcialmente desarmado, hacia nuestro avión. A unas tres puertas de embarque, vimos nuestro avión con destino a Tampa salir de la puerta. El siguiente vuelo tardaría tres horas. Luego, ese vuelo se canceló debido a problemas mecánicos y tardaría otras tres horas. El avión venía de Denver, pero estaba atrapado por la nieve, así que tardaría otras tres horas. Cuando finalmente llegamos a Tampa, habíamos estado despiertos durante más de 48 horas y estábamos muertos de cansancio.

Envié por correo electrónico fotos de Carolyn y yo junto a la Esfinge y las Pirámides a sus cardiólogos para demostrar que estaba bien.

48

Nuestra rutina de Florida

N uestra semana típica era los lunes. Carolyn asistía a una clase de baile country en línea, principalmente para mujeres, durante dos horas. Yo la llevaba y la recogía en el carrito de golf, a menos que lloviera; en ese caso, la llevaba en coche. Los martes, jueves y sábados la llevaba a Aquasizers, que consistía en ejercicios en la piscina, mientras yo iba al club de radio que estaba cerca, al otro lado del aparcamiento del carrito. Los domingos, era la misa de madrugada. En algún momento de esa semana íbamos al cine en Brandon, Florida, a unos 32 kilómetros de distancia. Llevábamos a los perros al parque para perros en el carrito de golf tres o cuatro días a la semana. Carolyn tenía sus reuniones y salidas de la Sociedad Red Hat. Con frecuencia, para llenar el autobús, permitían que los hombres hicieran sus viajes. Una vez al mes, en invierno, teníamos abonos de temporada para los espectáculos de artes escénicas de

Broadway en Tampa. Siempre íbamos en el carrito de golf al supermercado, a Walmart, al médico, al dentista, etc.

Hicimos muchos cruceros por el Golfo o el Caribe y vimos la mayoría de los lugares que se pueden ver en un crucero. Además, caminamos mucho por los pueblos comprando recuerdos. Por las noches, veíamos la televisión juntos. Por las tardes, Carolyn veía sus telenovelas y yo me sentaba en el porche trasero a leer mis libros Kindle. Cada 30 minutos, más o menos, entraba a ver cómo estaba Carolyn. Siempre estaba bien, pero quería comprobarlo por mí mismo.

Cada otoño íbamos en coche a Fort Myers Beach, Florida, para sacar las cosas de Shirley, la hermana de Carolyn, de los trasteros y dormitorios para construirle su porche y piscina. Shirley y Carolyn alternaban Acción de Gracias y Navidad entre la casa de Shirley y la nuestra.

Teníamos boletos de temporada para el Broadway Palm Dinner Theater en Fort Myers, Florida, a donde teníamos que ir en auto para visitar a Shirley al menos cuatro veces al año, ir a ver un musical fabuloso después de cenar y luego, en la primavera, yo empacaba todos los muebles de su piscina y porche para guardarlos nuevamente hasta el otoño siguiente, cuando Shirley regresara de Illinois.

En una época, éramos miembros de muchos clubes de baile que tenían bailes mensuales para cada grupo del que éramos miembros, Oldies but

Goodies, del que siempre éramos miembros y teníamos 14 bailes al año, Sun City Center Ball Room Dance Club, Moonglow y otro club de baile de salón cuyo nombre he olvidado. También tomamos varias clases de baile de salón, pero siempre parecíamos ir a las primeras sesiones y aprender lo básico y luego teníamos conflictos de horario y perdíamos las dos últimas lecciones de cada paso de baile. Podíamos fingir que hacíamos muchos bailes, pero nunca se nos daba bien ninguno, pero nos divertíamos. Además de esos bailes, asistíamos al baile y cena militar anual que era muy formal, como una cena fuera donde tenía que usar mi esmoquin y Carolyn un vestido largo de salón.

Teníamos otros dos grupos de baile que cerraron por falta de participación. Eran grupos más pequeños, pero divertidos. Uno era Foxy Seniors, pero se convirtió en un club de karaoke. En lugar de un artista pagado, podías bailar con un residente intentando cantar. Algunos eran muy buenos.

Probablemente tuvimos 10 oportunidades de bailar juntos en todos nuestros años antes de mudarnos a Florida y luego varias veces al mes después de mudarnos a Sun City Center, Florida.

No sé si se consideraría un milagro, pero en los 11 años que vivimos en Florida, ningún huracán se acercó. Lo más cerca que tuvimos fueron un par de tormentas tropicales que dejaron mucha lluvia y ayudaron a romper una sequía, y todos necesitábamos la lluvia. El año anterior a nuestra mudanza, varios huracanes habían azotado partes de Florida. Siendo honestos, no hay registro de que la zona de Sun City Center, Florida, haya sufrido un huracán, pero ni siquiera se acercaron mientras estuvimos allí.

En 2009, el hombro de Carolyn empezó a dolerle mucho y recibía inyecciones de esteroides cada tres meses. Siempre me pregunté si el problema del hombro se debía a un diagnóstico erróneo durante los seis meses posteriores a su infarto de 2006. Quizás el dolor de hombro en 2006 se debía a la falta de sangre debido al problema cardíaco, y tal vez eso le causó un problema articular permanente. Finalmente, en 2011, le realizaron un reemplazo total de hombro, por lo que ahora tenía tres articulaciones metálicas. Eso la frenó? Claro que no. En un par de meses, recuperó la amplitud de movimiento del hombro y estaba bien.

49

La FDA y el asma

(Por qué no me gustan los ambientalistas)

Todo fue color de rosa hasta el otoño de 2012. Carolyn tenía asma desde los 15 años. Al principio de nuestro matrimonio, podía conseguir pastillas de TEDROL y media pastilla le calmaba un ataque de asma en minutos. Luego, la FDA prohibió el TEDROL en Estados Unidos. Durante un par de años, pudimos comprarlo en Canadá y recibirlo por correo, pero luego esa fuente también desapareció. Carolyn tuvo que recurrir a los inhaladores Primatene Mist y a las pastillas de Primatene, que tardaban mucho más, a veces un día o dos, en curarse por completo de un ataque. No sabíamos qué le causaba los ataques. Carolyn pensó que podría ser pelo de perro, que luego debían ser las rejillas de ventilación de la casa, pero no pudimos identificar por qué se recuperaba bien durante meses y luego tenía un ataque de asma.

No tenía todos los síntomas de un infarto femenino como en 2006, pero seguían siendo graves, pero Primatene Mist la aliviaba en minutos. En 2011, la FDA prohibió los inhaladores Primatene Mist porque contenían freón, que podría estar causando el calentamiento global. ¡Ja! ¿Y qué hay de quienes sufren de asma y les quitan el inhalador de rescate del que dependen porque podría haber una cantidad minúscula de freón para convertir el medicamento en vapor?

Había comprado todos los inhaladores que pude encontrar en 2011, pero en 2012 se le acabaron, tuvo un ataque de asma y tuve que llevarla a urgencias del Hospital South Bay. Insistieron en que tenía neumonía y necesitaba hospitalización. Ella se negó y, la semana siguiente, fue al Dr. Hooker, un neumólogo, quien revisó las radiografías del hospital y no estuvo de acuerdo. Dijo que tenía EPOC. Ese fue el diagnóstico erróneo del hospital cuando tuvieron que extirpar parte del pericardio después de su cirugía de corazón. Ignoró que era muy activa y que nunca le faltaba el aire a menos que tuviera un ataque de asma, pero al menos estuvo de acuerdo en que el hospital se había equivocado. Le recetó varias recetas para el tratamiento a largo plazo de la EPOC y albuterol para su nebulizador, pero no tratamientos de acción rápida como Primatene Mist con epinefrina en lugar de albuterol, por lo que no tenía medicamentos de reacción inmediata. Después de varios años de verlo dos veces al año, le recetó un inhalador Ventolin, pero no era ni de lejos tan efectivo como el Primatene Mist, ya que básicamente era albuterol en lugar de epinefrina. Con un inhalador de epinefrina y quizás un EPIPEN de emergencia, creo que habría vivido mucho más.

Cada seis meses, a partir del otoño de 2012, tuve que llevarla a urgencias para que le trataran el asma. Insistían en que era EPOC, pero era una reacción alérgica. Ningún médico buscó un alérgeno que pudiera estar causando los ataques. Ella seguía con su habitual energía, sin dificultad para respirar hasta que le llegaban estos ataques ocasionales.

Redujimos nuestros cruceros a uno al año porque simplemente repetíamos los anteriores. Tras nuestro mal vuelo de regreso de Turquía, el mal vuelo del año anterior de regreso de Alaska y el mal vuelo de ese mismo año de regreso de Hawái, dejamos de volar fuera de EE. UU., así que decidimos salir de Florida. Incluso empezamos a limitar nuestros cruceros a partir de Tampa para evitar el largo viaje de un día a Miami.

50

La pendiente descendente

Carolyn desarrolló un dolor de espalda. Su médico de cabecera pensó que podría ser un problema renal, pero las pruebas no lo indicaron. La envió a un gastroenterólogo, quien pensó que el dolor de espalda era de vesícula, así que programó una cirugía de vesícula. Después de la cirugía, me confesó que no le encontró cálculos biliares, pero que podría vivir perfectamente sin vesícula. Podría haber demandado, pero mi familia tiene abogados involucrados y no somos de los que demandamos a nadie.

Acudió al médico que le había operado el hombro y este le recomendó un cirujano de espalda en su consultorio. El médico le realizó otra tomografía computarizada con contraste y luego le aplicó una inyección de cortisona, como la que había recibido en el hombro durante un par de años, en la ilíaca, lo que curó por completo el dolor de espalda. ¿Por qué los médicos dijeron que era vesícula biliar? Era una acumulación de artritis en la ilíaca. Nunca volvió a tener problemas de espalda, pero su historial médico indicaba que era un problema grave y que aún persistía.

Empezó a ver a un ginecólogo por algunos problemas femeninos que le causaban demasiado dolor al tener relaciones sexuales. Solo teníamos relaciones sexuales cada pocos meses y prácticamente habíamos dejado de hacerlo por su dolor. Le recetaron Osphena como tratamiento hormonal. Debido a un trastorno genético, nunca tuvo menstruaciones normales y tuvimos que adoptar. Por lo tanto, los síntomas de la menopausia se exageraron. Nunca me dijo que lo estaba tomando, pero quería tener relaciones sexuales conmigo por mi bien. Eso resultó en una trombosis venosa profunda sin diagnosticar. Después de su muerte, encontré estas pastillas y supe que las había estado tomando durante un par de años. No le ayudaron porque simplemente no teníamos relaciones sexuales porque no quería hacerle daño, incluso cuando ella decía que estaba bien. Busqué información sobre Osphena y descubrí que probablemente era la causa de sus problemas circulatorios, ya que se ha relacionado con la trombosis venosa profunda (TVP). O eso, o los médicos deberían haberle recetado un anticoagulante mejor que un Plavix de dosis baja y una aspirina infantil.

En el verano de 2014, a Carolyn le empezaron a doler las pantorrillas, hasta el punto de no poder hacer sus dos horas de baile country en línea, por lo que las limitó a la primera hora de la clase de dos horas. También redujo los ejercicios en la piscina Aquasizer debido al dolor en las pantorrillas.

En otoño de 2014, Carolyn desarrolló una llaga en la parte superior del pie, por encima de los dedos. Su médico de cabecera nos remitió a un podólogo que la extirpó, le recetó antibióticos y le indicó un tratamiento. Empeoró, la extirparon y le volvieron a recomponer varias veces. Luego, el podólogo la remitió a un especialista en enfermedades vasculares porque pensó que podría estar relacionada con la circulación sanguínea, ya que no sanaba y no era cáncer.

El venólogo le recetó Plavix para diluir la sangre, pero no le hizo efecto. El médico fue muy brusco y a ninguno de los dos nos cayó bien. Cambiamos de médico vascular, simplemente porque el otro estaba de vacaciones, y él sugirió algunas pruebas y determinó que tenía las venas obstruidas en la pierna izquierda.

En enero de 2015, Carolyn recibió un stent en la parte inferior de la pierna izquierda y una vena dilatada. En 24 horas, la llaga del pie se formó una costra y una semana después desapareció por completo sin dejar cicatriz. Volvió a bailar en línea, pero ahora el problema se debía principalmente a su pierna derecha. En mayo de 2015, le colocaron dos stents en la pierna derecha.

Todas las tomografías computarizadas, como resultado de la obstrucción de las venas de sus piernas con contraste, habían provocado que su función renal fuera deficiente. No era grave como para requerir medicación, pero los análisis de sangre mostraban valores ligeramente por debajo de lo normal. También tuvieron que realizar tomografías computarizadas para las cirugías de stent. Ahora ha añadido un nefrólogo. Para la segunda pierna, ese médico recetó una dosis mínima de contraste radiactivo para las tomografías. Sus riñones se mantuvieron justo por debajo de lo normal, pero no era grave y aún no se le habían administrado medicamentos ni instrucciones especiales, salvo mantener la dosis radiactiva al mínimo en futuras tomografías computarizadas.

Durante ese otoño, parecía tener problemas respiratorios más frecuentes, pero la mayor parte del tiempo estaba bien. Sus piernas ya no le dolían tanto y los calambres nocturnos habían desaparecido. Nunca entenderé por qué los médicos no le recetaron anticoagulantes más efectivos. La disminución de la función renal podría deberse a una mala circulación, como la que tenía en las piernas antes de las stents.

Esa Navidad, sus problemas respiratorios empeoraron. Habíamos cortado flores en casa. En enero, falleció su hermana y en su funeral había flores por todas partes. Carolyn insistió en que nos fuéramos enseguida y, de camino a casa, se quedó sin aliento.

No nos dimos cuenta de que eran las flores. Fuimos a urgencias y allí dijeron que tenía neumonía. Durante las semanas siguientes, su médico de cabecera dijo que estaba bien y luego su neumólogo dijo que estaba bien y que no necesitaba ninguna receta de esteroides ni antibióticos.

51

Premoniciones

M i hijo y yo teníamos presentimientos de lo que
se avecinaba. Durante semanas antes de nuestro crucero de febrero, tuve un sueño recurrente en
el que Carolyn y yo comíamos en la cafetería de la
cubierta Lido. En todos los sueños recurrentes, íbamos a diferentes partes de la cafetería porque queríamos platos diferentes. Debíamos encontrarnos en
una mesa que habíamos reservado, dejando allí unos
vasos de té recién hecho junto con chaquetas o algo
para indicar que ya estaba ocupada. Cuando llegué
a nuestra mesa, Carolyn no estaba. Dejé mi bandeja
de comida en la mesa y di una vuelta por la cafetería para verla. En todos los sueños, la vi salir por
una puerta con su hermana. Eso me entró el pánico
porque su hermana había fallecido en enero. Una vez
salieron a la piscina, pero para cuando logré sortear a
la gente que estaba entre la puerta y yo, ya se habían
ido. Di la vuelta a la cubierta de la piscina y volví a

la cafetería varias veces, pero no la encontré. Luego, me desperté, me di cuenta de que era un sueño, me estiré para tocarla, asegurarme de que estaba en nuestra cama y volví a dormirme.

En otra ocasión vi a la Carolyn y a su hermana, Shirley, entrando por la escalera y despidiéndose con la mano, pero, una vez más, había demasiada gente como para llegar hasta que se perdieron de vista. Fui a nuestra habitación a bordo y registré el barco, incluso en las zonas de estar de la tripulación. Los tripulantes me decían constantemente que no podía estar allí, pero se apartaban. No sé cómo parecía que me orientaba en las zonas de la tripulación, pero miraba en muchas de las diminutas habitaciones, a veces molestando a la gente que se molestaba porque estaba fisgoneando. Entonces me daba cuenta de que Shirley había muerto en enero, que el crucero era a finales de febrero, me despertaba, me acercaba, la tocaba y volvía a dormirme.

Este sueño se repitió dos o tres veces por semana durante las tres semanas previas a nuestro crucero. Ni que decir tiene, no la perdí de vista cuando finalmente hicimos el crucero.

Carolyn llevaba años enfadada con Craig. Lo llamaba por teléfono de vez en cuando, y si él nos llamaba, yo era la única que tenía que hablar. Carolyn se negaba a hablar con él por teléfono; a veces me escuchaba y me gritaba que no fuera tan amable con él. Craig podía ser muy hablador, tanto que yo no podía decir mucho, pero quería que yo le respondiera para indicar que seguía escuchando, así que le decía "ajá", "entiendo" o lo que fuera. Carolyn me decía que hablara y no solo "ajá" todo el tiempo. Con frecuencia, necesitaba dinero y no lo pedía abiertamente. Normalmente, cuando se trataba de dinero, Carolyn decía: "Anda, envíame el dinero, sé que quieres".

Mi hijo se sorprendió una semana antes de nuestro crucero cuando Carolyn lo llamó y tuvieron una conversación agradable de treinta minutos. Cuando llamó, Craig pensó que debía haber algo mal conmigo, pero solo fue una conversación agradable para preguntarle cómo estaba.

En el crucero, Carolyn parecía sentirse bien, pero lloró un par de veces sin razón aparente. Además, era muy pegajosa y quería tomarme la mano o ponerme una mano en el brazo. En su cumpleaños, la última noche de nuestro crucero, Carolyn no me dejó dejar de bailar con ella. Estuvimos allí antes de que llegara la banda y no nos fuimos de la pista hasta que terminaron. Ambas nos cansamos de bailar rápido, pero cuando yo me cansé, simplemente bailamos lento al ritmo de lo que tocara la banda. Se aferró a mí como si no hubiera un mañana. Decía que se sentía bien, pero de vez en cuando, incluso mientras bailaba, se le llenaban los ojos de lágrimas. Naturalmente, si le preguntaba, decía que estaba tan feliz de que estuviéramos juntas y que no quería separarnos nunca.

¿Hace falta decir que estuvimos locamente enamorados durante 46 años y 45 años de matrimonio? Nunca quise estar sin ella y, durante los últimos dos años, decía que no podía sobrevivir sin mi ayuda. Su hermana insistía en que necesitaba depender menos de mí. Sabía que Carolyn era lo suficientemente inteligente como para arreglárselas perfectamente sin mí. Había aportado una pensión de supervivencia que le permitiría tener suficiente seguro de vida para pagarlo todo y 55.000 dólares anuales ajustados a la inflación para vivir.

Aunque no creía que dependiera tanto de mí, me alegraba mucho que sintiera esa dependencia y quería estar ahí para ella mientras viviera. Salvo alguna lesión ocasional y algunos puntos, estaba muy sana y esperaba sobrevivirla, pero nunca imaginé que la perdería pronto.

Sabía que durante los últimos dos años su salud había empeorado y se sentía bastante mal, pero rara vez se quejaba. Quería volver a Oklahoma y alejarme de los malos médicos de Florida. Carolyn no se mudaría mientras su hermana, Shirley, viniera a Florida cada invierno; además, decía que era demasiado trabajo empacar y mudarse. Le dije que ya no trabajaba, así que yo haría todo el trabajo.

Ese verano la convencí de viajar a Oklahoma y al menos ver casas. Su hermana murió en enero de 2016, solucionando ese problema, pero era demasiado pronto para ir a Oklahoma, o no?

52

Nuestro último crucero

Con ambos médicos diciendo que estaba bien, seguimos adelante y tomamos nuestro crucero programado saliendo de Tampa con destino a todos los lugares habituales que habíamos visitado antes: Cozumel (México); Costa Maya (México); Roatán, Islas de la Bahía (Honduras); Harvest Cay (Belice) y de regreso a Tampa. Habíamos tomado este mismo crucero antes y lo habíamos hecho con otras líneas de cruceros, pero Norwegian era nuestro favorito por la comida y el entretenimiento de estilo libre. No nos gustaba que nos asignaran a una mesa con desconocidos comida tras comida y tener que comer a su horario. De hecho, siempre comíamos la mayoría de nuestras comidas en la cubierta superior "Lido", con el comedor buffet, donde podíamos elegir y no tener que pasar horas en los comedores formales. Siempre estábamos en movimiento, ya sea en tierra o en el mar, y no queríamos pasar horas esperando a los camareros o la comida.

La primera parada fue Roatán. Solo hicimos una excursión: un barco con fondo de cristal para ver los arrecifes de coral de Roatán. Fue una decepción, ya que no pudimos ver ningún color, excepto cuando los peces nadaban muy cerca de las ventanas submarinas. Pero no hicimos excursiones terrestres en este viaje, ya que ya habíamos estado allí muchas veces. En cambio, nos alejamos de las multitudes y encontramos un restaurante estadounidense sobre pilotes sobre el agua. Estábamos cansados de caminar un par de horas, así que pedimos hamburguesas, papas fritas y Coca-Cola Light. Había algunos clientes más, pero no sabíamos cómo se las arreglaba para seguir abierto. Todo era al aire libre bajo un techo de paja y tenía capacidad para 100 personas, pero había otra familia de 8 niños y adultos en otra mesa grande y nosotros. No había camarero, solo el dueño, cocinero y cajero estadounidense. Carolyn se sentó junto a una barandilla exterior, desde donde podía observar a los turistas o lugareños que pasaban por la calle, y esperó mientras yo pedía, volvía por la comida y la bebida y volvía a esperar cuando pagaba. Cada vez que volvía a la mesa, notaba que Carolyn había estado llorando, pero no decía por qué y al instante volvía a estar feliz. Mirando atrás, sé que tenía presentimientos sobre lo que se avecinaba. Reanudamos el paseo y, tras unas ocho horas comprando recuerdos y caminando, menos 45 minutos para descansar y comer, regresamos al barco.

La siguiente parada fue Costa Maya, donde paseamos fuera del barco, vimos algunas danzas mayas, mayas columpiándose de un gran poste, compramos recuerdos, tomamos fotografías y vimos un espectáculo de delfines desde un balcón arriba y luego regresamos al barco.

Al día siguiente fuimos a Harvest Cay, Belice, donde repetimos la caminata y las compras. Encontramos un teléfono para llamar a nuestra hija en Oklahoma.

El siguiente fue Cozumel, México. Repetimos nuestro ritual de Cozumel y caminamos el muelle de 800 metros desde el barco hasta el centro comercial al otro lado de la calle. Rodeamos el centro comercial por arriba y luego por abajo, y luego caminamos un par de kilómetros hacia el centro para encontrar ese pequeño parque central cerca del centro que ya habíamos visitado. Al regresar al centro comercial, nos tomamos fotos con los mismos loros con los que nos habíamos tomado fotos años atrás en un crucero, y luego volvimos al barco. Los dos estábamos cansados de caminar y simplemente nos sentamos en el balcón a ver las festividades en el muelle mientras regresaban varios cruceros llenos de pasajeros. Acabábamos de evitar la multitud que regresaba de excursiones terrestres. La excursión terrestre a la que habíamos ido otras tres veces fue a la península de Yucatán y a las ruinas de Tulum. Llevamos a mi padre allí cuando tenía 92 años, luego fuimos solos, luego llevamos a nuestra hija de 30 años, pero no tuvimos que repetirlo. Carolyn me había animado a ir a hacer snorkel sin ella o a dar un paseo en barco a algún lugar, pero de ninguna manera iba a dejarla sola.

Esa noche fuimos a la función de entretenimiento, exploramos el barco buscando un bar con buena música para bailar, asistimos a un espectáculo de magia en uno de los bares, jugamos a algunos juegos en grupo y nos fuimos a dormir alrededor de la medianoche. La noche siguiente era su cumpleaños y cenamos en uno de los comedores formales donde había organizado que vinieran a cantar para ella y le trajeran un pastelito. Fuimos a la función de entretenimiento nocturno en el teatro principal y luego fuimos a un bar en la popa del barco. Carolyn quería bailar y bailar. Cuando se le cansaron las piernas, insistió en que siguiéramos fingiendo bailar abrazados, pero bailando lento incluso con música rápida. Creo que tuvo la premonición de que esta podría ser nuestra última vez bailando. La banda terminó a medianoche y luego desalojaron la sala para un concurso para los menores de 30 años.

Íbamos a dar por terminada la noche porque teníamos un gran día planeado para cuando volviéramos a puerto a la mañana siguiente, pero unos treintañeros insistieron en que nos quedáramos en nuestra mesa junto a la pista de baile y nos uniéramos a ellos en el juego. Carolyn y yo nos llevamos la mayoría de los puntos en la competición y habríamos conseguido el primer puesto para nuestro grupo, pero me negué a quitarme los pantalones y subir al escenario en ropa interior. Se suponía que debíamos bailar y, cuando llamaran, debíamos llevarle una señal al maestro de ceremonias cuando anunciara. El maestro de ceremonias se escondió al fondo de la gran barra en la oscuridad y no pudimos encontrarlo desde el escenario. Otro grupo que iba en segundo lugar lo vio correr al fondo de la barra y subió al escenario para avisar a sus bailarines dónde se escondía. Esto último nos dio el doble de puntos y perdimos la oportunidad por completo. En cualquier caso, eran casi las dos de la madrugada y nuestro grupo quedó en segundo lugar.

53

Nuestros últimos días saludables juntos

Al día siguiente, 28 de febrero, llegamos a puerto a las 8:00 a. m. y fuimos en coche hasta donde estaba nuestro perro en una jaula para llevarlo a casa. A la 1:00 p. m. estábamos de vuelta en Tampa esperando un musical de Broadway para el que teníamos entradas. Llegamos a casa sobre las 4:30 p. m., llevamos al perro al parque, comimos y vimos la televisión.

El 29 de febrero, su sobrino de 62 años y su novia enfermera, también de 62 años, a quien había conocido 30 años antes y con quien se reencontró por Facebook, volaron desde su destino civil en la Marina estadounidense en Japón a Sun City Center, donde compraron una casa para estar cerca de nosotros justo antes de que él consiguiera su destino en Japón. Habían regresado para casarse, donde

Carolyn y yo podríamos estar allí como padrinos y damas de honor en el muelle de un vecino, enfrente de la casa que habían comprado. Nos vestimos elegantes para la boda y las fotos. Esa noche, llevamos a los novios a cenar a la costa para ver la puesta de sol sobre el Golfo. El miércoles, los invitamos a cenar y jugamos a las cartas hasta la medianoche. El jueves, Carolyn y yo fuimos a Publix a comprar asados de cerdo para la olla de cocción lenta para que ella pudiera cocinarles una última cena en Estados Unidos antes de que subieran a un avión el 5 de marzo para regresar a Japón, donde tal vez no los volveríamos a ver en tres años.

Acabamos de llegar, encontramos unos asados de cerdo, tomamos un atajo por el pasillo de las flores hasta las cajas y volvimos a casa. Una hora después, empezó a tener dificultad para respirar y era demasiado tarde para ver a su médico de cabecera. No quería ir a una clínica de urgencias menores en el pueblo vecino, así que fuimos a urgencias. Le hicieron una radiografía y el médico dijo que tenía unas manchas en los lóbulos inferiores de los pulmones que podrían ser neumonía o el inicio de un cáncer de pulmón. Su recomendación fue que la semana siguiente fuera a ver a un neumólogo para que le hiciera más pruebas.

A la mañana siguiente, estaba bien y se apresuraba a limpiar la casa, fregar los pisos y a preparar la comida para su sobrino y su nueva esposa.

A media tarde, me pidió que la llevara de nuevo a Publix a comprar panecillos frescos para cenar y vino tinto que le gustaría a la recién casada. Fui a comprar el vino en un extremo de la tienda y Carolyn corrió al pan fresco en el otro. Para encontrarme en la caja y llegar rápido a casa, tomó el atajo entre las flores cortadas para llegar a la caja sin tener que ir hasta el fondo de la tienda y luego subir por un pasillo donde solo tenía un paquete de panecillos.

54

Perdí el amor de mi vida

Iba en su dirección cuando la vi atrapada en el pasillo de flores frescas, con los carritos de compra de otras personas bloqueándole la salida o la fila para pagar. La vi agarrarse a uno de los mostradores de flores frescas y supe que le estaba dando un ataque de asma. Tuve que casi empujar a la gente para llegar hasta ella y alejarla de las flores. Tiré el vino y los panecillos y la llevé directamente de la tienda a urgencias. Me dijo que tenía la garganta cerrada, que no podía respirar y que necesitaba ir a urgencias inmediatamente.

Cuando llegué, corrí adentro, agarré una silla de ruedas porque casi tuve que cargarla hasta el auto y pensé que tendría que llevarla a urgencias porque estaba empeorando. Corrí a urgencias con la silla de ruedas y la ingresé de inmediato. El médico de urgencias estaba libre y entró y le puso una cánula nasal para oxígeno porque tanto ella como yo dijimos que estaba teniendo una reacción alérgica y no podía respirar. Se arrancó la cánula nasal y le dijo al médico que necesitaba un tratamiento respiratorio porque esa cosa nasal no estaba funcionando. Le dije que una inyección de epinefrina y un tratamiento respiratorio era lo que necesitaba. Le puso una máscara de oxígeno, pero ninguna inyección ni nada con el oxígeno. Respiró varias veces, se arrancó la máscara para poder gritarle al médico: "¡Uy! Creo que la rompí (había roto la correa), pero tienes que poner algo con el oxígeno y necesito una inyección para respirar".

El doctor me dijo que me fuera mientras lo hacía. Antes, mientras preparaban el tratamiento respiratorio, me hacían quedarme de pie en el pasillo para hacer espacio y luego me dejaban entrar. Mientras estaba allí, el doctor gritó: «Es demasiado grande, consíganme uno más pequeño, no de tamaño infantil."

Cuando regresé a la habitación, la habían intubado con un tubo en la garganta en lugar de una mascarilla de oxígeno con albuterol, oxígeno y, generalmente, algo más. Al parecer, oí sus gritos porque había intentado usar un tubo de tamaño estándar que no le cabía en la garganta inflamada debido a la reacción alérgica a las flores.

Le pregunté por qué no le daba un tratamiento respiratorio y una inyección para la reacción alérgica.

Dijiste que no podía respirar así que la puse en un respirador.

Dije: "Pudo respirar lo suficiente como para indicarle que necesitaba un tratamiento respiratorio. Su testamento vital dice que no hay soporte vital, excepto durante la cirugía. Quíteselo y administre un tratamiento para la alergia con albuterol y una inyección de epinefrina."

No puedo hacerlo ahora, y en la radiografía le detectaron algo extraño en el corazón, y podría necesitar cirugía. No es mi decisión. ¿Qué le han hecho en el corazón?

Le expliqué que en 2007 le extirparon una sección del ventrículo izquierdo y la volvieron a unir gráficamente, y le reemplazaron las tres venas principales del corazón, pero su cardiólogo dice que está muy bien.

Bueno, necesita apoyo respiratorio. Me sorprende que haya aguantado tanto tiempo solo con el oxígeno de casa.

No tenía oxígeno en casa. Tiene asma, no EPOC. No necesita un respirador, necesita algo para la alergia.

Él me ignoró.

Carolyn tenía una expresión de pánico en su rostro. Me había dicho que nunca más quería un tubo como ese, el que le pusieron cuando la operaron del corazón y que había dejado un testamento vital en el hospital al año siguiente para evitarlo. Ahora le tenían un tubo en la garganta que le impedía hablar y lloraba. Su presión arterial subió a 225 sobre 125 y le dije al médico que tenía que hacer algo porque le habían hecho una reconstrucción cardíaca importante y su corazón no podía soportar esa presión. En lugar de darle algo, la envió a la UCI. Fui con ella, por supuesto. Su sobrino llegó poco después de llegar a la UCI y ella intentó ser valiente por él, pero entonces se le nublaron los ojos y dejó de respirar. Un enfermero negro, más pequeño pero fuerte, ordenó a todos que salieran de la habitación e inició la RCP de inmediato. Los médicos intentaron decir que estaba muerta y que la RCP no funcionaría, así que les dijo a las demás enfermeras que también sacaran a los médicos.

Diez minutos después me permitieron volver a entrar. Su presión arterial había bajado a 140/90 y respiraba, pero estaba inconsciente. Me dijeron que se recuperaría y que debía ir a comer algo. Cuando regresé, estaba consciente y me indicó con las manos que le sacara el tubo de la garganta. Luego me mostró que tenía las manos atadas y me indicó que si no le sacaba el tubo, se lo desatara y que lo haría ella misma.

Carolyn giró la cabeza lo más que pudo hacia mí y se le llenaban los ojos de lágrimas. Dije, como un tonto: «Te quitaré el tubo de la boca cuando lleguen los médicos y podamos irnos a casa». No sabía lo que me esperaba.

Se tranquilizó cuando Bob, su sobrino, llegó temprano a la mañana siguiente camino al aeropuerto para volar de regreso a Japón. Intentó sonreír con el tubo en la boca y lo saludó con la mano con todas sus fuerzas, con los brazos atados.

Poco después entró su médico de cabecera. Ella lo saludó con la mano y le sonrió, e hizo el gesto de retirarle el tubo. Él le dijo que lo necesitaba para respirar, y ella negó con la cabeza e intentó fruncir el ceño con el tubo en la mano.

Le dije al médico que Carolyn no necesitaba el tubo de respiración artificial y que no quería que se le incluyera soporte vital en su testamento vital. Quería que se lo quitara, ya que sabía que podía respirar sin él. De hecho, pensé que su ataque de alergia ya había pasado, así que podría estar bien si le quitaban el tubo. También me quejé de que deberían haberla tratado por asma y no intubado.

El médico dijo que tenía que hablar con los demás médicos, pero que volvería. Que yo sepa, nunca volvió a entrar en su habitación. Fui a verlo unos días después diciéndole que quería que la trasladaran a otro hospital, pero se negó. Actuó como si estuviera en fase terminal y la hubiera dado por perdida.

Las enfermeras dijeron que los médicos creían que tenía daño cerebral por la forma en que señalaba el tubo y lo masticaba. Dije que quería que le sacaran el tubo.

Una hora después, Carolyn me indicó que llamara a una enfermera. Cuando entró, Carolyn se señaló la entrepierna y la enfermera le dijo: «Si necesita orinar, ya tiene un catéter conectado a una bolsa para recoger la orina."

Carolyn negó con la cabeza y volvió a señalar. La enfermera preguntó: "Necesitas hacer el número dos?".

Carolyn negó con la cabeza y la enfermera le dijo que tenían una compresa debajo, así que simplemente váyase.

Carolyn se esforzó un poco y salió principalmente sangre. La enfermera le preguntó si había tenido sangre en las heces antes. Respondí: "Nunca, hasta ahora. Debe tener una hemorragia interna por la intubación. Tienes que sacarle el tubo y averiguar qué tipo de daño le causó la garganta."

"El enfermero dijo, eso depende de los médicos".

No tenía daño cerebral, de lo contrario no me habría pedido que llamara a una enfermera y luego usó lenguaje de señas para explicar que necesitaba defecar y que no quería ensuciar las sábanas. Los médicos eran idiotas o intentaban encubrir un grave error matándola.

Cuando amenacé con quitarle la sonda yo mismo, me obligaron a alejarme de su cama y a mantener las cortinas abiertas para que me vieran y así asegurarse de que no la quitara. Amenazaron con llamar a seguridad si intentaba algo. Debería haberle quitado la sonda y la vía intravenosa, sacarla del hospital y salvarle la vida, pero tenía miedo de ir en contra de los médicos. La maté por no confiar en mí mismo, ir en contra de los médicos y arriesgarme a que me arrestaran. Debería haberlo hecho, pero no lo hice.

Carolyn me decía por señas y me señalaba que tenía que quitarle el tubo o soltarle las manos para que pudiera hacerlo, ya que nadie más lo haría. Al final, me señaló a mí, luego a la puerta y me miró con enfado.

"Dije, no quieres que me vaya?"

Ella negó con la cabeza con vehemencia, me señaló a mí y luego a la puerta. Le dije: "Vale, pero vuelvo enseguida".

Aproveché el tiempo libre para llamar al Hospital Saint Joseph para que la transfirieran, pero me dijeron que no la aceptarían a menos que le dieran de alta del Hospital South Bay en Sun City Center. Hablé con la administración del hospital, quienes me dijeron que la decisión dependía de los médicos. Llamé a tres bufetes de abogados en Tampa para ver si podía conseguir una orden judicial que la sacara de ese hospital.

Cuando regresé a su habitación, la habían puesto en coma. Encontré al médico que la había recetado y le dije que la despertara de inmediato. "No puede tomar anestesia a largo plazo, la mataría. La anestesia solo la han administrado unas horas en cirugías y le ha costado recuperarse."

"Ella estaba luchando contra el respirador y no era justo que estuviera tan alterada, tuvimos que calmarla".

Por qué no me llamaste? Claro que estaba molesta, su testamento vital dice que no quiere un respirador ni ningún otro método artificial para mantenerla con vida, y ya te dije que le quitaras el tubo. Puede respirar perfectamente sin respirador si la despiertas.

El neumólogo dijo que tenía líquido en los pulmones y que lo iban a succionar por ese tubo. Mañana, cuando volviera, le habrían quitado el tubo y estaría mejor y despierta. Ya era tarde y, equivocadamente, le creí. Llevaba más de 30 horas despierto, así que fui a casa a alimentar al perro y a ponerle su inyección de aislamiento para la diabetes.

Regresé antes del amanecer, después de unas dos horas intentando dormir, y ella seguía con el tubo puesto y estaba inconsciente. Estaba furioso, el neumólogo estaba allí y dijo que el tubo de intubación era demasiado pequeño para aspirar sus pulmones, así que lo cambiaron y decidieron que ya era bastante duro para ella. Le indujeron el coma debido al daño cerebral y usarían el nuevo tubo para aspirar el líquido de sus pulmones esa noche.

Dije que no tenía daño cerebral. Dijo que estaba luchando contra el tubo de intubación y que no era correcto mantenerla despierta. Le aspiraremos los pulmones esta noche y mañana, cuando llegue, le habrán quitado el tubo y estará despierta. Le dije: «No debería haberla puesto en coma. Es muy sensible a cualquier anestesia. Cuando le operaron el hombro, solo estuvo dormida una hora y le tomó una semana tomando medio galón de citrato de magnesio al día para que volviera a funcionar. La matará si no la despierta, y me refiero ahora».

No podemos hacer eso. Tenemos que extraerle ese líquido de los pulmones y no podemos hacerlo sin que esté dormida. Fue traumático para ella que le quitaran el tubo pequeño y le insertaran el más grande. Necesita descansar.

"La matarás si no la despiertas de vez en cuando si tienes que volver a dormirla esta noche".

No vamos a hacer eso. Sabemos lo que hacemos.

No, la estás matando. En su testamento vital, ella dijo específicamente que no quería soporte vital. Soy su cuidadora y quiero que la despierten.

Él simplemente se alejó, ignorando mi súplica.

Pasé allí el día y la noche hasta que me dijeron que tenía que salir de la UCI mientras realizaban el procedimiento, que duraría entre tres y cuatro horas. Así que, cuando me sacaron esa noche, me fui a casa con un sentimiento de fatalidad. Estaba casi seguro de que nunca más podría hablar con ella, pero tenía la esperanza de que los médicos supieran lo que hacían. Al llegar a la mañana siguiente, encontré el tubo todavía puesto y que seguía inconsciente. Estaba furioso.

Mi hijo Craig y mi hija Christine querían ir a verla al hospital, pero yo ya sabía lo que iba a pasar después de que los médicos no me escucharan y cometieran los mismos errores el primer día completo, cuando la indujeron al coma. Les dije: "No, no quiero que la vean así. Puede que los necesite más adelante."

De nuevo, me obligaron a salir del hospital y regresé antes del amanecer. Ella aún tenía el tubo y seguía bajo los efectos de los medicamentos en coma.

Cuando pregunté, me dijeron que le habían extraído el líquido (¿sangre?) de los pulmones, pero que tenía obstrucciones graves en las vías respiratorias y que la iban a volver a examinar la noche siguiente para intentar eliminarlas. Pregunté si eran moco seco o coágulos de sangre.

Así que otro día de coma inducido y otra noche de inactividad mientras le lavaban los pulmones. A la mañana siguiente, cuando ingresé, tenían 12 bolsas de medicamentos circulando por 7 de esas máquinas para regular el flujo de fluidos. Querían impedirme el ingreso después de que me quejara de que estaban intentando matarla. Dijeron que tenía una infección grave y que necesitaban curarla. Me colé en la habitación y tomé una foto de las máquinas. Todas las máquinas seguían allí, pero había menos bolsas que las 12 que había antes de que me obligaran a salir.

Fui al médico de guardia y prácticamente me sacó de la consulta y cerró la puerta. Estaba seguro de que Carolyn iba a morir por sus tratamientos, pero no podía hacer nada para detenerlos. Las enfermeras seguían siendo amables conmigo y me explicaron todo lo que hacían desde la perspectiva de una enfermera. No les habían permitido entrar cuando le estaban limpiando los pulmones, así que no podían decir nada, pero el tubo de intubación tenía un pequeño aspirador que usaban cada pocas horas y me mostraron cómo ahora estaba limpio y no le llegaba líquido a los pulmones, pero la succión no llegaba hasta el fondo.

Ese día fue una repetición. Le tomé la mano, le hablé y lloré mucho. Fui a la capilla del hospital y recé varias veces al día, como en 2007, cuando la operaron del corazón. Salí varias veces para comer algo congelado o para alimentar al perro, pero pasé la mayor parte del tiempo con ella. Carolyn no respondía en absoluto. Repitieron el proceso esa noche. Cuando regresé a la mañana siguiente, los médicos dijeron que habían despejado los conductos, pero que mantenían el tubo puesto porque no podía respirar por sí sola. Sin embargo, las enfermeras me mostraron cómo apagar la máquina temporalmente y ella respiraba por sí sola. Tampoco pudieron hacer nada. Los médicos eran unos dioses.

La acompañé cuando bajaron su camilla a la planta principal para realizarle pruebas y procedimientos, y la enfermera me mostró que no era necesario apretar la bolsa de aire constantemente porque podía respirar sola. "¿Por qué no le quitan el tubo y la dejan respirar sola entonces?"

—Porque los médicos tienen que ordenarlo. Ni siquiera debería mostrarte que puede respirar.

Más tarde ese mismo día, una enfermera me dijo que su bolsa de orina no mostraba líquido adicional. "Creo que sus riñones dejaron de funcionar".

Cuando la llevaron de vuelta a la habitación, encontré a uno de los médicos y le dije que podía respirar sola en el ascensor, así que ¿por qué no le quitaban el respirador? Dijo que no respondía y que no podía respirar sola. Le dije que no era cierto, que preguntara a las enfermeras. Las enfermeras, por supuesto, no reconocieron nada; de lo contrario, probablemente las despedirían. El médico entró en su habitación, le dio un fuerte golpe en el pecho y, sin obtener ninguna reacción, dijo: "Mira, si hubiera tenido alguna actividad cerebral, se habría estremecido."

No sabes lo fuerte que es. Ni siquiera se inmutaría si me hablara ahora mismo. Te lo mostraré. Me acerqué a la cabecera de la cama, me incliné sobre la barandilla y le dije en voz alta al oído: "Carolyn, abre los ojos." Lo repetí y abrió los ojos, pero miraba hacia los pies de la cama. Dije en voz alta: "Carolyn, mírame, estoy junto a la cama." No podía girar la cabeza por el tubo en la boca, pero puso los ojos en blanco, me miró, se le saltaron algunas lágrimas y luego apartó la mirada y cerró los ojos.

Casi lloré cuando le dije al médico: "Ves, te lo dije".

"Eso fue sólo una reacción motora, tiene muerte cerebral".

—Entonces, ¿por qué lloró?

"Eso fue porque tenía los ojos abiertos y estaba seco aquí, no estaba consciente".

Sé que Carolyn se está muriendo, pero ¿cómo puedo rendirme?

Debo mencionar que recibimos numerosas visitas de nuestra iglesia, San Juan el Divino, Iglesia Episcopal de Sun City Center. Especialmente nuestro ministro asociado, que creo que estaba allí varias veces al día, todos los días. Oraba con nosotros a diario y, alrededor del tercer día, me sugirió que la trasladara a otro hospital donde me escucharan en lugar de asumir de inmediato que iba a morir desde el momento en que entró en urgencias. Le dije que ya lo había intentado y que no podía hacer nada. Tenían los registros equivocados y no querían admitir su error.

La enfermera habló con el médico y este le preguntó si podían hacerle una diálisis renal para intentar aliviarle la presión en los riñones. Le dije: «Claro, pero ya le dije que la mantenía dormida demasiado tiempo». Luego le di al médico una copia impresa de un artículo de un estudio de 2012 que demostraba que un coma inducido puede provocar un coma interno y que los riñones y el hígado dejen de funcionar permanentemente.

El médico dijo que ya lo habían hecho muchas veces y que no iba a funcionar. La diálisis aliviaría la presión sobre los riñones y les permitiría recuperarse. La diálisis se repitió tres veces durante los dos días siguientes, y la operadora de la máquina de diálisis dijo que no había filtrado nada la tercera vez.

Pasé casi toda la noche allí. Esa mañana, una enfermera entró para tomarme una muestra de sangre y me mostró que no podía extraer nada de una vena del brazo. Luego me preguntó si me importaba que intentara extraer sangre arterial. Le dije que sí, y la enfermera solo obtuvo un líquido claro de la arteria y con muy poco volumen. Localicé a un médico y le dije que necesitaba una muestra de sangre. Como las venas y arterias de su brazo y pierna estaban prácticamente vacías, tuvieron que colocarle una vía PICC en el pecho para inyectar la sangre casi directamente en su corazón, que aún latía. Le administraron dos unidades, le calentaron las manos a temperatura ambiente y pudieron volver a tomarle muestras de sangre de los brazos. Su nivel de hierro era solo 7 del mínimo de 12 que debería haber sido.

Los médicos decían que querían instalarle un puerto de diálisis permanente en el pecho, hacerle una tractotomía y trasladarla a un centro de cuidados a largo plazo en Tampa, a 64 kilómetros de distancia. Dije: "Pensé que no podían trasladarla a 9 kilómetros de distancia a otro hospital cuando estaba mucho mejor que ahora, ¿y me dicen que pueden trasladarla a un centro de cuidados a largo plazo en Tampa? He repetido muchas veces que no quiere estar con soporte vital artificial."

Hemos hecho todo lo posible por ella. No puede respirar por sí sola; sus riñones y su hígado han dejado de funcionar. Lleva una semana con muerte cerebral. Van a obligarte a salir del hospital.

¿Cómo puedo aceptar que nunca más me mirará, ni me tomará de la mano, ni me hablará? ¿Cómo puedo seguir viviendo sin ella? No es justo mantenerla con vida en máquinas en un centro de cuidados a largo plazo que ambos dijimos que nunca quisimos.

55

Terminó con un trueno

Me enfrenté a la posibilidad de tenerla con soporte vital completo a 65 kilómetros de mi casa y morir lentamente en un centro de cuidados de larga duración o dejarla morir pronto. Hacía días que no recibía respuesta de ella, salvo que ocasionalmente le abría los ojos cuando se lo ordenaba, pero no veía nada. Incluso si me movía hacia donde apuntaban sus ojos, no reaccionaba. Sus riñones y su hígado estaban destrozados. Como ni siquiera recibían nada con la diálisis, le habían dejado de alimentar por sonda, así que no recibió nutrición durante tres días.

Los médicos dijeron que tenía muerte cerebral, pero no lo creí. Un técnico entró en la habitación, me hizo salir, me hizo un encefalograma y dijo que tenía muerte cerebral. Me mostró la impresión, que era básicamente un diagrama de ondas cerebrales con líneas planas y solo unas pocas ondas en la parte inferior. Dijo que eran funciones motoras y no muchas.

Los médicos vinieron y me dijeron que tenía muerte cerebral, que no podía respirar por sí sola, que tenía insuficiencia renal y hepática total y que sus intestinos no aceptaban los alimentos. No hay esperanza para ella, pero si usted lo desea, la enviaremos a nuestro centro de cuidados a largo plazo en Tampa y mantendremos su corazón y pulmones funcionando por un tiempo más.

Argumenté que "cuando la llevaron a hacerle pruebas, podía respirar sola todos los días cuando no estaba conectada a las máquinas. Les dije que no la mantuvieran en coma y me he quejado todos los días."

"Estaba en fase terminal de EPOC cuando llegó al hospital. Hemos hecho todo lo posible".

No, no tenía EPOC, solo una reacción alérgica. Te lo dije una y otra vez: tiene asma desde los 15 años, llevamos 45 años casados y sufre ataques de alergia.

Bueno, le quitamos la medicación para mantenerla sedada hace tres días y no se ha despertado, pero con todo su cuerpo fallando, no es de extrañar. Le hicimos un encefalograma y no tiene actividad cerebral ni siquiera sin los sedantes.

Hazme otro encefalograma. No me lo puedo creer.

Esa noche me dijeron que me fuera mientras me hacían otro encefalograma. Me fui, pero luego busqué un rincón oculto y esperé a que la técnica saliera de su habitación y lo detuve. "¿Y bien?"

"Ella todavía tiene muerte cerebral".

"Entra y mira esto". Tuve que jalarle del brazo para que volviera a su habitación. Entonces se corrió sin que yo lo jalara y me incliné cerca de su oído sin tocarla ni tocar la cama y le dije en voz alta: "¡Carolyn, abre los ojos!".

Lo hizo por un momento. "¿Viste eso? ¿Cómo puedes decir que tiene muerte cerebral?"

"Vi eso, pero tengo que ir y reportar los resultados de mi prueba que dicen que no hay actividad cerebral".

Bien. Ahora me exigen que la envíe a un centro de cuidados a largo plazo para que le ponga soporte vital completo o que me dé por vencida y le retire el soporte vital en el hospital.

Te he estado diciendo que te quites el respirador desde el principio. ¿Estás dispuesto a hacerlo ahora?

Sí, ¿quieres estar en la habitación? Morirá en dos minutos después de que le quitemos el tubo de intubación y será horrible.

"¡Sí!"

Carolyn no murió inmediatamente. Después de 10 minutos, cuando aún respiraba y su ritmo cardíaco no cambiaba, le dije: "Te lo he estado diciendo todo el tiempo, pero no me creerías. Nunca necesitó esa máquina. Solo necesitaba una inyección de epinefrina y un poco de albuterol. Nunca tuvo EPOC, tuvo asma toda su vida y ahora la has matado."

Dejará de respirar en treinta minutos o una hora. No puede sobrevivir sin sus riñones ni su hígado.

También los mataste con el coma inducido. Te dije que le quitaras la sedación desde el momento en que la iniciaste. Habría estado mejor si la hubiera llevado a casa en lugar de traerla aquí.

Los médicos se marcharon furiosos. Las enfermeras se compadecieron de mí y me trataron bien. Carolyn respiró por sí sola sin cambios en la presión arterial ni en el nivel de oxígeno durante 38 horas, y luego se oía una tormenta lejana, un trueno atronador si uno estaba afuera o cerca de una ventana. Si no estabas cerca de una ventana o afuera, el trueno era demasiado lejano. Entonces se fue la luz por un instante y se activó el generador de emergencia.

Las enfermeras dijeron que un rayo había caído sobre un transformador a unas pocas millas de distancia y que no había electricidad en ese lado de la ciudad, pero el generador de emergencia está proporcionando energía a la mayor parte del hospital, excepto algunas luces superiores alejadas de la UCI y otras salas importantes.

Estaba sentado cerca de la ventana sosteniendo la mano de Carolyn y observándola a ella y a los monitores conectados a ella. De vez en cuando me paraba cerca de ella, le decía que la amaba y le pedía que abriera los ojos o me apretara la mano o me diera alguna señal, pero nada excepto su respiración lenta. Puse crema en sus labios agrietados por tener ese tubo de respiración en su boca durante dos semanas. A partir de las 42 horas después de la extracción del tubo de intubación y cada vez que escuchaba un trueno distante, su nivel de oxígeno bajó solo unos pocos puntos y su presión arterial bajó algunos puntos. Después de 43 horas, comenzó a bajar más rápido con su respiración más lenta y su presión arterial bajando. Después de un total de 44 horas, su oxígeno comenzó a bajar rápidamente a solo 60% y su presión arterial bajó a 80 sobre 30. Sabía que estaba a punto de morir en cualquier momento. Me paré muy cerca de ella, besé su frente y labios y le dije: "Carolyn, lamento mucho haberte traído a este hospital, pero pensé que te estaba salvando la vida. Tus riñones y tu hígado han fallado. Tu presión arterial está bajando. Te amo. Haré lo que quieras y te llevaré al Cementerio Nacional de Fort Smith y pondré lápidas en los cementerios de mis padres y los tuyos. Ya puedes irte. Te amo.

No hubo reacción, pero al sentarme quieto, agarrándole la mano con fuerza, respiró hondo. Intenté detener el movimiento y levantarme, pero perdí el equilibrio y mi peso me arrastró hasta la silla. Entonces, antes de que pudiera levantarme, exhaló con un largo suspiro. En ese momento, exactamente a las 3 p. m. del 19 de marzo de 2016, un rayo cayó en el hospital, sacudiendo todo el edificio como un terremoto, inutilizando el generador de emergencia y todas las luces y monitores de la UCI y de todo el hospital. Me quedé allí sentado, agarrándole la mano, y entre lágrimas busqué alguna señal de respiración, pero no la vi. Pasaron unos dos minutos y medio antes de que se activara la batería de emergencia (el generador de emergencia estaba quemado por el rayo) y sus monitores volvieran a funcionar, pero estaban apagados, sin señales de vida. Lo sabía, pero no me moví hasta que los monitores volvieron a funcionar y lo confirmaron. Esperé unos segundos más, fui a la enfermería y dije: "Se ha ido."

Las computadoras y monitores de la estación de enfermeras seguían reiniciándose, y cuando los monitores mostraron una línea plana, la enfermera se levantó y comprobó si había alguna señal de vida. Su fallecimiento se declaró oficialmente a las 15:03.

La enfermera me preguntó si quería una autopsia y le dije: "Claro. Los médicos la asesinaron y quiero demostrárselo. Deberían haberme escuchado."

Lloré mientras salía del hospital y fui a la funeraria que estaba a unas cuadras de distancia y dije que mi esposa acababa de morir.

Me dijeron que obtener el permiso estatal para una cremación tardaría entre 10 días y dos semanas, y luego otros cinco días para programarla. Nuestros testamentos estipulaban que queríamos la cremación. Mientras la funeraria tramitaba los documentos, miré un folleto sobre urnas funerarias. Encabezando la lista, y al mismo precio que todas las demás urnas de latón, había una verde. No tenía foto, pero el folleto tenía fotos de urnas prácticamente lisas de diferentes colores. Dije: "Me quedo con esa urna verde. Últimamente, el verde ha empezado a ser su color favorito".

¿Quieres ver una foto? Debería haber una foto a color en el catálogo.

—Sí, supongo que sí, pero ese es el único verde que tenía el folleto.

No era una simple urna verde y de latón como todas las demás del catálogo, sino que tenía un hermoso diseño casi floral en verde bosque que le habría gustado sobre un fondo de latón brillante. Era la única con un diseño así.

En resumen: ¿Cómo se sentiría el Príncipe Azul si él y Cenicienta fueran secuestrados y Cenicienta fuera asesinada lentamente mientras él tuviera que mirar?

56

Las secuelas

Después de su muerte, hice que mi hija, Christine, volara desde Oklahoma al día siguiente. Carolyn empacó toda su ropa e hicimos cuatro viajes en coche, con el maletero y el amplio asiento trasero llenos hasta las ventanas, hasta el refugio para mujeres. Espero que algunas puedan usar ropa talla 4 y zapatos talla 5 ½. Siempre la llamé mi Cenicienta por sus zapatos pequeños. ¿Cómo se habría sentido el Príncipe Azul si su Cenicienta fuera asesinada lentamente frente a él durante un período de dos semanas y luego le dijeran que lo olvidara? Muchas veces, cuando buscaba zapatos de vestir, compraba el artículo de exhibición, que era el único zapato talla 5 ½ en ese estilo. A las tiendas les gusta tener un tamaño de exhibición pequeño para que las mujeres vean el zapato como delicado. Regalamos tres bolsas de basura que contenían solo zapatos.

Doné su máquina de coser al club de costura, su pequeño órgano al club de órgano, sus pinturas y materiales de arte al club de arte o al club de cerámica. Espero que los clubes hayan aprovechado bien todas las cosas o al menos las hayan vendido para ayudar a sus clubes en lugar de tirarlas. Llevé una gran pila de adornos navideños al refugio de mujeres para que los vendieran y recaudaran fondos para el refugio. Carolyn tenía cajas de adornos para cada festividad. No supe hasta esta Navidad que Christine se había dejado llevar y había donado la colección de varios años de Carolyn de Papá Noeles y muñecos de nieve. Tenía una caja Rubbermaid grande de cada uno. Había estado comprando un Papá Noel nuevo cada año durante muchos años, desde que vivía en Europa. Algunos de los de madera tallada medían solo unos centímetros de alto, y el más grande medía sesenta centímetros. No había dos iguales. No quería haberlos regalado, pero ya no están.

Se suponía que la cremación de Carolyn tomaría dos semanas solo para obtener el permiso del estado y otros cinco días para programarla con el crematorio, pero por alguna razón, solo tomó cinco días, eliminando la posibilidad de contratar una autopsia privada para demostrar que los médicos la mataron innecesariamente. Nunca entenderé por qué solo cinco días en lugar de tres semanas cuando podría haber tenido una autopsia privada.

Gracias a Dios, la Iglesia Episcopal de San Juan el Divino en Sun City Center, Florida, le ofreció un maravilloso servicio conmemorativo. Asistieron 140 amigos míos y de ella, lo que lo convirtió en un servicio conmemorativo multitudinario para nuestra ciudad. No pudo haber sido mejor. El ministro titular se opuso a algunas de mis ideas, pero el Padre Lee Miller, el ministro asistente que había pasado tanto tiempo con Carolyn y conmigo en el hospital, fue maravilloso. Le di un trabajo sobre los milagros de mi matrimonio con Carolyn y él los incorporó todos en su charla, y luego leyó literalmente las Señales de Dios, incluidas en el último capítulo de este libro. Añadí más señales de Dios al final del libro, ocurridas después de la muerte de Carolyn.

Nuestro equipo audiovisual presentó una presentación de diapositivas antes del servicio con nuestra canción "Unchained Melody" y las fotos de Carolyn. Cada vez que la ponían, nos la cantábamos. Casi lloro de alegría al cantársela a ella; ahora la canto llorando de tristeza. De hecho, obtuve el permiso legal del autor para usarla al presentar la presentación.

Facebook:
https://www.facebook.com/albert.l.clark/videos/vb.1148035324/10210100682770750/?-type=2&theater.

Aquí está mi permiso para usar la canción en línea:
"Unchained Melody"
Written by Hy Zaret and Alex North
Published by HZUM Publishing (SESAC) and North Melody Publishing (SESAC)
Courtesy of Unchained Melody Publishing LLC

Best,
Abby North

El servicio conmemorativo real sin la canción ni la presentación de diapositivas está en Youtube.
-htttps://www.youtube.com/watch?v=AnXBdK43RA8.

Christine y yo preparamos algunas maletas y al perro, y fuimos en coche a Fort Smith, Arkansas, donde me reuní con el hermano de Carolyn y su familia. Había hecho arreglos telefónicos con antelación y el Cementerio Nacional de Fort Smith fue muy amable. También usé el teléfono para coordinar con el ministro de la Iglesia Episcopal de San Juan de Fort Smith, Arkansas, para que dijera unas palabras en su servicio en el cementerio, y con la sección de Fort Smith de Eastern Stars (un club masónico para mujeres) para que oficiara su ceremonia conmemorativa. La sección de Eastern Stars de Fort Smith tuvo que pedir prestados a muchos miembros de Eastern Stars de una sección de Oklahoma. Fue un servicio agradable con su urna a la vista de todos. El cementerio nacional nos pidió que nos fuéramos porque habría otro servicio justo después del nuestro y que volviéramos al día siguiente.

Al día siguiente, cuando regresamos, habían cavado un lugar para la urna, la habían colocado y habían puesto un marcador temporal en espera de la lápida oficial del gobierno que se había ordenado.

Seguimos hasta Norman y Christine volvió al trabajo, mientras que yo busqué casas. Recorrí nuestro antiguo barrio sin encontrar nada, así que luego recorrí otros barrios que había visitado, que eran lujosos, pero asequibles para mi bolsillo. Fui con el agente inmobiliario para el que trabajé justo después de jubilarme. Los únicos que conocía allí eran los gerentes y otra persona cuyo esposo acababa de morir en un accidente frontal, así que terminé con una mujer que no conocía. Había visto muchas casas en la computadora y o ya estaban vendidas o tenían algún problema.

Por ejemplo, una casa era más barata y se veía bien hasta que vi la parte trasera, donde el patio tenía una pendiente de unos 30 grados, y pude ver que la alfombra contra esa pared se había mojado mucho más de una vez. Otra casa, en el extremo superior de lo asequible, tenía una pendiente de 30 grados en el patio delantero. En Norman, Oklahoma, no nieva mucho, pero suele haber hielo unos 7 días al año. Si salías por la puerta principal o sacabas el coche del garaje, no parabas hasta llegar a la casa de enfrente.

Encontré una casa en venta en mi antiguo barrio que me gustó mucho, pero después de ver el interior, me di cuenta de que la alfombra era la original, colocada alrededor de 1978, y que alguien había revisado el motor de un coche en la sala de estar. La carpintería de la casa nunca había sido restaurada ni las paredes pintadas, y lo parecían. Cuando estaba a punto de darme por vencido, estaba conduciendo por el barrio otra vez y vi a un agente inmobiliario colocando un letrero en el jardín delantero. Le pregunté si podía verlo y me dejó entrar, ya que la familia no estaba allí. No era perfecta, pero, por mucho, la mejor que encontré. Era $100,000 más de lo que esperaba que se vendiera mi casa en Florida, pero estaba dentro del rango superior de los precios que quería y tenía un piso de madera casi nuevo, una nueva terraza de madera de 15X25 pies en la parte trasera, un garaje de gran tamaño con almacenamiento encima del garaje. La casa tenía dos dormitorios principales en suite y mi hija necesitaba mudarse del pésimo apartamento de dos dormitorios en el que vivía para poder alquilar el dormitorio principal, que estaba detrás del garaje, junto a la cocina, y yo el dormitorio principal, un poco más grande, con los otros dos dormitorios y el baño de invitados en el otro extremo de la casa, con la sala de estar y el comedor separados de su lado. Es el tipo de casa que a Carolyn le habría gustado, y me hizo sentir mal que hubiéramos comprado esa casa en Florida, que sin duda era un paso atrás.

Obtener un préstamo a 30 años haría que mi pago mensual fuera comparable con el préstamo a 15 años de mi casa en Florida.

Compré la casa por el precio que pedían, si dejaban el refrigerador de acero inoxidable a juego. Creo que se sorprendieron mucho de que no regateara el precio, pero no quería perder más tiempo y era una casa bonita. Pensé en llamar a la puerta de la casa que tenía en el barrio y preguntar si la venderían, pero la casa que compré probablemente era mejor. Lo único que faltaba era un porche, y quería un porche abierto y otro acristalado, pero podía mandarlos a construir (y lo hice).

Luego cogí al perro y volví a Florida para vender la casa. Podría haber calificado para el nuevo préstamo incluso si aún tuviera la casa, pero solo quería irme de Florida. Me encantó Florida mientras estuve allí. Tenía más amigos que en ningún otro lugar cuando trabajaba. Lo único que no me gustaba era que Carolyn hubiera fallecido allí. Tuve que irme y regresar a Norman, donde viven mis hijos, nietos y muchos primos. También tengo una relación más estrecha con mi cuñado, Gerald Denson, que vive en Arkansas y había ido al monumento conmemorativo del cementerio nacional. Varios primos de Carolyn de Fort Smith también habían asistido.

Puse la casa en venta con un agente inmobiliario que conocí en Shriners. Puse mi camioneta Ford F250 de 1996 a la venta por internet y la vendí a buen precio en tres semanas. Durante ese tiempo, estaba empacando cajas para la mudanza a Oklahoma y trabajando con la compañía hipotecaria de Oklahoma por teléfono, correo electrónico y fax. Solo pasaron horas desde que apareció el cartel de venta cuando conseguí un comprador para la casa de Florida. Vendí demasiado barato, por menos de lo que había pagado por la casa 11 años antes, pero parecía que todo iría bien. Tuve que hacer inspecciones para la venta y arreglar algunas cosas. Rellené todos los agujeros de los clavos de los cuadros que teníamos por las paredes. Recibí varios presupuestos para la mudanza y finalmente conseguí un buen precio con una empresa de mudanzas nacional, un poco más cara que las de las empresas de mudanzas de poca monta que se decían famosas, pero de las que nunca había oído hablar. El 1 de junio, llegaron los de la mudanza y empezaron a subir mis muebles y todas las cajas que había empacado a su camión. Me había llevado algunas cosas muy importantes y valiosas que no les confiaba y las había metido en mi vieja autocaravana o en el coche. Mi perro rat terrier de 15 años, que había sido el perro de mi padre durante sus primeros 4 años, se había quedado casi ciego y casi inerte antes de que Carolyn muriera. Podía oír un silbido, pero no sabía de dónde venía.

Casi chocaba conmigo en casa por culpa de su vista. Alrededor de diciembre de 2015 perdió la audición y la vista, y empezó a tener convulsiones ocasionales debido a la diabetes durante los últimos 4 años. Bastante sorprendente, teniendo en cuenta que éramos clientes habituales del parque para perros y no sabía de ningún otro perro que aguantara más de un año después de empezar con insulina. El pobre Domino llevaba más de cuatro años tomando 10 unidades de insulina por la mañana y por la noche. Eso es más de lo que la mayoría de las personas toman. En cualquier caso, poco antes de que cargaran el camión, Domino sufrió una convulsión grave, mucho peor que cualquier otra anterior. Carolyn y yo estábamos en la cocina cuando lo oímos gritar. Entramos al lavadero y él estaba junto a su bebedero, solo podía gritar y mover los ojos. Estaba paralizado. Le di palmaditas y lo froté, y se recuperó, listo para jugar. Las convulsiones se habían vuelto más frecuentes, pero se recuperó fácilmente. Esta duró más de cinco minutos antes de que se recuperara, y luego solo pudo quedarse allí, sin fuerzas, jadeando con la lengua fuera. Lo único en lo que podía pensar con Domino era en que había ido empeorando progresivamente durante tres meses y ahora me enfrentaba a un viaje de dos o tres días con un perro que podría sufrir una convulsión grave mientras conducía en el tráfico y luego morir sin saber qué hacer con un perro muerto en el coche. Era mi último amigo y había planeado llevármelo conmigo. En cambio, lo llevé al veterinario para que le practicaran la eutanasia. Durante todo el camino se quedó tirado donde lo había dejado, en el asiento delantero, sin fuerzas, con la lengua fuera y respirando con dificultad. Luego conduje de vuelta para ver cómo terminaban los de la mudanza. Había dejado algunos muebles, entre ellos un sofá cama y una cama nido que mi hija tenía en su pequeña habitación en el instituto y que usábamos en la sala de ordenadores como habitación de emergencia en Florida. Dormí allí y salí a conducir por la mañana.

Cuando me fui a Oklahoma, la lápida de Carolyn no estaba en el Cementerio Nacional de Fort Smith, Arkansas, pero creían que ya había llegado. Dije que sería genial que estuviera allí cuando llegara a Fort Smith el domingo, y así fue. Encontré una floristería, puse flores allí, lloré en su lápida, la abracé y tomé fotos.

Firmé la documentación para tomar posesión de mi casa en Norman el día antes de que llegara la empresa de mudanzas, el 7 de junio de 2016. Usé el teléfono e internet para organizar el diseño y encargar las lápidas para Carolyn y para mí, que se colocarían en el cementerio Clark de Oklahoma (Muncie oficialmente cerca de Seiling, Oklahoma) y en el cementerio Liberty, cerca de Greenwood, Arkansas, donde se encontraban los padres y abuelos de Carolyn. Ambas son de granito negro brillante con grabados en ambos lados. En el reverso de ambas lápidas se lee, en parte, "Nuestro romance comenzó con un relámpago y terminó con un trueno". Ambas tienen mi nombre y el de ella. En el cementerio nacional, mi nombre y las fechas estarán en el reverso de la lápida que tiene su nombre y fecha.

57

Señales de dios

Los milagros todavía ocurren a nuestro alrededor

- Creo que la vi por primera vez cuando ambos teníamos 12 años. Fue amor a primera vista, pero nunca llegué a hablar con ella ni a saber su nombre ni de dónde era. Estaba en Disneylandia California al mismo tiempo que yo. Recuerdo a una niña muy rubia y muy pequeña discutiendo con su hermano mayor sobre llevarla a la atracción del Sombrerero Loco. Años después de casarnos, mencionó la pelea en Disney y siempre me pregunté si la había visto entonces.

- Un rayo nos unió. Teníamos 26 años y éramos los únicos que estábamos viendo el rayo cuando la vi por primera vez y le sugerí que nos casáramos.

- Tuvimos un matrimonio casi perfecto.

- Adoptamos dos niños, un niño y una niña, ambos de ojos azules como Carolyn, cuyos cumpleaños se acercaban a Navidad. Carolyn, Craig y Christine tienen las iniciales CAC. Ambas fueron adopciones rápidas y gratuitas. Craig, solo 3 meses después de la solicitud, cuando nos dijeron que serían de 3 a 5 años. Adoptamos a Craig cuando tenía solo 3 semanas y tuvimos que pasar por SEARS al anochecer para comprar una cuna, ropa, todo. Los empleados pensaron que debíamos ser muy malos planificadores hasta que se lo dijimos, y entonces empezaron a recomendarnos cosas o a decirnos que realmente no las necesitábamos. Christine llegó bastante rápido después de que encontramos la misma agencia en Ohio.

- Llegamos con nuestra furgoneta y una tienda de campaña al Gran Cañón después de que oscureciera y nos dijeron que nos olvidáramos de que necesitábamos reservar hace un año. Entré al camping para darme la vuelta y un universitario salió corriendo y nos dijo que habían reservado varias plazas y que no sabían que eran tan grandes, así que podíamos usar una de las suyas pagándoles la tarifa estándar. Adondequiera que íbamos, teníamos esa suerte. ¿Para qué reservar cuando Dios te cuida? Habíamos estado en varios parques nacionales donde había que reservar con mucha antelación, con los mismos resultados: el Gran Cañón, Sequoia, Yellowstone, y muchos más. No necesitábamos reservar, Dios nos cuidó.

- Me jubilé por segunda vez en 2004. A principios de 2005, su cuñado falleció y mi padre también. Ella dedicó muchas horas a ayudar a mi padre hasta que me jubilé en 2004; entonces, mi trabajo era cuidarlo en una residencia de ancianos cerca de casa. Unos días después de su muerte, recibí una oferta de trabajo para volver a trabajar aquí en Florida, cerca de su hermana, que acababa de enviudar, en Fort Myers. ¿Providence?

- Unas semanas antes de su viaje a urgencias.

- Tuve sueños en los que estábamos en un crucero y hacíamos colas separadas en la cafetería. Luego no la encontraba y recorrí todo el barco presa del pánico hasta que desperté y ella estaba a mi lado. Este sueño se repitió varias noches sin sentido.

- Mi hijo soñó que yo llegaba en la autocaravana el verano siguiente y no veía a mamá. Cuando preguntó dónde estaba, miré hacia el asiento del copiloto, me confundí y le dije: «No lo sé». Entonces se despertaba. Este era su sueño recurrente de cuando yo tenía el mío.

- - Unos 3 días antes de morir:
- Craig estaba en Oklahoma y le habló como si lo oyera en el hospital de Florida. La lluvia paró justo donde él estaba, salió el sol y luego volvió a llover. Mientras cruzaba la ciudad, esto ocurrió tres veces. Esa noche, estaba en casa y le contó este milagro a su amigo, y salió el sol. El resto del día estuvo nublado y con una llovizna.
- El hermano de Carolyn y su esposa admiraban las flores de un árbol de ciclamor cuando, de repente, una ráfaga de viento fuerte arrancó las flores y las dejó casi todas en el balcón. Luego, el viento amainó, dejando el árbol sin hojas.
- Había llegado a casa hacía unos minutos y regresaba al hospital en mi carrito de golf cuando una pluma blanca y esponjosa de 2,5 cm, como de una boa de mujer o del ala de un ángel, voló desde algún lugar y golpeó el puente de mis gafas, quedando suspendida tras el parabrisas. Pensé de inmediato en Carolyn y busqué la pluma, pero de repente salió volando por el lado

derecho del carrito y desapareció. Me detuve y miré, pero no se veía nada. Creo que fue su fallecimiento. Técnicamente seguía viva, pero esa pluma era de sus alas de ángel. Tres días después, fue oficial.

- - El día que murió:
- Hubo truenos a lo lejos, pero el hospital conectó la electricidad de emergencia, así que casi todo funcionaba, excepto las luces del techo, los televisores, los baños públicos y probablemente algunas otras áreas no esenciales. Los truenos no se oían a menos que uno estuviera cerca de una ventana o en el exterior.
- Con cada trueno lejano, su presión arterial bajaba de 10 a 15 puntos. Le sostenía la mano cuando bajó a 25 latidos por minuto y el fin era inminente. Lloraba mientras me acercaba a su oído y le decía: "Te quiero, Carolyn, pero no pasa nada por irme. Te veré en el cielo." Tengan en cuenta que el electroencefalograma había indicado que se había ido dos días seguidos. Volví a sentarme, sujetándole la mano. Respiró hondo y exhaló. Hubo un segundo de silencio mientras esperaba otra respiración, luego un fuerte estruendo que se sintió como un terremoto y se escuchó en todo el hospital, dejando

sin energía el generador de emergencia. La batería de respaldo tardó unos dos minutos y medio en volver a funcionar, ya que el generador estaba en cortocircuito y sus monitores mostraban una línea plana. Esperé unos segundos esperando otra respiración que sabía que no llegaría y luego, después de un par de segundos mirando los monitores con la línea plana, fui a la enfermería justo afuera de su puerta y dije: "Se ha ido." En ese momento su equipo se estaba reiniciando y vieron la línea plana y fueron a su habitación para verificar.

- Cuando regresé a finales de mayo, pasé por el hospital y tenían un generador en un remolque de camión de 18 ruedas que les proporcionaba energía. Al parecer, Dios y Carolyn habían destruido su generador de emergencia y debían de haber seguido teniendo problemas con la electricidad comercial, ya que ese generador seguía funcionando. Se lo merecían por cómo la trataron.

- Le había repetido varias veces en el hospital lo maravilloso que fue que esa tormenta nos hubiera unido. Había traído una foto de nuestro crucero la semana anterior a mi llegada al hospital, con una impresión debajo que explicaba cómo nos conocimos en medio de una tormenta. Esa página de fotos había estado en su habitación durante los últimos diez días, así que sé con certeza que fue una señal de Dios de que ahora estaba con él.

- Cuando llamé a mi hijo para contarle que había muerto, un arrendajo azul, iluminado por la luz solar directa, se posó en el alféizar de la ventana y lo miró mientras yo hablaba. Luego, se fue volando iluminado por el sol. El arrendajo azul es perfecto para ella: de colores brillantes, bonito, pero agresivo. Un arrendajo azul ataca a un gato que se acerca demasiado a su nido y puede tener colores muy brillantes, no como los arrendajos de California que tenemos en Florida.

- —Sábado

- Mi hijo me decía por teléfono que no me culpara, que era su momento y la voluntad de Dios después de haber tenido una buena vida conmigo. Lo que parecía ser el mismo arrendajo azul que solo había visto esa vez se posó en una rama a tres metros de él y lo miró durante unos 20 segundos mientras me contaba, y luego se fue volando.

- Le estaba contando esto a mi hija cuando un cardenal rojo se posó en una barra de soporte del toldo cerca de ella y luego saltó al pequeño alféizar de la ventana, de unos dos centímetros y medio de ancho, junto a mi hija, y la miró fijamente durante unos veinte segundos. Ambas nos quedamos mirando.

- Dios no solo nos habló, sino que gritó con fuerza. ¿Qué más señales quieres?

Pero las señales continuaron.

- Apenas tres días después de su muerte, vino a mí en un sueño y me dijo que aún me amaba, pero que eran las flores del supermercado Publix las que le habían provocado todos sus ataques de alergia desde que nos mudamos a Florida. La abrazaba con fuerza cuando desperté. Me di la vuelta para tocarla, pensando que todo lo del hospital había sido solo una pesadilla, pero ella no estaba allí y el hospital no había sido la pesadilla, sino una auténtica pesadilla.

- Durante su servicio conmemorativo en la Iglesia Episcopal de San Juan el Divino en Sun City Center, Florida, un cardenal rojo se posó en la rama de un árbol detrás del ministro y se quedó allí. Mucha gente lo vio, ya que era lo único que se veía, además de las ramas, a través de las ventanas de dos pisos de altura tras el altar. Se movió varias veces, pero permaneció a la vista y parecía estar mirando hacia adentro. Había 140 personas en su funeral y no estoy seguro de quién vio al pájaro, pero mi hijo, Craig, y su sobrina de 50 años, Missy, lo vieron. Varios amigos míos también lo habían visto y se preguntaban por qué.

- Durante el servicio conmemorativo para el entierro de sus cenizas en el Cementerio Nacional de Fort Smith, Arkansas, un cardenal apareció de nuevo y aterrizó dentro del refugio sobre el altar temporal mientras el ministro episcopal hablaba. Durante la parte conmemorativa de la Estrella de Oriente, estaban usando el altar, pero el cardenal aterrizó sobre una lápida justo afuera del refugio.

- - Cuando llegamos al hotel en Fort Smith después del servicio conmemorativo en el cementerio nacional, el estacionamiento parecía lleno, pero un cardenal aterrizó en el estacionamiento a solo unos metros frente a nuestro auto y luego saltó y voló y saltó y voló nuevamente hacia el único espacio de estacionamiento restante que estaba cerca de la puerta trasera cerca de nuestra habitación, luego voló fuera de la vista.

- Mi hijo estaba pasando por un momento muy difícil en su vida. Siempre tenía mal carácter, pero cuando vivía en Norman, Oklahoma, cada vez que se enfadaba, un arrendajo azul aterrizaba a pocos metros de él en la rama de un árbol, un mueble de jardín o lo que estuviera cerca, y le chillaba.

- Siempre que estaba afuera intentando decidir algo, un cardenal rojo o un arrendajo azul aterrizaba cerca. Cuando lo reconocía y le decía "mamá", simplemente lo miraba. Esto sucedía una y otra vez. Un buen ejemplo fue cuando estaba sentado con un amigo en el patio trasero, en sillas de jardín, intentando tomar una decisión, y le contaba a su amigo sobre los pájaros que veía constantemente. El amigo dijo: "¿Como ese que acaba de aterrizar en la parrilla a un metro y medio de distancia?". "Mamá, ¿eres tú? ¿Dónde está el arrendajo azul?". Dicho esto, el cardenal salió volando y el arrendajo azul aterrizó en la pequeña mesa del patio, entre las sillas de jardín, y lo regañó como solo un arrendajo azul puede hacerlo. "Está bien, mamá. Ya sé qué decisión debo tomar".

* En otra ocasión, estaba afuera discutiendo con su novia de 19 años y el arrendajo azul se posó en una rama a menos de un metro y medio de distancia y le chilló. Tonya le dijo: "Hazle caso a tu mamá y cálmate." "Bueno, mamá, me calmaré."

* Unas semanas después, Tonya hablaba con Craig por teléfono. Habían tomado una decisión sobre su hijo mayor, pero Tonya se estaba acobardando y estaba a punto de echarse atrás. Por eso llamó a Craig. Un cardenal se posó en el alféizar junto a ella y picoteó. "¡Dios mío! Es tu mamá. Un cardenal está sentado en el alféizar mirándome. Como no le presté atención, picoteó la ventana y sigue ahí. Bueno, mamá, no me echaré atrás y haré lo que acordamos". El cardenal volvió a picotear la ventana y se fue volando.

* Cuando me mudé a mi casa en Norman, Oklahoma, un cardenal me saludó posándose en la barandilla de la terraza trasera de la casa, a pocos metros de donde estaba sentado. Puse un comedero para pájaros, pero las ardillas se comieron la comida y

ahuyentaron a los cardenales. Quizás la próxima primavera.

• Por fin me decidí a desempacar todo en mi dormitorio principal. Miré a mi alrededor y vi que no había cajas, que los cajones estaban cerrados, que la cama estaba hecha, que las lámparas estaban en las mesitas de noche, que las fotografías estaban en las paredes, y pensé: "Ojalá Carolyn estuviera aquí, le habría gustado esta habitación." Dicho esto, fui al baño a cepillarme los dientes y pisé algo pequeño y duro a los pies de la cama. Era un pequeño broche blanco con la etiqueta de una paloma. Pensé que sería apropiado, lo cogí y fui al baño, donde me quité el anillo de bodas y lo coloqué junto al espejo de pared detrás del lavabo izquierdo, cerca de la puerta. Luego puse el broche en el espejo de la boda, donde me acordaría de ella cada vez que usara el lavabo. Después me cepillé los dientes, salí del baño y fui a la cómoda para dejar mi reloj. Pisé un broche con la bandera de Estados Unidos, como los que usaban los candidatos presidenciales. Lo puse junto a mi anillo de bodas, que tenía la paloma en ángulo para verla. Semanas después, pensé que hacía tiempo que no recibía señales de ella. Me levanté de la cama y pisé un pendiente de perla que Carolyn había perdido hacía años en nuestra casa de Florida. Lo coloqué junto a mi anillo de bodas, que contenía su prendedor de paloma. ¿Dónde había estado?

- Ella tiene 3 lápidas también grabadas con mi nombre con mi nombre y fecha de nacimiento. La última fue colocada en el cementerio Liberty cerca de Greenwood, Arkansas en octubre de 2016. Los trabajadores se habían ido dejándome solo para llorar su muerte. Estaba de pie lejos de la lápida cuando noté vagamente una bandada de unos 20 gansos que venían hacia mí y los ignoré de repente oí a los gansos graznar y miré hacia arriba, venían directamente hacia mí como si fueran a aterrizar a mi alrededor. Volaron lo suficientemente bajo como para agacharme, en el último minuto treparon para pasar por encima del árbol junto al que me había estacionado y luego parecieron volar lejos. Entonces, justo cuando estaba a punto de mirar hacia otro lado, los vi girar casi fuera de la vista. Volaron en un gran círculo y se acercaban desde la dirección original. Esta vez estaban más alto y solo tuvieron que trepar ligeramente para pasar por encima del árbol. Esta vez seguí observando el vuelo mientras comenzaban el gran círculo de nuevo. Esta vez saqué mi cámara y se acercaron desde la misma dirección original de nuevo. Esta vez les saqué un par de fotos antes de que se perdieran de vista. Esta vez, pasaron el árbol unos seis metros. Tres pases para las tres lápidas erigidas en su honor.

- Tuve otro sueño realista de ella donde estábamos juntos hasta que me di cuenta de que no podía ser ella porque vi su último aliento.

- Casi al mismo tiempo, Craig, su hijo, estaba esperando a que sonara la alarma y soñó que pasaba por una de sus tiendas favoritas, cuando un cardenal se estrelló contra su parabrisas. Temió haberlo golpeado, así que se detuvo en el estacionamiento para ver si había algún cardenal herido. Al salir del auto, creyó ver a su madre y a su hermana Shirley (fallecida en enero de 2016) entrando en Kohl's, así que cerró la puerta y se dirigió a la tienda. Las buscó, pero no las encontró. No las encontró, pero escuchó a su madre hablando con Shirley e intentó seguir la voz para encontrarlas. Nunca las alcanzó; siempre estaban en el departamento de al lado. Entonces, sin importarle molestar a los demás compradores, empezó a gritar "¡Mamá!", pero no lo oían. Luego dejó de oírlos y no los encontró, así que se fue. Salió a buscar al cardenal que creía que podría haber chocado su coche, se subió al coche y empezó a alejarse. Al entrar en la calle principal, miró hacia atrás y allí estaban mamá y Shirley en la puerta de Kohl's, despidiéndose con la mano. Iba a dar la vuelta y regresar cuando sonó la alarma, despertándolo. Le dio vergüenza contarme su historia, pero él y yo sentimos que mamá y Shirley estaban en el cielo haciendo lo que querían, como si estuvieran vivas y nos observaran, pero no pudieran comunicarse y viceversa.

- Mientras me contaba esta historia, me pregunté si el cielo es donde la gente vuelve a ser joven y sana y simplemente disfruta de lo que disfrutaba en la tierra. Ir de compras a Kohl's con su hermana es algo que ella disfrutaría. ¿Acaso viven aquí, a nuestro alrededor, observando lo que hacemos y haciendo lo que quieren, esperando a que nos unamos a ellos, pero no pueden hablarnos? Seguro que pueden oírnos. Si el cielo no es volver a casarme con ella, sin preocupaciones y sano como cuando nos casamos, no tengo nada más que desear en el cielo. Estuve en el cielo los últimos 46 años y nunca volveré a eso.

Era mi primera Navidad sin ella y no había recibido señales de ella en meses, pero la noche de Navidad la vi con los niños y los nietos. Me miró y sonrió. Antes de que pudiera hacer nada, desapareció; el lugar donde estaba estaba vacío y nadie más la había visto entre ellos. Entonces me desperté.

Fue un amor creado por Dios que empezó con un rayo y terminó con un trueno. La extrañaré hasta que me reúna con ella en el cielo algún día. O al menos eso espero.

Todas las noches, varias veces cada tarde miro las estrellas y digo una oración dirigida a Carolyn y a Dios: "Luz de estrella, estrella brillante, todas las estrellas que veo esta noche (normalmente hay más de una estrella) deseo poder, deseo poder conseguir el deseo que deseo esta noche. Deseo, querida carga y Jesús, que Carolyn esté viva en el cielo y sana, fuerte y completa de nuevo (sin sus articulaciones de metal y corazón reparado), joven de nuevo y feliz con su hermana y todos sus amigos y nuestros padres, pero que todavía me ame y me extrañe y desee que podamos estar juntos y me perdone por todas las cosas que hice mal o dije mal, y rezo para que cuando muera ella esté esperando con los brazos abiertos y nos abracemos y nos besemos y luego nos abracemos fuertemente como si pudiéramos compensar el tiempo que perdimos y entonces podamos tocarnos, mirarnos y hablarnos como marido y mujer de nuevo y entonces ella ponga su mano en la mía o su mano en mi brazo, o nuestros brazos alrededor del otro mientras continuamos viendo todos los paisajes que siempre quisimos ver y hacemos todas las cosas que siempre quisimos hacer y no tener que preocuparnos por el dinero, el trabajo que nos mantendría separados, las malas personas o cualquier cosa mala como la enfermedad, dolencia, dolencia o cualquier dolencia y sin lesiones o paga, solo nuestro amor mutuo, nuestra unión con cada uno. otros, nuestra ternura mutua y nuestra felicidad de ser una pareja felizmente casada en el cielo para siempre.

Si está nublado lo cambio a "…todas las estrellas que no veo esta noche…"

En el aniversario de su muerte, dije mi oración que siempre digo en la cama, como la de arriba, y dudaba de que mi imagen del cielo fuera correcta y me preguntaba si existe. Después de mi oración, dije: "Dios, me has dado muchas señales de que Carolyn está ahí, pero ¿puedes darme otra señal que no pueda ignorar? No había dicho amén cuando la habitación oscura se iluminó como si hubiera reflectores de un estadio de fútbol increíblemente brillantes justo afuera de mis ventanas, ni imaginado una bomba nuclear explotando cerca que brillara a través de las cortinas hasta el punto de que habría sido doloroso ver sin ellas. Las fotos a color en las paredes estaban casi desteñidas por la luz tan fuerte. Era surrealista como se ve en las películas cuando explota una bomba nuclear. Pasé por mi mente que las cortinas estallarían en llamas, pero antes de que la luz se desvaneciera, un largo y retumbante trueno sacudió la casa y despertó a mi hija de 35 años. El fuerte trueno que se produjo mientras la habitación aún estaba iluminada fue el mismo que se produjo cuando el hospital se estremeció cuando ella murió. Recibí mi señal. Tengo miedo de volver a cuestionar la existencia de Dios.

Pero volví a cuestionar a Dios. Unos meses después, volví a pedir una señal de que Carolyn estaba bien en el cielo y que volveríamos a estar juntos. Estaba mirando entre dos árboles en el patio trasero alrededor de la medianoche cuando un meteorito apareció detrás de uno de ellos y justo cuando estaba mirando al cielo, explotó en un destello de luz. Luego, unos meses después, recibí la misma señal, pero estaba mirando un punto diferente en el cielo en mi patio trasero. Ahora, déjenme explicar, esto no era solo una de esas rayas en el cielo en el espacio con las estrellas, sino a baja altitud, tal vez 10,000 pies o menos, como si un avión 747 en la aproximación al aeropuerto a 20 millas de distancia hubiera explotado. Esto solo sucedió durante una oración desesperada, pero tres veces en unos pocos meses vi un meteorito a baja altitud que terminó en un destello.

El 13 de marzo de 2018, y creo que fue cuando partió al cielo, aunque técnicamente estaba viva en coma en la UCI, recé fervientemente para que Carolyn estuviera en el cielo esperándome. No había dicho amén cuando pensé que eran las 4:20 de la tarde y el cielo estaba despejado. Pensé que no podría ver una señal a plena luz del día y que debía repetir esta oración por la noche. Vi una franja verde en el cielo sobre el centro de Oklahoma, seguida de un fuerte estruendo que se escuchó sobre todo el estado y hasta Dallas, Texas. El verde era su color favorito, pero muy inusual para un meteoro. Dije amén. Vean las dos páginas siguientes.

La familia había pasado muchas noches buscando meteoros durante tormentas conocidas y solo habían visto unas diminutas rayas en el cielo estrellado. Estos meteoros brillantes a baja altitud eran casi aterradores, aunque de todas formas tenía ganas de morir. Eran como un avión en llamas que luego explota, pero no había noticias. ¿Eran restos de naves espaciales secretos? Cuando ocurrió el primero, esperaba oír o leer sobre un gran impacto en algún lugar cercano.

Este fue mi cuarto meteorito brillante y explosivo a baja altitud en seis meses. Sus médicos deberían temerle.

Pasar la página de lado hacia el Norte Sur

Informes de noticias reales: informados incluso en el Reino Unido relacionados con el meteorito de las 4:20 p. m. del 13 de marzo de 2018.

Residentes de Oklahoma y Texas se vieron interrumpidos por un fuerte estruendo la tarde del martes. Muchos se quedaron perplejos, buscando al cielo el origen del fenómeno explosivo.

Aunque el Servicio Geológico de Estados Unidos no ha informado de ningún terremoto en la región, el Servicio Meteorológico Nacional en Norman, Oklahoma, ha dicho que es posible que el estruendo ensordecedor fuera el resultado de "un 'bólido' o la fragmentación de un meteorito".

Se reportaron fuertes temblores en el centro de Oklahoma poco después de las 4 p. m. de hoy. Según informes visuales de estelas de meteoritos en Oklahoma y Texas, y sin reportes de terremotos del USGS, es posible que la región haya experimentado un bólido o la fragmentación de un meteorito.

Un grupo de residentes desconcertados compartió sus comentarios en línea, intentando comprender la sorpresa de la tarde. Un residente cercano compartió su versión de la misteriosa "luz verde" celestial que vio esa tarde.

Un meteorito sobrevoló Oklahoma City hoy alrededor de las 16:20, con un estallido sónico y algunos temblores en la cercana Norman. ¡Se veía una hermosa franja verde y naranja a la luz del día!, tuiteó.

Sobre el Autor

El autor trabajó más de 39 años con la Fuerza Aérea de los Estados Unidos en EE. UU., Asia y Europa. Participó en el desarrollo de la mayoría de los nuevos sistemas de armas en desarrollo entre 1979 y 1989. Algunos de estos sistemas se están entregando actualmente. Impartió clases sobre investigación y desarrollo de sistemas de armas y gestión logística como profesor invitado y suplente en el Instituto de Tecnología de la Fuerza Aérea y en diversas salas de conferencias de todo Estados Unidos. Más de 3000 gerentes, actuales y futuros, asistieron a su clase sobre programación de I+D. Formó parte de numerosos equipos de intercambio de ideas para encontrar soluciones únicas a problemas militares, desde el derribo de objetos espaciales hasta el retiro de bombas fallidas de una pista activa.

Cuando los grupos de reflexión se estancaban, me pedían que interviniera. Algunos de estos grupos estaban encabezados por generales y los asistentes eran coroneles y oficiales de la GS-15 o SES. Tenía unas horas para revisar el problema que habían pasado semanas encerrados en una sala de conferencias buscando una solución. En menos de 24 horas, había estudiado el asunto y elaborado algunos gráficos informativos sobre él y mi recomendación. El grupo de reflexión siempre aceptaba mi sugerencia y volvía a sus tareas habituales en menos de dos días.

Ya estoy jubilado, tanto del servicio activo como del servicio civil. Sigo activo escribiendo, participando en el club local de radioaficionados, viajando y escribiendo libros.

Todo lo que aparece en este libro es tan cierto como puedo hacerlo parecer.

"No creo que pueda encontrar jamás a alguien como Carolyn y no sé si vale la pena siquiera intentar tener compañía femenina otra vez.

Me gustaría tenerla en mis sueños todas las noches, pero solo ocasionalmente, aunque pido uno cada noche. Algunos fueron significativos y los describiré aquí.

En un sueño, estamos en una casa mucho más grande que las otras, pero me preocupan los matones que rondan las calles armados. Estoy instalando cerraduras de seguridad en la puerta principal y un sistema de visión del que nadie pueda esconderse. Carolyn dice que pierdo el tiempo porque los matones ni siquiera pueden ver nuestra casa, y mucho menos entrar. Tenemos la protección de Dios. Podríamos salir al patio y ni siquiera lo verían.

Nos casamos y Carolyn está organizando una gran fiesta con todos nuestros conocidos. Nuestra casa me parece nueva, aunque Carolyn la conoce porque la eligió antes de que yo llegara. No es ultramoderna y los muebles son utilitarios, no de diseño, pero la casa es interminable. He tenido este sueño más de una vez, pero la única diferencia es el estilo de la casa. Una vez, cuando me pareció que muchos de los invitados a la fiesta no estarían en condiciones de conducir, empecé a buscar lugares donde pasar la noche y conté 17 habitaciones con baño y 6 salas de estar o de fiesta antes de que Carolyn me llamara para empezar a despedir a algunos que se marchaban temprano. Hablé con gente que sigue viva, pero cuando intenté hablar con mi hermano, no me oía a pesar de estar a centímetros de distancia. Mi hermano es 8 años menor y está muy sano. Por alguna razón, veo a los trabajadores haciendo jardinería afuera, pero ¿no puedo ir?

No es la única vez que he soñado con tener una casa inmensa que se extendía sin fin. Cada habitación tiene al menos dos puertas: la que abría para entrar y, al abrir la otra, descubro constantemente otra habitación, otro pasillo o escaleras que llevan a otra parte de la casa.

Todos están juntos, preparándose para ir a un funeral en coche. Se espera que todos vayan, pero por alguna razón, me excluirán del resto de la familia. Mis padres, los padres, la hermana y el hermano de Carolyn, y el esposo de la hermana de Carolyn, que murió de cáncer hace años, mi hermana. Les rogué que me dejaran ir con ellos porque también me importaba esa persona. Carolyn parecía triste, pero me dijo que tenía que quedarme para cuidar a los hijos de todos, no solo a los míos. Era como una niñera adulta, aunque algunos de los niños eran jóvenes. Supongo que seguiré viviendo un tiempo.

Algo por lo que siempre rezo es que Carolyn esté sana y feliz en el cielo. He tenido varios sueños donde me la mostró corriendo, casi bailando, por una larga escalera de mármol donde yo resoplaba. Llevaba maletas, pero Carolyn siempre evitaba las escaleras aquí en la tierra.

Tengo una serie de sueños recurrentes en los que vamos juntos a algún sitio, normalmente en coche. Se supone que es un lugar que conozco. Empezamos por el camino correcto y nos perdemos. A veces caminamos. Me gustan estos sueños porque estamos juntos como marido y mujer y nos sentimos cómodos el uno con el otro. Recorrimos Europa a tientas en nuestro Porsche 911 durante tres años. Ella siempre se perdía en el mapa, pero yo siempre conseguía llegar al lugar correcto, a veces a una distancia menor de la que ella había planeado con un mapa. Cuando finalmente admito que estoy totalmente perdido en el sueño, me despierto deseando que hubiera sido real… no la parte de perdernos, sino la parte de estar juntos.

En un sueño similar, atravesamos una gran ciudad por la autopista interestatal. Me tomo una salida para cargar gasolina y no encuentro la entrada. Puedo ver la autopista y aproximadamente dónde está la entrada, pero no encuentro la calle correcta que conecta con ella. Carolyn reconoce aproximadamente dónde estamos y me indica que vaya a un moderno edificio de oficinas de dos pisos donde trabajan nuestros sobrinos del anterior matrimonio del esposo de su hermana. Dicen que, por supuesto, me guiarán de vuelta a la autopista. Salen por la puerta de cristal de su coche para que los sigamos y, mientras le sostengo la puerta a Carolyn, me doy cuenta de que el sobrino no se parece a nadie que haya conocido antes y me despierto.

Ella siempre está sana en los sueños y luce un poco más joven que cuando la perdí, pero luego en los sueños, yo también soy más joven que mi edad actual.

Cualquier sueño con ella es como si estuviéramos realmente juntos y tal vez, algún día, volvamos a estarlo.

www.ingramcontent.com/pod-product-compliance
Lightning Source LLC
Chambersburg PA
CBHW070859120626
46546CB00001B/55

9 781964 100883